Leopold Nowak

Anton Bruckner

Musik und Leben

Rudolf Trauner Verlag

Titelbild:

Anton Bruckner
Gemälde von Ferry Beraton, Wien, 1888
Linz, Stadtmuseum

3., erweiterte Auflage 1995

© Copyright 1973 by Rudolf Trauner Verlag, Linz
ISBN 3 85320 666 2
Herstellung: Trauner-Druck, Linz
Buchgestaltung: Wilfried Hopf, Linz

Inhalt

Dem Andenken der drei

oberösterreichischen

Bruckner-Biographen

MAX AUER

AUGUST GÖLLERICH

FRANZ GRÄFLINGER

Die Jugend

Ansfelden, Hörsching, 1824—1837

Dort, wo in Oberösterreich das Bergland des Voralpengebietes, zu sanften Hügeln sich abflachend, in die Ebene gegen die Donau und die Landeshauptstadt Linz ausläuft, dort liegt zwischen Wäldern, Wiesen und Äckern Ansfelden, der Geburtsort Anton Bruckners. Schriften jener Tage schildern seine Bewohner als arbeitsam, fleißig und fröhlichen Gemütes. Bauern, Handwerker, Schulmeister und Pfarrherr bildeten eine Dorffamilie, die sich unter dem Schutz von Kirche und Pfarrhof geborgen fühlte. Man wußte aber auch den Sorgen des Lebens mit zäher Ausdauer entgegenzutreten. In solchem ländlichen Gesellschaftsgefüge wuchs Anton Bruckner als ältester Sproß des gleichnamigen Schullehrers und Regenschori heran. Kirche, Pfarrhof und Schulhaus waren, zusammen mit der ihn umgebenden Natur, die bestimmenden ersten Erlebnisse in dem einfachen, ja dürftigen Leben, das die Familie eines Schullehrers um 1830, im Vormärz Österreichs, zu führen gezwungen war.

2 *Ansfelden, Kirche*
3 *Geburtshaus Bruckners*

Hoch ragt der Kirchturm von
Ansfelden himmelan und ist,
schon von weitem sichtbar,
ein Wahrzeichen der Gegend.

1824	Ortschaft	Haus-Numer	Nahmen	Religion		Geschlecht			Aeltern		Pathen	
			Taufende des Getauft	Katholisch	Protestantisch	Knab.	Mädchen	Ehelich	Unehelich	Vater.	Mutter.	Nahmen.	Stand.

Linke Seite: 4 Taufstein
5 Taufprotokoll

Das Taufprotokoll nennt uns Tag und Stunde der Geburt: Am 4. September 1824, 4.15 Uhr früh, kam Anton Bruckner zur Welt und wurde am selben Tag um 5 Uhr nachmittag von Kooperator Karl Guttenthaller getauft. Der Taufstein ist ein ehrwürdiger Zeuge aus früheren Zeiten: sein achteckiger Oberteil zeigt gotische Form (15. Jahrhundert), dieser ruht auf einem runden Sockel, der älter ist und sicher aus romanischer Zeit stammt. Als Taufpatin unterschrieb Rosalia Mayrhofer, eine Tante Bruckners. Bei ihr hat der heranwachsende Knabe fröhliche Ferientage verlebt, im Pfarrhof zu Wolfern war er ein gern gesehener kleiner Gast. Niemand konnte damals ahnen, daß ein Genie geboren worden war, ein Letzter, Höchster in einer Generationenreihe, die ihre Glieder vom Bauern über den bürgerlichen Gastwirt zum Binder führt, der plötzlich sein Gewerbe aufgibt und Lehrer wird (Josef Bruckner, 1749—1831). Es ist ein Sich-Hinwenden ins Geistige, als dessen letzte, unübersteigbare Höhe die schöpferische Kraft Anton Bruckner zum Meister der Symphonie erhebt. Von den elf Kindern, mit denen die Ehe Anton und Theresia Bruckners gesegnet war, blieben neben dem Erstgeborenen nur noch vier Kinder am Leben: Rosalia, Josefa, Ignaz und Maria-Anna, Nannerl genannt. Als einer der ersten, der neben dem Vater die musikalische Veranlagung Tonerls erkannte, muß der Pfarrer von Ansfelden, Joseph Grabmer, genannt werden. Bruckner selbst erzählte August Göllerich, daß er schon mit vier Jahren oft nach dem Essen zu Grabmer gerufen wurde und ihm auf einer kleinen roten Kindergeige vorspielen durfte. Als Belohnung gab es Obst.

Linke Seite: 6 Ansfelden, Pfarrhof, Saal im Obergeschoß
7 Kirchenbänke auf dem Musikchor der Kirche

Sicher hat ein solches „Konzert" auch in dem schönen Saal des Obergeschosses stattgefunden. Er ist der eindrucksvollste Raum des von Carlo Antonio Carlone von 1690 bis 1707 erbauten großräumigen Pfarrhofes, der wie ein bäuerlicher Vierkanter inmitten seines Quadrates unten eine große Eingangshalle und darüber diesen Saal besitzt. Die Nordseite zieren harmonisch geformte Laubengänge, die einen Hauch südlicher Architektur verbreiten. Hier erlebte der junge Bruckner zum ersten Mal barocke „Weite", die im Gegensatz zur Enge des Schulhauses, zu der bescheidenen Kirchenmusik stand, die Vater Bruckner als Regenschori und Organist einzustudieren und zu leiten hatte.

8 Franz Xaver Glöggl, Kirchenmusikordnung, Wien, 1828

9 Spieltisch der Orgel in Ansfelden

Neben dem Unterricht war die Kirchenmusik die Hauptaufgabe eines Schullehrers im österreichischen Vormärz. Er hatte dazu noch Mesnerdienste zu leisten, mußte die Glocken läuten und den Pfarrer bei Versehgängen begleiten. Zur Aufbesserung seines kärglichen Einkommens spielte er Nächte hindurch Geige bei Tanzunterhaltungen, bei Hochzeiten. So war die Musik eine Hauptbeschäftigung im Lehrerdasein um 1830, und Bruckner, das junge Talent, kannte keine größere Freude, als neben seinem orgelspielenden Vater weilen zu dürfen. Besonders schön war da die Musik, wenn an hohen Festtagen, wie Weihnachten oder Ostern, Trompeten und Pauken mitspielten und so dem heiligen Geschehen am Altar zu Kerzen und Weihrauch auch tönenden Glanz verliehen. Die bescheidene Kirchenmusik in Ansfelden, wie auch sonst in den Dörfern, bestand in der Regel aus dem Chor nebst zwei Geigen, Klarinetten und einer Baßgeige. Den sicheren Grund bot die Orgel, zu deren fachgemäßem Spiel man den „Generalbaß", das Ausführen der Akkorde nach einer Bezifferung, beherrschen mußte. Auf dem Kirchenchor von Ansfelden hat Anton Bruckner seine ersten musikalischen Eindrücke empfangen. Die aufgeführten Komponisten gehörten zu den einfacheren und leichteren ihrer Gattung, entsprechend den in der Musik nicht ausgebildeten Sängern. Man darf aber vom Können der durchaus musikalisch begabten Landschullehrer nicht zu gering denken. Sie handhaben die Regeln von Harmonielehre und Generalbaß in durchaus beachtenswerter Weise und waren gelegentlich selbst sehr tüchtige Komponisten, die imstande waren, für ihren Chor „handfeste" Stücke zu verfertigen. Wenn diese auch keine „Meisterwerke" waren, so erfüllten sie dennoch die an sie gestellten Erwartungen.

Linke Seite: 10 J. B. Weiß, Domine ad adjuvandum, Autograph, Schluß
11 Hörsching, Altes Schulhaus und Kirche

Das musikalische Talent des jungen Bruckner entwickelte sich so spürbar, daß der Vater beschloß, ihn zu seinem Verwandten Johann Baptist Weiß in Hörsching zur Weiterbildung zu geben. Von 1835 bis 1836 verblieb Bruckner dort und wurde von Weiß, der selbst ein sehr tüchtiger Tonsetzer war, in Orgelspiel und Generalbaß ausgebildet. Im alten Schulhaus — das Gebäude steht zwar noch und trägt jetzt eine Gedenktafel, zeigt aber natürlich ein ganz anderes Aussehen — wie auch in der dahinter liegende Kirche lernte Bruckner zu den Schulgegenständen nun Musik kennen, die ihm teils vertraut, teils neu war. Vetter Weiß pflegte auf seinem Kirchenchor die Werke von Haydn und Mozart; die beiden Oratorien Haydns, „Die Schöpfung" und „Die Jahreszeiten", wußte er auswendig. Bei ihm kam Bruckner zum ersten Mal mit dem Stil der Wiener Klassiker in Berührung. Er hörte den von hoher Meisterschaft gekennzeichneten Chorsatz der beiden, Haydns und Mozarts, kennen, hörte an ihren Werken die Behandlung der Instrumente, Streicher wie

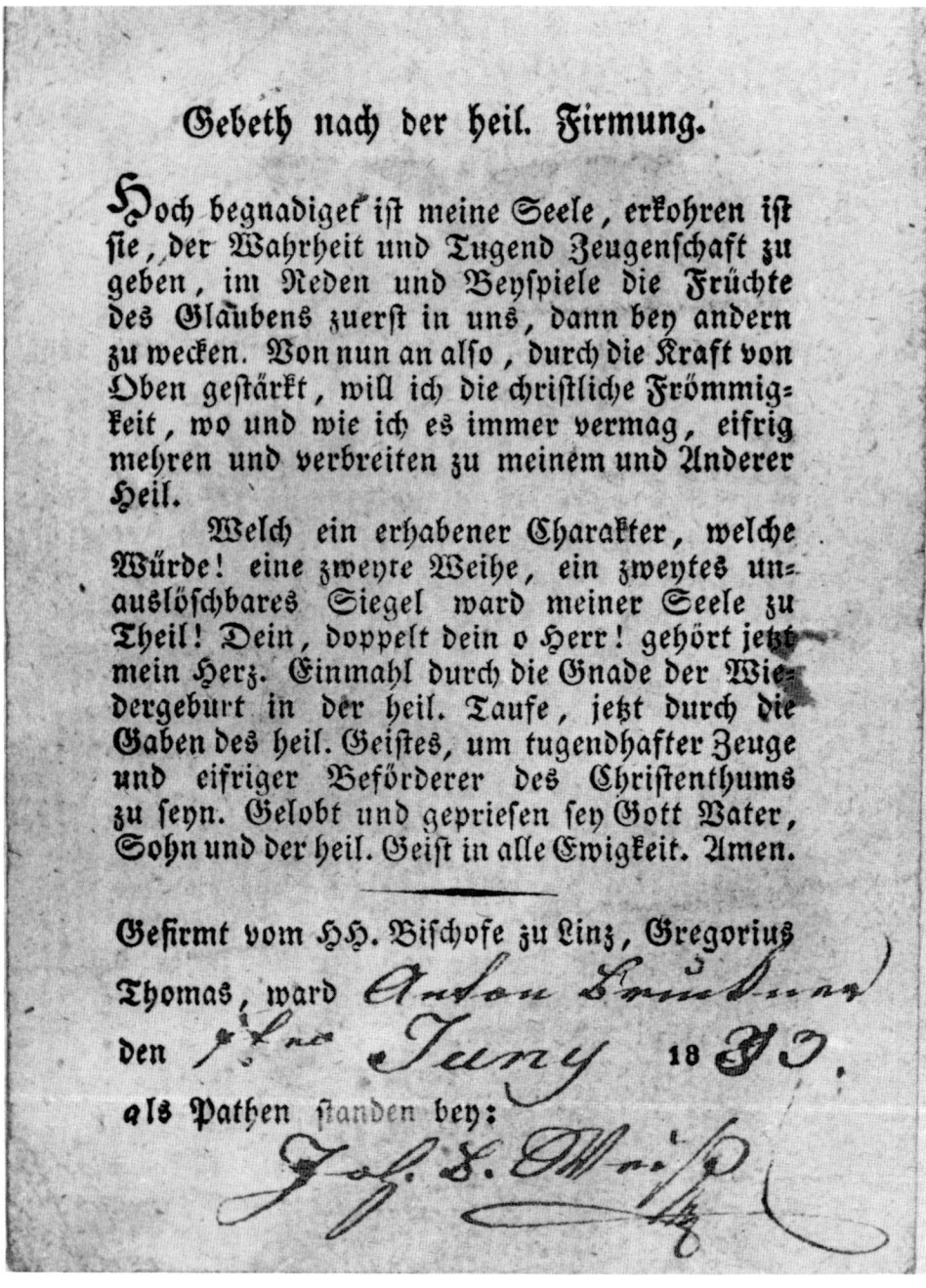

Gebeth nach der heil. Firmung.

Hoch begnadiget ist meine Seele, erkohren ist sie, der Wahrheit und Tugend Zeugenschaft zu geben, im Reden und Beyspiele die Früchte des Glaubens zuerst in uns, dann bey andern zu wecken. Von nun an also, durch die Kraft von Oben gestärkt, will ich die christliche Frömmigkeit, wo und wie ich es immer vermag, eifrig mehren und verbreiten zu meinem und Anderer Heil.

Welch ein erhabener Charakter, welche Würde! eine zweyte Weihe, ein zweytes unauslöschbares Siegel ward meiner Seele zu Theil! Dein, doppelt dein o Herr! gehört jetzt mein Herz. Einmahl durch die Gnade der Wiedergeburt in der heil. Taufe, jetzt durch die Gaben des heil. Geistes, um tugendhafter Zeuge und eifriger Beförderer des Christenthums zu seyn. Gelobt und gepriesen sey Gott Vater, Sohn und der heil. Geist in alle Ewigkeit. Amen.

———

Gefirmt vom HH. Bischofe zu Linz, Gregorius Thomas, ward *Anton Bruckner* den *1ten Juny* 18*39*.

als Pathen standen bey:

12 Firmzettel Bruckners

Holzbläser, und die wirkungsvolle Anwendung von Hörnern, Trompeten, Posaunen und Pauken. Er erlebte die blühende Melodik dieser Meister, ihre überraschende, aber immer maßvolle Harmonik, ihr reiches symphonisches Leben und die Unerschöpflichkeit ihrer Einfälle. So strömten Anregungen auf ihn zu, die ihn sehr wahrscheinlich — man kann es nur vermuten — zum Niederschreiben eigener musikalischer Gedanken veranlaßten. Die fünf kleinen Orgelpräludien, jedes in Es-Dur, die eigentlich nichts anderes sind als mehr oder weniger umfangreiche Kadenzen, könnten aus dieser Hörschinger Zeit stammen, wenn sie wirklich von Bruckner „erdacht" wurden. Da mit Sicherheit anzunehmen ist, daß der zwölfjährige Bruckner schon ein sehr geübter Orgelspieler war, ist seine Autorschaft ohne weiteres möglich. „Kurze Generalbaß-Regeln" hat sich der junge Organist gleichfalls eigenhändig aufgezeichnet, und für seine Ausbildung im Klavierspiel liefert uns ein Erstdruck von Haydns f-Moll-Variationen (Hoboken XVII : 6), erschienen 1799, einen deutlichen Beweis. Die Unterschrift „Weiß" mit einem ausgedehnten Manu-propria-Zeichen streicht der Schüler Anton Bruckner

13 Joseph Haydn, f-Moll-Variationen für Klavier, Titelseite

durch — Weiß hat ihm diese Noten geschenkt — und setzte seinen eigenen Namenszug darunter, eine der frühesten Unterschriften, die wir von Bruckner kennen. Bruckner hat das Andenken an J. B. Weiß lebenslang hochgehalten. Außer dieser Haydn-Ausgabe bewahrte er noch eigenhändige Niederschriften einiger Kompositionen von Weiß, darunter zwei Messen, ein Graduale und ein „Domine ad adjuvandum". Ein Requiem von Weiß erschien 1904 in Mattighofen in Druck und zeigt beachtliche Kompositions-qualitäten. Weiß war Bruckners Firmpate; ein rechtschaffener Charakter, peinlich genau und auch als Schulmann und Musiker sehr geachtet. So begreift man, daß Bruckner vom gewaltsamen Tod seines Lehrers tief erschüttert wurde. Noch 1895 kommt dies in einem Brief an Pfarrer Lanninger, damals in Hörsching, zum Ausdruck. Weiß erschoß sich am 10. Juli 1850 auf dem Friedhof, weil, allerdings ohne seine Schuld, die Kirchengelder einen Abgang aufwiesen. Der Aufenthalt Bruckners in Hörsching dauerte leider nur eineinhalb Jahre. Der Vater kränkelte und bedurfte der Hilfe. So mußte der Dreizehnjährige heimkehren. An Vater Bruckner erfüllte sich

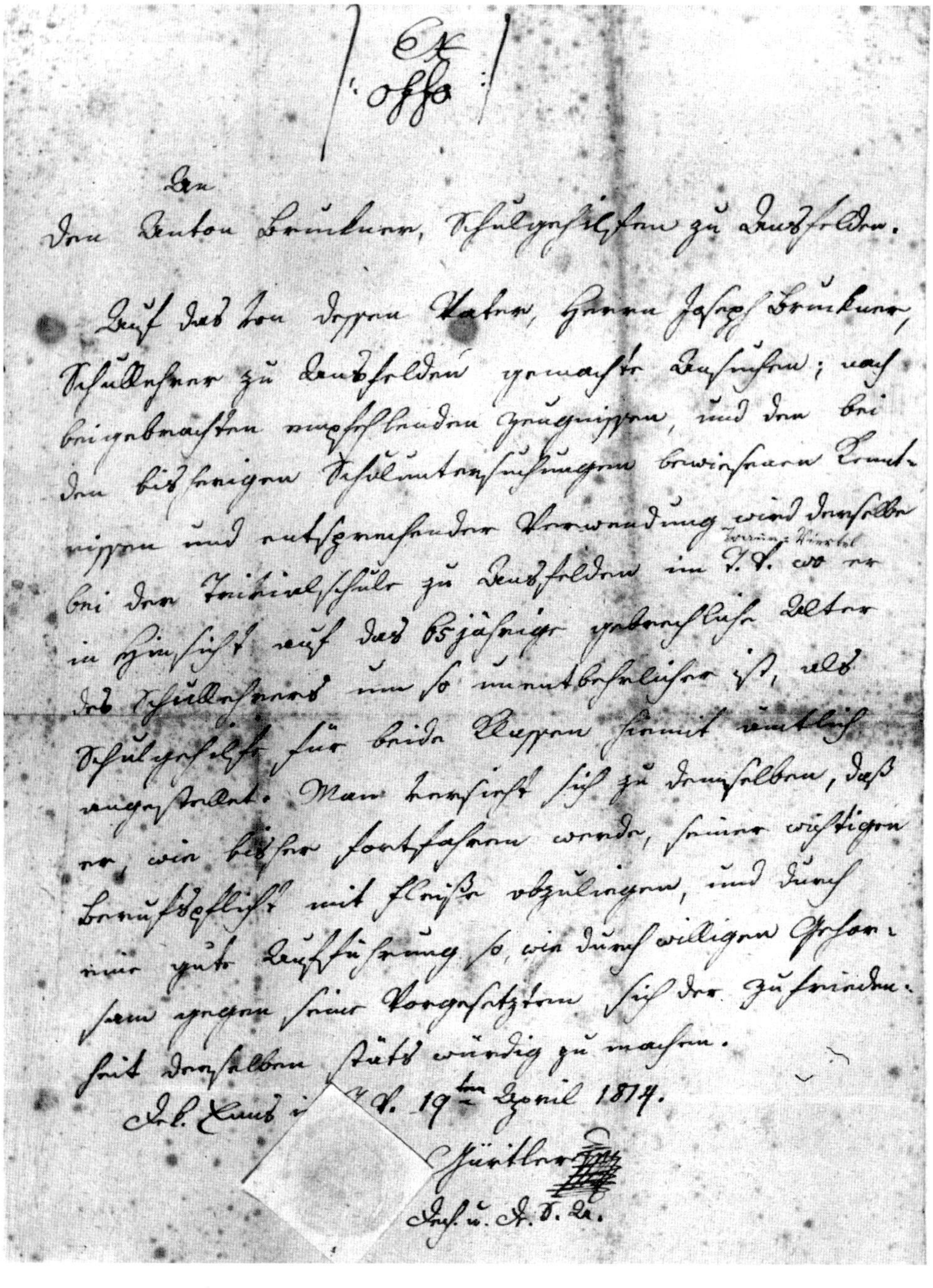

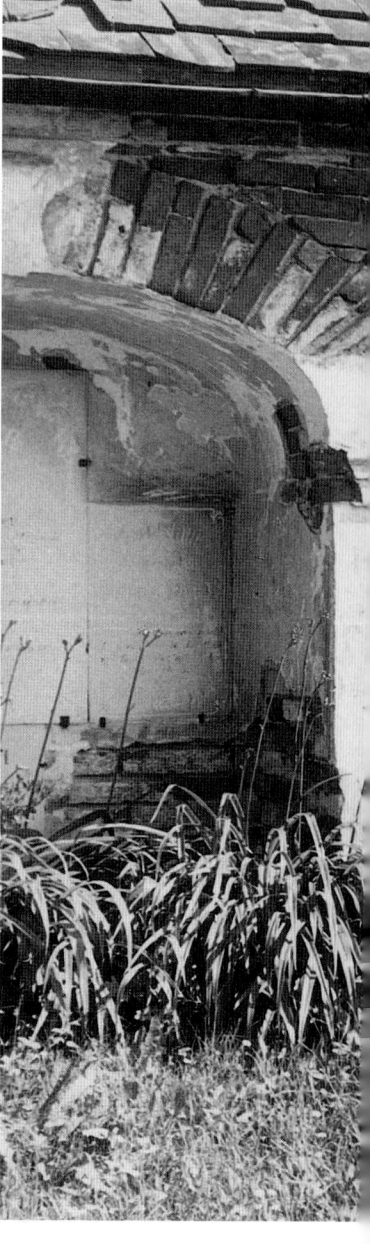

14 Anstellungsdekret des Vaters

das gewöhnliche Schicksal eines Landschullehrers des vorigen Jahrhunderts. Seit er im April 1814 in Ansfelden als Schulgehilfe angestellt worden war, zur Hilfe seines 65jährigen Vaters, hatte ihn die unablässige Tätigkeit in Schule und Kirche aufgerieben. Das nächtliche Geigenspiel in Gaststätten, die schlechte Luft in den Räumen, die Schulstube nicht ausgenommen, der Alkohol und die fehlende Nachtruhe, oft auch infolge von Versehgängen, hatten die Gesundheit untergraben. Dazu kamen die Sorgen um die Familie, Frau und fünf Kinder, die sich in dem kleinen Schulhaus mehr schlecht als recht in das Leben fügen mußten. Anton kam im Herbst 1836 nach Hause zurück. Außer seinen erweiterten Kenntnissen brachte er mit den schon erwähnten Orgelpräludien vielleicht auch jenes vierstimmige Pange lingua in C-Dur mit, das der alternde Meister noch 1891 „restaurierte". Pietätvoll erinnerte er sich dieser Jugendarbeit und gab dem begreiflicherweise fehlerhaften Satz ein besseres, kunstgerechtes Gefüge.

15 Grab des Vaters (vor der Wiederherstellung von 1971)

Bruckner mußte nun seinem Vater im Unterricht und bei der Musik, auch bei dem nächtlichen Geigenspielen im Wirtshaus helfen. Er hat dies sicher nach besten Kräften getan, denn Vater Bruckner zeigte deutlich Spuren eines Verbrauchtseins, das kaum mehr zu regenerieren war. Wenn ihn auf dem Tanzboden der Schlaf übermannte, dann wurde er mit Bier und Branntwein wieder „in die Höhe" gebracht. Das hat natürlich seine Gesundheit schwer geschädigt, und die gewissenhafte Erfüllung seiner Schulpflichten überforderte schon am Tag seine müdgewordenen Kräfte. Ein schleichendes Nervenfieber stellte sich ein, sechs Wochen lang lag er krank, danach bekam er eine Lungenentzündung. Am 7. Juni 1837, im 46. Lebensjahr, war sein Leben zu Ende. Tonerl war beim Versehgang zugegen und fiel vor Schmerz in Ohnmacht. Der Weg zur letzten Ruhestätte war kurz: vom Haus über die Stiege hinauf zur Kirche und danach zur rechten Ecke der Kirchhofsmauer, gegenüber dem Pfarrhof, wo sich das Grab heute noch befindet. Als Todesursache wird die „Lehrerkrankheit" jener Epoche angegeben: „Lungensucht und Auszehrung".

16 *Stift St. Florian*

Der Sängerknabe

St. Florian, 1837—1840

Anton Bruckner und St. Florian: Dieser „Zusammenklang" reicht von der Erde bis in den Himmel, von den kummervollen Tagen nach des Vaters Tod bis in die Höhen jener strahlenden, mächtigen Musik, mit der der Genius Bruckner sein Tedeum und seine „dem lieben Gott" gewidmete IX. Symphonie gesungen hat. Es war eine Schicksalsfügung von einzigartiger Bedeutung, daß sich dem jungen, heranwachsenden Talent die Kirchenmusik im Stifte zu weiterer Förderung eröffnete, vor allem aber, daß sich diesem werdenden Genie das grandiose Bauwunder des Stiftes darbot, mit seiner überwältigenden Pracht, seinen Stiegen, Gängen, Höfen, Sälen, seiner Stiftskirche mit ihrer großen Orgel und dem Leben seiner Bewohner. In kirchlicher und weltlicher Sphäre verschenkte es einen Reichtum an Eindrücken, dem sich ein so begabtes junges Wesen, wie es Anton Bruckner war, nicht verschließen konnte.

17 Hauptportal
18 Westfassade mit Stiftskirche

Die Mutter ging mit ihrem ältesten Sohne „noch am Todestage", wie es heißt, nach St. Florian, damit dieser als Sängerknabe aufgenommen werde. Sie durchschritten das 1713 vollendete Hauptportal, das die lang hingestreckte Westfassade ziert. Der gesamte Stiftskomplex wurde von Carlo Antonio Carlone 1686 mit der Kirche begonnen, nach seinem Tod, 1708, von Jakob Prandtauer weitergeführt. Nach dessen Tod, 1726, setzte der Florianer Baupolier Jakob Steinhuber den Bau fort, der von 1744 bis 1751 mit dem Bibliothekstrakt durch Gotthard Hayberger aus Steyr vollendet wurde.

Linke Seite: 19 Stiegenhaus, Außenansicht
20 Stiege zum Gang der Kaiserzimmer

Die beiden Bittsteller gingen die Stiege hinauf bis in den ersten Stock, der unter dem Kaisergang liegt, um da die Tür zur Prälatur zu erreichen. Die Mutter trug einen Empfehlungsbrief des Pfarrers von Ansfelden bei sich, der, wie sie glaubte, für ihr Ansuchen sprechen werde. Dem war aber nicht so; es hieß darin vielmehr, die Witwe des Schullehrers hätte ohnehin reiche Verwandte, die könnten also helfen. Der damalige Propst von St. Florian, Prälat Michael Arneth, hielt sich aber nicht daran, sondern nahm Anton Bruckner, der eine schöne Sopranstimme besaß, in den Stiftschor auf, und dies, obwohl Toni schon nahe am Stimmbruch stand, also keine lange Verwendungsdauer mehr als Sängerknabe versprach. So war der Mutter eine große Sorge abgenommen. Da der nachfolgende Lehrer Joseph Gametner schon Anfang Juli 1837 einzog, mußte Theresia Bruckner sich nach einem neuen Wohnort umsehen. Sie zog mit den vier anderen Kindern, ihrer blinden Schwägerin und den wenigen Möbeln auf einem Leiterwagen nach Ebelsberg. Dort lebte sie dürftig als „Helferin", bis Anton sie finanziell unterstützen konnte.

21 *Südtrakt mit dem Marmorsaal*
22 *Marmorsaal*

Der neu aufgenommene „Sängerknabe" wurde den Sommer über wieder zu Vetter Weiß nach Hörsching gegeben, verbrachte dann noch acht Tage bei seiner Mutter in Ebelsberg, worauf er sich ins Stift begab. Ein neuer Abschnitt seines Lebens begann, er sollte grundlegend werden für seine Persönlichkeit und sein ganzes Schaffen. Vorerst war er Sängerknabe, besuchte die Schule, in der er 1839 als Klassenbester aufscheint. Er hatte Gesangsübungen bei Lehrer Franz Raab und Violinunterricht bei Franz Gruber, einem Schüler des Beethovenfreundes Schuppanzigh. Mächtig ergriffen war er jedoch vom Spiel des Stiftsorganisten Anton Kattinger, der, ein Meister seiner Kunst, die große Orgel der Kirche in eindrucksvollen Improvisationen ertönen ließ. Als Anton Bruckners Stimme zu mutieren begann, 1839, spielte er Geige, am liebsten aber Orgel als Begleiter bei den Hochämtern. Damit begann seine Bindung an die „Königin der Instrumente", aus der später jene Berufung erwachsen sollte, die ihn zum unbestrittenen Virtuosen dieses Instrumentes im 19. Jahrhundert machte.

23 *Stiftskirche mit Hochaltar*

24 *Die große Orgel*

Wenn man die Stiftskirche betritt, dann gelangt man in ein Reich voll Hoheit und Weite, das den Menschen zu Jenseitigem hinzieht. Zwei Pole beeindrucken den Beschauer: der monumentale, aus dunkelrotem Marmor gefügte Hochaltar und sein leuchtendes Gegenstück, die silberglänzende Orgel über dem Haupteingang der Kirche. Sie ist das Meisterwerk des aus Laibach stammenden Priesters und Orgelbauers Franz Xaver Chrismann, der sie im Auftrag von Propst Matthäus Gogl (1766—1777) 1770–1774 erbaute. Sie gehört zu den größten Kirchenorgeln Österreichs und stellt mit ihrer Tonfülle ein Instrument dar, das wohl geeignet war, in dem jungen Bruckner bleibende und weiterwirkende Eindrücke zu hinterlassen. Ihren barocken Klangreichtum kann man als grundlegend für den späteren Symphoniker Bruckner ansehen, auch wenn, wie es natürlich ist, Bruckner in seiner Orchestrierung dann eigene Wege gegangen ist. Der Sängerknabe Bruckner erlebte auf dem Kirchenchor den Prunk der Feierlichkeiten des Stiftes, Hochämter, Vespern, Totenoffizien, Litaneien und Prozessionen, die ihm, von der Musik her, den barocken Stil der Räume noch erhöhten und in sinnfälliger Weise lebendig werden ließen. Er lernte weiter die Werke von Kirchenkomponisten seiner Zeit kennen: die der Wiener Klassiker und ihrer Zeitgenossen, von Albrechtsberger zurück bis auf Johann Joseph Fux und Palestrina.

25 Prälat Michael Arneth,
von 1823 bis 1854
Propst von St. Florian,
Miniatur ca. 1823

Michael Arneth, geboren am 9. Jänner 1771 in Leopoldschlag, trat 1794 in das
Chorherrenstift St. Florian ein, wo man ihn 1823 zum Propst wählte. In dieser
Eigenschaft stellt ihn die von Moritz Michael Daffinger gemalte Miniatur dar, die
vielleicht aus diesem Anlaß entstand. Kaiser Franz ernannte ihn bald danach zum
Generaldirektor der oberösterreichischen Gymnasien, auch war er von 1834 bis 1841
landständischer Verordneter. Er entfaltete im Stift eine segensreiche Tätigkeit durch
wirtschaftliche Fundierung nach den Nöten der Franzosenkriege, durch die Restaurierung
von Kirche und Kloster und die Wiedererrichtung der theologischen Lehranstalt.
Zu seinem umfassenden Wissen besaß er ein tiefes menschliches Empfinden für die
Angelegenheiten von Schule und Jugend. Sicher ist es dieser Haltung zu verdanken,
daß er den jungen Bruckner aufnahm. Damit erschloß er ihm die Welt des Barocks,
die man deutlich als formschaffendes Fundament von Bruckners Musik erkennt.
Bruckner war noch Stiftsorganist, als Michael Arneth am 24. März 1854 in St. Florian
starb.

34

26 Schulaufgabe Bruckners

Bruckner besuchte die Marktschule von St. Florian und wohnte zusammen mit den anderen beiden Sängerknaben des Stiftes, Karl Seiberl und Anton Haus, bei Schullehrer Michael Bogner. Er muß ein fleißiger und auch wißbegieriger Schüler gewesen sein. Wenige erhaltengebliebene Schulhefte lassen uns ahnen, mit welcher Gewissenhaftigkeit er seine Schulaufgaben erledigte. So auch jene „deutschen Aufsätze", die, in Briefform gehalten, seine durchaus klare und saubere Kurrentschrift zeigen, der Bruckner sich übrigens sein ganzes Leben hindurch in seinen Briefen bedient hat. Es nimmt daher nicht wunder, daß „das Buch der Ehre und des Fleißes" der III. Klasse zu St. Florian seinen Namen im Jahre 1838 an zweiter, für das Jahr 1839 aber an erster Stelle nennt. In diesem Buche sind als Lob und zur Belohnung die Namen der Schüler und Schülerinnen verzeichnet, die sich durch besonders gute Leistungen hervorgetan hatten. Eines Tages stellte Prälat Arneth an Bruckner die Frage, was er denn einmal werden wolle: ein Geistlicher, ein Schulmeister oder aber, ob er vielleicht gar studieren möchte? Bruckner erzählte später, er habe aus kindlicher Anhänglichkeit geantwortet: „Wie der Vater." Seinen geheimen Wunsch, „einmal ein Kapellmeister zu werden", den hatte er beiseitegeschoben. Vom Schulgehilfen Georg Steinmayr für den „Präparandenkurs" in Linz vorbereitet, bestand er die Aufnahmsprüfung mit sehr gutem Erfolg; ein neuer Abschnitt seines Lebens begann.

27 *Linz an der Donau*

Der Lehrer

Linz, Präparandie, 1840—1841
Windhaag, 1841—1843
Kronstorf, 1843—1845

Bei seinem ersten Linzer Aufenthalt geht Bruckner seinem Beruf entgegen: Er wird zum Lehrer, zum Schulgehilfen ausgebildet. Es war ein Glück für sein Talent, daß die Musik in Ausbildung und Praxis der Lehrer von damals einen bevorzugten Platz einnahm. Sie waren die Regenschori und Organisten ihrer Pfarrkirchen, sie mußten die Sänger schulen und so auch der heranwachsenden Schuljugend wenigstens das Singen beibringen. Daher erstreckte sich die Ausbildung nicht nur auf die eigentlichen Schulgegenstände und ihre Unterrichtspraxis, sondern auch auf Musiktheorie, Orgel- und Klavierspiel und auf Gesang.

28 Linz, Pfarrgasse 11
29 Die „Präparandie" in der
   Hofgasse

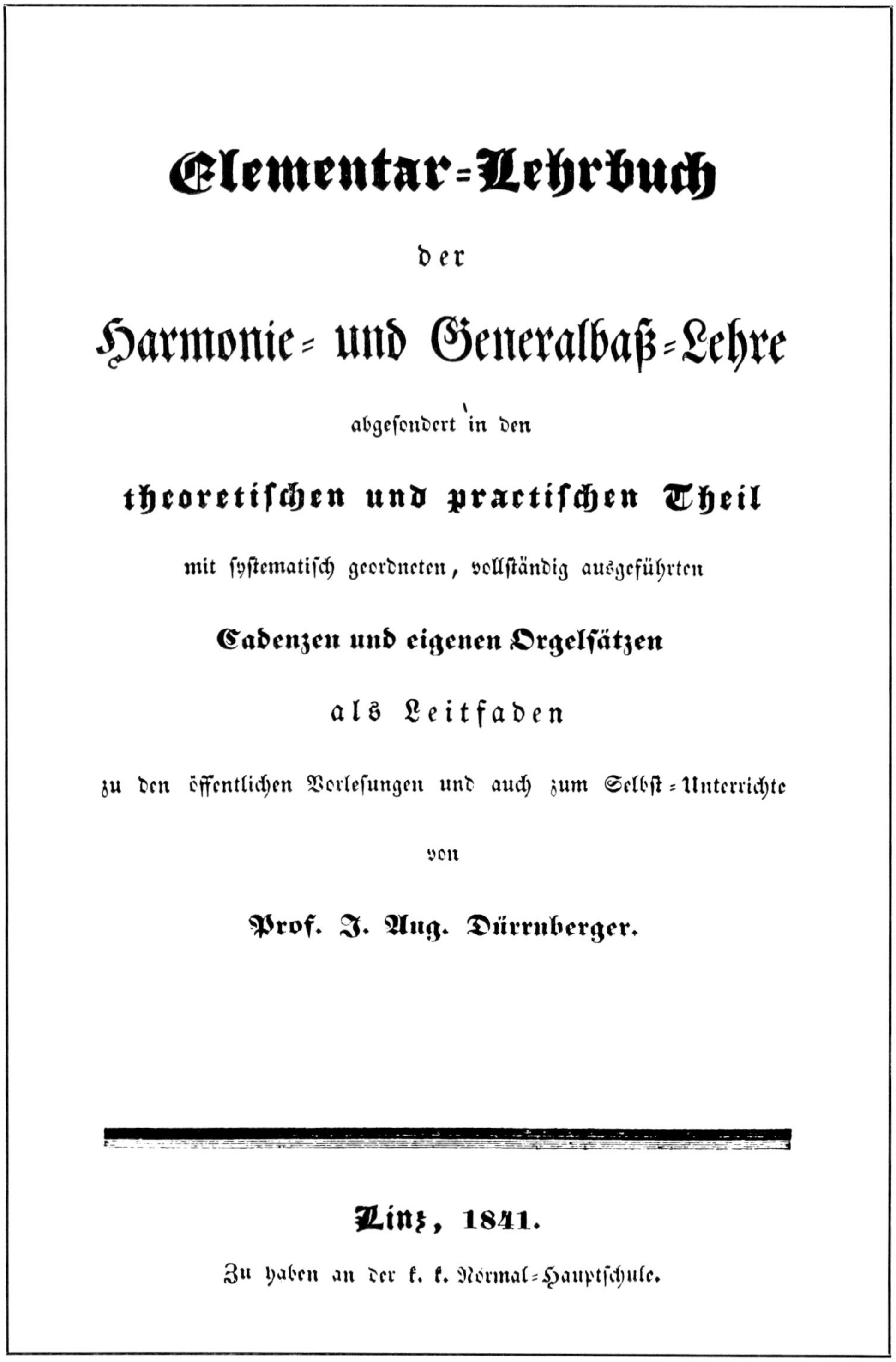

Elementar=Lehrbuch

der

Harmonie= und Generalbaß=Lehre

abgesondert in den

theoretischen und practischen Theil

mit systematisch geordneten, vollständig ausgeführten

Cadenzen und eigenen Orgelsätzen

als Leitfaden

zu den öffentlichen Vorlesungen und auch zum Selbst=Unterrichte

von

Prof. J. Aug. Dürrnberger.

Linz, 1841.

Zu haben an der k. k. Normal=Hauptschule.

30 J. A. Dürrnbergers Lehrbuch
31 Notenbeispiele daraus
mit Bemerkungen Bruckners

Gewohnt hat Bruckner in dem Haus Pfarrgasse Nr. 11. Sein täglicher Schulweg führte ihn über den Hauptplatz in die steil ansteigende Hofgasse Nr. 23, wo heute noch das Haus steht, in dem die „Präparandie", die Lehrerbildungsanstalt, untergebracht war. Musik unterrichtete Johann August Dürrnberger. Er war eigentlich „Landesbuchhalter", aber ein ebenso guter Musiktheoretiker, der sein Fach nach dem von ihm verfaßten „Elementar-Lehrbuch" vortrug und seinen Schülern damit eine vorzügliche Unterweisung bot. Die Wißbegierde des angehenden Schulgehilfen in Musiktheorie geht aus den Eintragungen hervor, die Bruckners eigenes Exemplar enthält: an den Rand geschriebene Noten, Fragen, Bleistifteintragungen.

41

32 J. A. Dürrnbergers Klassenkatalog von 1840/41
33 Linz, Minoritenkirche, Inneres mit Musikchor

Aus einem von Dürrnberger eigenhändig geschriebenen „Classifications-Abschluß"
für 1841 ragt Bruckner mit seinen sehr guten und guten Erfolgen aus der Umgebung
hervor. Es fehlt darin noch die Note für das Orgelspiel, die im Schlußzeugnis „gut"
lautete, sehr zum Unwillen Bruckners. Als er 1845 die Schlußprüfung für Oberlehrer
ablegte und dabei ein Thema von Michael Haydn, „Tres sunt", frei auf der Orgel
verarbeitete, war der begeisterte Dürrnberger selbst ganz außer sich, daß er Bruckner
vor vier Jahren nur ein „gut" gegeben hatte. Dürrnberger war nicht nur ein Könner
der Musiktheorie, sondern auch ein gewiegter Praktiker, der neben einigen Kompositionen sich vor allem durch die Förderung der Musikpflege auszeichnete. Mit seinen
Kandidaten von der Präparandie führte er an Festtagen in der Minoritenkirche Messen
der Wiener Klassiker auf, wozu er aus eigenen Mitteln fehlende Musikinstrumente
kaufte. Daß er durch 36 Jahre hindurch unentgeltlich unterrichtete, das mag ein
besonders helles Licht auf seinen Charakter werfen. Nicht nur die praktische und
theoretische Wissensvermittlung hat Bruckner geformt, sondern ganz sicher auch der
Mensch Dürrnberger, dem sich Bruckner zeitlebens dankbar verbunden fühlte. Er und
sein Unterricht, das waren die Hauptquellen an Musik, aus denen 1840/41 Bruckners
Talent gespeist wurde. Dazu gab es noch das landständische Theater, von dessen Besuch
dem Präparandisten aber abgeraten wurde (schon rein aus Sparsamkeitsgründen), und
den 1821 gegründeten Musikverein. In dessen Konzerten hat Bruckner sicher die
Ouvertüren zu „Freischütz" und „Euryanthe" von C. M. v. Weber und auch Beethovens
IV. Symphonie in B-Dur gehört. Dirigent war Karl Zappe (1812—1871), ein aus-
gezeichneter Geiger, dem Bruckner auf seinem Lebensweg später noch als Dom- und
Stadtpfarrkapellmeister begegnen sollte. Vorläufig harrte er jedoch mit Bangen der
Abschlußprüfung unter dem strengen Direktor Johann Nepomuk Pauspertl v. Drachen-
thal entgegen, die er aber mit ausgezeichnetem Erfolg bestand. Bruckner konnte als
„Gehülfe an Trivial-Schulen" verwendet werden.

Instruction

für

Schulgehülfen.

1tens. Der Gehülf kann nur dann den Dienst antreten, wenn er sich mit dem vorgeschriebenen für einen Gehülfen von einem Kreisamte, oder von einem Districts-Aufseher adjustierten Zeugnisse als dazu tauglich ausgewiesen hat.

2tens. Um die Aufnahme hat sich der Candidat jedes Mahl an den Lehrer zu wenden, dem es bekannt ist, in wie fern die Aufnahme von ihm abhängt.

3tens. Der bey einer Schule angestellte Gehülf, wo er nach den allerhöchsten Vorschriften nothwendig ist, genießt die Befreyung vom Militärdienste, so lange er bey einer solchen Schule angestellet ist.

3

4tens. Der Gehülf soll den Schullehrer als seinen nächsten Vorgesetzten ansehen, ihm Ehre und Gehorsam beweisen, und sich bestreben, da er dessen Hause angehört, durch friedliches und gefälliges Betragen die Einigkeit in der Familie nicht nur nicht zu stören, sondern sie nach Kräften zu befördern.

5tens. Der Gehülf hat sich mit der strengsten Genauigkeit an die vorgeschriebenen Schulstunden zu halten, sich in seinem Lehramte unverbrüchlich an die vorgeschriebene Lehrmethode zu binden, die Schulkinder ohne Unterschied, ob ihre Aeltern arm oder vermöglich seyn, mit gleichem Fleiße zu bearbeiten, und mit gleicher Höflichkeit zu behandeln, auf Beförderung guter Sitten unter ihnen alles Ernstes zu sehen, die bemerkten Fehler nach der Vorschrift der Schulgesetze zu bessern, und jede Gelegenheit zur Beförderung guter Gesinnungen und Sitten, sorgfältigst zu benutzen. Es wird ihm zum besondern Verdienste gerechnet werden, wenn er in Orten, wo die Kinder außer den Schulstunden auf öffentlichen Plätzen spielen, durch seine Gegenwart alles Unsittliche zu entfernen sich wird angelegen seyn lassen.

A 2

4

6tens. Dem Religionsunterrichte, welchen der Katechet ertheilt, hat der Gehülf jedes Mahl beyzuwohnen, denselben nach der erhaltenen Belehrung fleißig zu wiederhohlen, und bey dem öffentlichen Gottesdienste über Ordnung und Eingezogenheit der Schulkinder zu wachen.

7tens. Zu dem Ende muß der Gehülf selbst in der Religion wohl unterrichtet seyn, dem Gottesdienste mit aller Auferbauung beywohnen, wenn er dem Ortsseelsorger als Meßner beysteht, seine Verrichtungen mit Andacht und Anstand besorgen, und in seinem ganzen Wandel ein Muster guter Sitten seyn.

8tens. Zu der Absicht ist ihm das Besuchen der öffentlichen Schenkhäuser, und das Geigen bey Tänzen in den Wirthshäusern auf das strengste verbothen. Ja er wird sich zu hüthen haben, daß er sich nicht durch zu häufige und zu vertraute Besuche eines oder des andern Hauses in der Gemeinde verächtlich mache, und zu übeln Muthmassungen und Nachreden Veranlassung gebe.

9tens. Er soll wissen, daß jede fortwährende Nachlässigkeit im Dienste, jedes subordinations-widrige Benehmen, jede unrechte Behandlung der Kinder,

Vorzeiger dessen, *Brunner Anton, von Auchfelden im Traunn Kreise gebürtig,* ——— ———

hat im Jahre 1841 an der k. k. Normal=Hauptschule in Linz durch ~~sechs~~ *zehn* Monathe dem

Unterrichte für *Trivial=Schul=Lernlehrer* *schon* beygewohnet, in den Sitten

sich *sehr gut* verhalten, und bey der Prüfung bewiesen, daß er erlernet hat:

Die Grundsätze der Unterweisung .... *gut*

— Religionslehre .... *sehr gut*

— deutsche Current=Schrift ....

— lateinische Schrift ....

— Kanzelley=Schrift .... } *gut*

— Rechtschreibung ....

Den Vortrag ....

Die deutsche Sprachlehre ....

— Rechenkunst .... } *sehr gut*

— Schreibart ....

— Geographie .... *gut*

Das Verfahren

bey dem Buchstabenkennen ....

—— Buchstabiren .... } *sehr gut*

—— Lesen ....

—— Schönschreiben .... } *gut*

—— Rechtschreiben ....

—— Dictando=Schreiben .... } *sehr gut*

bey der deutschen Sprachlehre ....

—— Rechenkunst .... } *gut*

—— Geographie ....

—— Naturlehre .... δ

—— Schreibart .... *gut*

bey dem Vortrage in der Religion .... *sehr gut*

Demselben ~~Mit~~ Rücksicht auf die beygeschriebenen Anmerkungen ~~kann man denselben als~~ *einem*

guten Fortgang geeignet und kann als Gehülfe in Trivial=Schulen

~~denen, die seiner nöthig haben~~ *verwendet werden.* ~~empfehlen~~

Linz den 16. des *Augustal* 1841.

[Unterschrift]
[Unterschrift]

[Unterschrift]

Director.

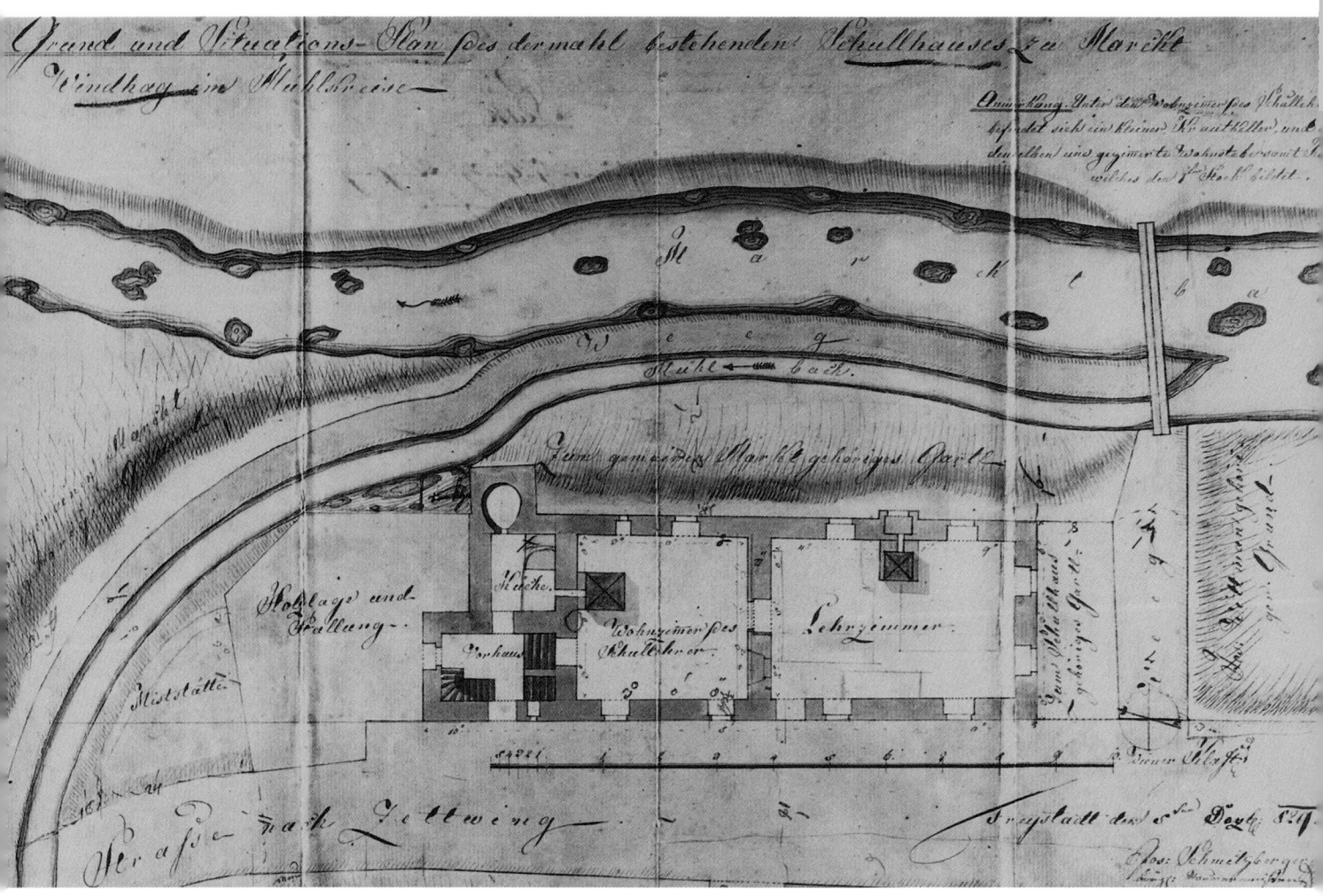

36 *Plan des alten Schulhauses in Windhaag*

Mit seinem Zeugnis als befähigt ausgewiesen, sicher auch in Kenntnis der „Instruction für Schulgehülfen", wanderte Bruckner im Herbst 1841 seiner ersten Lehrerstelle zu. Er konnte mit der Pferdeeisenbahn bis Freistadt fahren und von dort in dreistündiger Wanderung Windhaag an der Maltsch erreichen. Unter dem Schulleiter Franz Fuchs begann er in diesem Dorf, das damals rund 200 Einwohner und 20 Häuser umfaßte, seine Tätigkeit. Man kann sich die Enge und Dürftigkeit dieses Schullebens heute überhaupt nicht mehr vorstellen. Das alte Schulhaus ist noch erhalten. Ein Plan von 1829 zeigt das etwas über 20 Quadratmeter große Lehrzimmer, anstoßend Wohnzimmer, Küche und Vorhaus für den Lehrer. Wegen Baufälligkeit wohnte Fuchs nicht im Schulhaus, sondern anderswo, und auch Bruckner war bei ihm in einem kleinen Raum untergebracht. Der Gemeinde gelang es, 1842 hinter der Kirche einen Neubau zu errichten, in dem Bruckner noch in einem kleinen Zimmer unterrichtete, die Vollendung des Gebäudes hat er aber nicht mehr erlebt, da befand er sich schon in Kronstorf. Der Unterricht fand für die 70 Schüler, geteilt in zwei Partien, halbtägig statt. Er wurde durch die von Johann Ignaz von Felbiger (1724—1788) entwickelte „Allgemeine Schulordnung für die deutschen Normal-, Haupt- und Trivialschulen in sämtlichen Kays. Königl. Erblanden" bestimmt und umfaßte neben den vier Grund-fächern, Religion, Lesen, Schreiben und Rechnen, auch Geographie und Naturlehre; als ein besonders für Bruckner erfreuliches Fach kam noch Gesang hinzu. Man stelle sich nun dieses kleine Lehrzimmer vor, bevölkert von 30 bis 40 Buben und Mädchen, die gelegentlich mit nassen Kleidern ankamen, keine richtige Beleuchtung im Schul-zimmer hatten und daher in Stunden der Dunkelheit gezwungen waren, sich den Lehrstoff auswendig anzueignen. Die Bescheidenheit wird hier über die zulässige Grenze in die Dürftigkeit vorgetrieben, und es stellt sich dem Betrachter rückschauend die Frage, wie so ein großes geistiges Ingenium wie Bruckner diese Enge überhaupt aushalten konnte. Die Antwort muß darauf hinweisen, daß er aus ganz gleichen dürftigen Verhältnissen stammte, nichts anderes gewohnt war und auch diese Lebensart für sich und seinesgleichen als die gegebene ansah. Wir wissen, daß Bruckner zeitlebens bis in sein hohes Alter von dieser Bescheidenheit nicht loskam,

37 *Altes Schulhaus
in Windhaag*

ja geradezu naturhaft in sie verstrickt war. Wenn er nicht das ihm verliehene Talent
der Musik gehabt hätte, so wäre er natürlich aus dem Lehrerdasein nie herausgekommen. Dabei war er ein von seinen Pflichten voll durchdrungener, guter Lehrer.
So manche Berichte von Personen, die seine Schüler gewesen waren, sprechen von
seiner Genauigkeit im Unterricht, heben aber seine Güte hervor; er habe ganz wenig
gestraft, dazu war er zu gutmütig. Diesem seinem Wohlwollen hatten die Kinder es zu
verdanken, daß er ihnen, wenn sie sich besonders brav aufführten, von den Weltteilen,
von der Erdkugel, von verschiedenen Erscheinungen in der Natur erzählte. Wenn
Schulleiter Fuchs diesen Unterricht bemerkte, dann setzte es für Bruckner immer eine
Zurechtweisung, denn das war eine Überschreitung des vorgeschriebenen Lehrplanes
und durfte nicht vorkommen. Überhaupt waren die Verhältnisse zwischen Schulleiter
und Schulgehilfen einigermaßen gespannt. Wie jeder Schulleiter damals, mußte Fuchs
seinen Gehilfen selber bezahlen. Die Angaben über den Jahreslohn, den er Bruckner
zahlte, schwanken zwischen 12 und 36 Gulden, dazu freie Kost und Quartier. Dafür
war ein selbständiger Schul- und Kirchendienst, auch Feldarbeit zu leisten. Damit aber
kam die Stellung eines Schulgehilfen in die Nähe eines Dienstboten, zumal er seine
Mahlzeiten mit der Magd einzunehmen hatte. Brennsuppe, Mohnnudeln oder -knödeln,
Hirsebrei, am Sonntag Rindfleisch, auch sonst nur zweimal in der Woche Schweine-
fleisch oder Geselchtes mit Kraut und Knödeln. — Seine Tätigkeit umfaßte neben dem
Schulunterricht außerdem das „Tag-Anläuten" (im Sommer um 4, im Winter um
5 Uhr früh), Mähen, Heuen, Dreschen, Ackern, den Pfarrer zur heiligen Messe an-
kleiden, Ministrieren, bei Versehgängen begleiten, abends „Gebet-Läuten" und um
21 Uhr „Huß-Ausläuten", ein Brauch, der diese an Böhmen angrenzende Gegend des
Mühlviertels an die schreckliche Zeit der Hussitenkriege erinnert. So war Bruckner
Lehrer, Gehilfe und Knecht in äußerst bescheidenen Verhältnissen, denn auch die Natur
ist in dieser nördlichen Ecke Oberösterreichs sehr unfreundlich. Wind und Kälte
herrschen mit rauher Gewalt auf den Hochflächen, die im Sommer und Herbst in Wald
und Feld allerdings mit leuchtenden Farben übergossen werden. Mehr noch als heute
breitete sich um 1840 die Einsamkeit um Gehöfte und Wege.

38, 39 Clavichord, das Bruckner in Windhaag benützte

Die Kraft zum Leben empfing Bruckner in Windhaag vor allem aus der Musik. Er mußte gegenüber seiner Ausbildung in Linz hier eine „Verarmung" hinnehmen. Linz hatte ihm Orchesterkonzerte und Kirchenmusik in reicher klanglicher Entfaltung geboten, wie das eben eine Ouvertüre von C. M. v. Weber oder eines der großen Hochämter von Joseph Haydn vermitteln. In Windhaag dagegen gab es nur die Orgel in der Kirche mit dem sicher sehr bescheidenen Chorgesang und den noch bescheidener mitwirkenden Instrumenten wie Geige, Klarinette, Baßgeige. Dementsprechend konnte Fuchs auch nur jene Kirchenmusik aufführen, die unter der Bezeichnung „Landmessen" in großer Zahl gedruckt und in Handschrift auch jetzt noch in den Archiven der Dorfkirchen zu finden ist. Man konnte sie in verschiedener Besetzung aufführen: mit einer oder drei Singstimmen, nur mit Orgelbegleitung oder auch mit Zuhilfenahme von zwei Geigen und zwei Hörnern etwa. Solche Variierungsfähigkeit war geboten, weil der Regenschori oft nicht wußte, ob wirklich alle Mitwirkenden auf dem Chor erscheinen werden. Es gab auch Messen für „unmusikalische Sänger". Darunter verstand man wahrscheinlich solche Sänger, die, mit einem Naturtalent begabt, wohl singen konnten, aber keinen Unterricht erhalten hatten. Wenn bei feierlichen Gelegenheiten, wie in Ansfelden, Trompeten und Pauken nicht gefehlt haben werden, so muß man aber dennoch als sicher annehmen, daß die Kirchenmusik in Windhaag, bei der Bruckner von Herbst 1841 bis Jänner 1843 mitwirkte, äußerst bescheiden war. Dies kam vor allem im Stil der aufgeführten Kompositionen zum Ausdruck. Die Kirchenmusik eines Benedikt Hacker, Franz Bühler, Karl Drobisch, Robert Führer und wie sie alle heißen, war in ihrer Anspruchslosigkeit bestimmt nicht dazu angetan, selbst einen noch jungen Anton Bruckner zu befriedigen. Denn er hatte sich bereits in Linz die „Kunst der Fuge" von J. S. Bach abgeschrieben und studierte sie nun fleißig, dazu auch die Präludien und Fugen für Orgel von Johann Georg Albrechtsberger, dem Lehrer Beethovens.

39

Man muß sich den himmelhohen Unterschied begreiflich zu machen versuchen, um das musikalische Nebeneinander von J. S. Bach und etwa Franz Bühler zu erspüren. Bruckner befand sich in den Regionen höchster Meisterschaft, wenn er bei Bach saß — daß er dies tun konnte, das verdankte er einem musikalischen Weber von Windhaag, Franz Sücka, und seiner Familie. Die Töchter Maria, Rosalia und den Sohn Franz unterrichtete Bruckner. Franz bereitete er auf den Präparandiekurs vor, sehr zum Unwillen seines Vorgesetzten Fuchs. Sie spielten Violinduette, wobei manchmal Vater Sücka auf der Trompete oder Klarinette mitwirkte. Es wird berichtet, daß Bruckner damals sehr fleißig Noten geschrieben hat, man weiß aber auch, daß viel altes, beschriebenes Notenpapier in Zettwing, heute Cetviny in der Tschechoslowakei, zugrundegegangen ist. Diese Blätter haben ohne Zweifel erste Kompositionsversuche Bruckners enthalten. Sein Drang, selbst Musik zu schreiben, begann sich zu regen, gefördert auch durch jenes kleine Spinett, das Vater Sücka eines Tages kaufte und auf dem Bruckner nun spielen durfte, sooft er wollte, besonders dann, wenn ihn Fuchs von der Kirchenorgel mit dem Vorwurf verjagte, „er schlage ihm ja noch die ganze Orgel zusammen". Sicher hat Bruckner schon damals eigene Wege im Orgelspiel gefunden, so daß er einmal, wie J. S. Bach, beim Liedbegleiten die Gemeinde fast aus der Melodie gebracht hätte. Als einziges und erstes Werk, das man sicher als Komposition Bruckners bezeichnen kann, ist eine Messe in C-Dur, für eine Alt-Stimme, zwei Hörner und Orgel, erhalten geblieben, die „Windhaager Messe". So einfach sie ist, unvollkommen noch in der Behandlung des Textes und im musikalischen Satz, so ist sie doch ein Zeugnis von Bruckners hoher Auffassung der Musik, insbesondere der Kirchenmusik. Dies zu beweisen, dazu bedürfte es nicht des Choralzitates am Anfang des Credos. Die Feierlichkeit im Sanctus und die innige, den Wiener Klassikern nachempfundene Melodie des Benedictus erweisen, daß der junge Komponist ein tiefes Innenleben gehabt haben muß.

40 A. Bruckner, *Windhaager Messe, Orgelstimme, Autograph*

41 Oberösterreichischer Bauerntanz
42 Landler für zwei Geigen

Wie sein Vater, so ging auch Anton Bruckner Geige spielen zu weltlichen Belustigungen, obwohl dies die „Instruction" in Punkt 8 ihrer Vorschriften verbot. Aber wie anders sollte man denn dem kärglichen Entgelt und der eintönigen Kost beim Schullehrer aufhelfen, als durch solche Gelegenheiten! Im Fasching gab es einmal in der Woche das „Rock'ngeigen"; nachdem die Mädchen am Spinnrad gearbeitet hatten, wurde abends getanzt. Zwei Geiger, dazu vielleicht ein Trompeter, nahmen in einer Ecke Platz und spielten die ganze Nacht. Dafür bekam jeder drei Zehner, Most und Krapfen. Noch höher ging es bei Hochzeiten her. Da waren es nicht mehr ihrer drei, die beiden Sücka, Vater und Sohn, und Bruckner, sondern vier; die Musik begleitete den Hochzeitszug zur Kirche, zum Festmahl und spielte dann bei Essen und Tanz bis in die Frühe des Morgens. Der „Landler" kam zu seinem Recht, der „G'strampfte", aber auch alle anderen Formen, vom „Einzug" bis zum „Kehraus". Bruckner lernte den Reichtum der oberösterreichischen Volksmusik kennen. Sie blieb so sehr mit seinen musikalischen Ideen verbunden, daß er sie in den Scherzo-Sätzen der Symphonien zu höchster Kunst erhob.

Zeugniß.

Unterzeichneter ertheilet hiemit dem Herrn
Anton Brücker das Zeugniß, daß selber durch
1 Jahr und 4 Monathe in hiesiger Trivialschule
als Lehrgehülf gedienet, und sich während derselben Zeit durch sein sittliches Betragen, und
durch immerwährenden Fleiß und Geschicklichkeit
im Lehrfache sehr gut ausgezeichnet habe.
Übrigens hat er den mit dem Lehrfache
verbundenen Meßnerdienst mit vieler
Genauigkeit verrichtet, daß ich ihn mit Recht
besonders als einen Gehülfen empfehlen
kann.

Uchfang den 19ten Jänner 1843.

Franz Buch
Schullehrer.

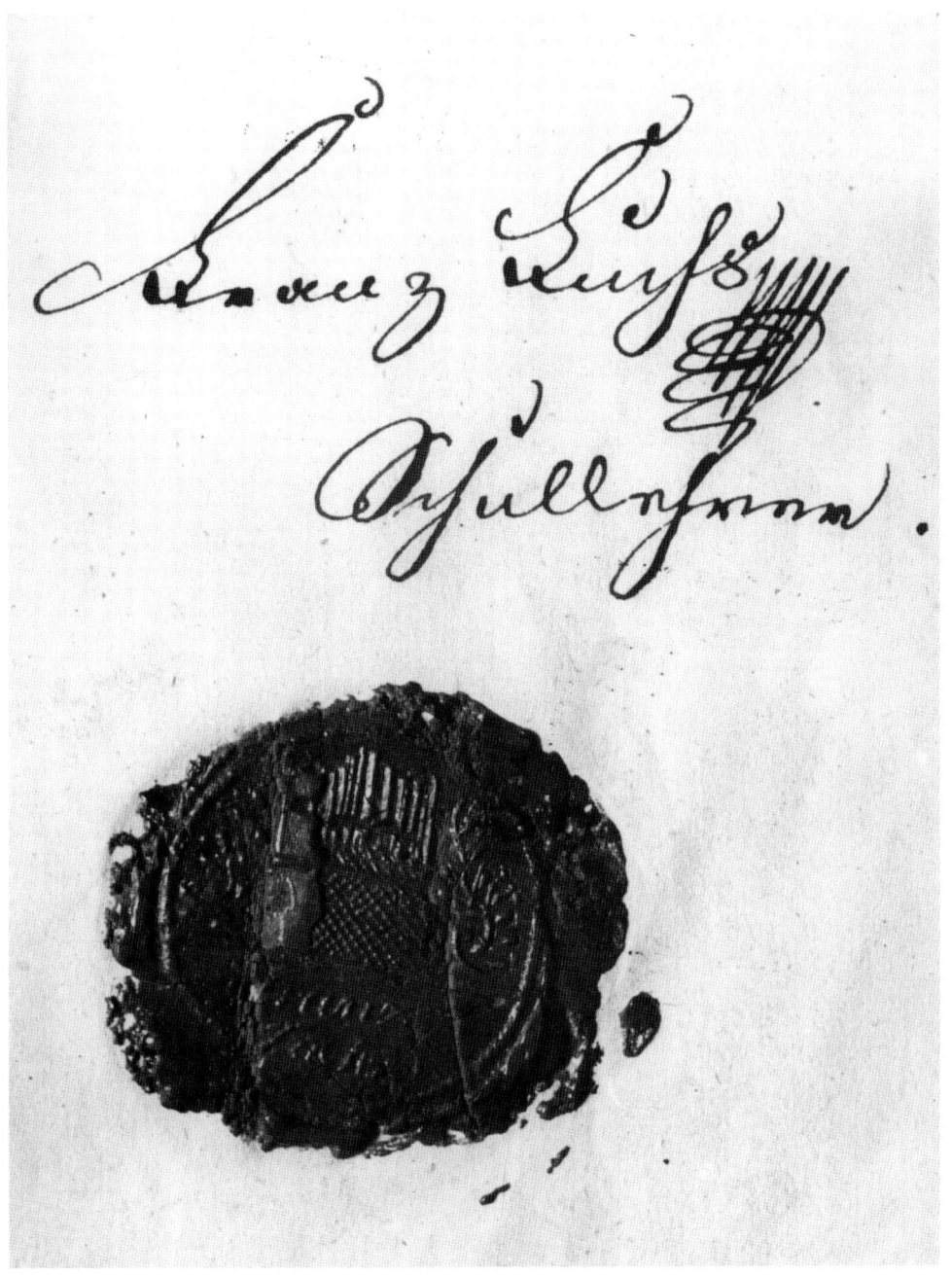

Linke Seite: 43 Zeugnis des Franz Fuchs
44 Siegel vom Zeugnis des Franz Fuchs

Die außerordentlich dürftigen Verhältnisse in Windhaag verleideten Bruckner, der schließlich die Pracht St. Florians und das städtische Leben in Linz erfahren hatte, auf die Dauer den Aufenthalt. Dazu kam noch als erschwerend, daß sein Vorgesetzter, Franz Fuchs, genau spürte, daß der Schulgehilfe ihm im „Orgeln" überlegen war. Es muß als ein merkwürdiges Spiel des Zufalls bezeichnet werden, daß gerade er in seinem Siegelring das Abbild einer Orgel führte. Das erste Zeugnis, das Bruckner als Schulgehilfe erhielt, wurde also mit dem Abbild jenes Instrumentes bekräftigt, dessen unbestrittener Meister er werden sollte. Fuchs hat seinem scheidenden Schulgehilfen ein sehr lobendes Zeugnis ausgestellt und damit die Frage verursacht, wie er das tun mochte, da er doch Bruckner wegen „Arbeitsverweigerung" — der Schulgehilfe sollte Mistführen und tat dies nicht — beim Prälaten anzeigte. Bruckner hätte sich deswegen im Stift beim Prälaten zu rechtfertigen gehabt. Das stimmt aber nicht. Bruckner selbst gab an, daß es ihm in Windhaag nicht behagte und er auf eigenes Ansuchen von Prälat Arneth nach einem „besseren Schulort" versetzt wurde; dieser Ort hieß Kronstorf.

Linke Seite: 45 Kronstorf, Schulhaus und Kirche
46 Gedenktafel in Kronstorf

Von seinem Aufenthalt in Kronstorf hat Bruckner immer erzählt, daß er sich dort
gefühlt habe „wie im Himmel". Das Dorf war kleiner als Windhaag, es hatte nur
100 Bewohner, aber die Gegend war freundlicher, und daher auch die Leute aufgeschlossener als in der rauhen Natur des nördlichen Mühlviertels. Das war eine
Wohltat für Bruckner, er konnte „auftauen", und dies umso mehr, als er sich nicht
weit von seiner Heimat befand. St. Florian war in zweieinhalb Wegstunden zu
erreichen, aber auch die gleich weit benachbarten Städte Enns und Steyr boten ihm
sehr viel für seine musikalische Weiterbildung. Sein neuer Vorgesetzter, Franz Seraph
Lehofer, hinderte seine musikalische Entwicklung nicht, sondern förderte sie, indem
er Bruckner erlaubte, ein ihm geliehenes Spinett im Klassenzimmer aufzustellen;
in die nur sechs Quadratmeter große Bodenkammer, die der Gehilfe bewohnte, ging
das Instrument nicht mehr hinein. Mit diesem Instrument lernen wir einen ähnlich
musikbegeisterten ländlichen Bewohner dieser Gegend kennen, wie es in Windhaag
Franz Sücka war: Josef Födermayer, den Besitzer des Zehetnergutes in Schmieding.
Er hatte die musikalischen Fähigkeiten des neuen Schulgehilfen bald erkannt und
förderte sie. Alle Sonntage pflegte er bei sich eine kleine Hausmusik zu halten und
bot damit Bruckner eine unerwartete Anregung. Es sollen damals lustige Kanons
entstanden sein, die aber, nur mündlich bekannt, leider wieder verloren gegangen sind.
Durch diese bäuerliche Musikpflege sowie durch die in Kronstorf bessergestellte
Kirchenmusik wurde Bruckners Aufmerksamkeit auf den vierstimmigen Gesang
gelenkt. Die chorischen Klangmöglichkeiten eröffneten sich ihm. In Windhaag hatte
er nur eine Alt-Stimme für seine C-Dur-Messe zur Verfügung, in Kronstorf waren
es schon vier Stimmen. Dazu kam noch, daß er bei seinen Besuchen in St. Florian
den dort durch Hans Schläger ins Leben gerufenen Männerchor kennenlernte; er ruhte
nicht, bis er auch in Kronstorf ein Männerquartett beisammen hatte. Für dieses

47 Schreibübung
48 Diktatheft, Bruckners eigene Handschrift

entstand sein erster Männerchor, auf das Geburtsfest des Stadtpfarrers von Enns, mit dem Textbeginn: „An dem Feste, das uns heute zu dem frohen Kreis vereint." Es ist der früheste Männerchor Bruckners und der einzige, der sich aus der Kronstorfer Zeit erhalten hat. Manch anderer mag unerkannt verloren gegangen sein, denn Bruckner betrachtete sich in diesen Jahren noch nicht als Komponist, er war vor allem Lehrer, der als solcher voll und ganz seine Pflicht tat. So, wenn er Schreibübungen aufgab, wie sich eine vom Schüler Leopold Gamper erhalten hat, oder seinen Schülern Deutschaufgaben diktierte, etwa, am 23. Februar 1843, einen Brief an die „Liebe Schwester". Auch in Kronstorf ist, wie in Windhaag, die Erinnerung an einen gütigen, sehr auf Kenntnisübermittlung bedachten Lehrer zurückgeblieben, der sich ob seines menschlichen Umganges unter der Jugend größter Beliebtheit erfreute. Die Worte Lehofers im Abgangszeugnis vom 12. Mai 1845 beweisen dies mit den Worten, daß er sich „durch unermüdlichen Fleiß im Unterrichten, durch liebevolle Behandlung der Kinder" auszeichnete. Es werden auch seine Geschicklichkeit und sein Eifer in der Kirchenmusik gerühmt und damit Bruckners andere Fähigkeiten entsprechend gewürdigt. Die Leidtragende dieser anderen Seite, des geradezu verzehrenden Musikeifers Bruckners, war Frau Lehofer, die oft um 1 Uhr nachts in die Schulstube kam, um Bruckner vom Spinett wegzujagen, damit er zum Schlafen komme. Aber es nutzte nichts: „Am nächsten Tag habe ich es geradeso gemacht, ich habe aber nicht anders gekonnt", wußte Bruckner selbst von sich zu erzählen. Die Szene ist in ihrem Gegensatz, gleich der in Windhaag, geradezu aufregend: Ein werdendes Genie sitzt an einem armseligen Spinett bei Kerzenlicht in einer Schulstube, einem Raum von 5,5 Meter Länge und 4,2 Meter Breite, in dem tagsüber in zwei „Schichten" je 60 Kinder unterrichtet wurden, und spielt das „Wohltemperierte Klavier" von J. S. Bach, improvisiert und probiert eigene Schöpfungen. Bedürfnislos glücklich kam sich Bruckner damals vor, „wie im Himmel".

den 23 Febr. 843

Liebe Schwester!

Weil Du am Dienstage in die Linzermarkt gehst,
so ersuche ich Dich, mir ein paar Schuhe nach dem
folgenden Muster zu machen. Ich werde dieselben selbst
bey der abhollung zahlen. Die Mutter laßt Dich grüßen
u. Dir sagen, Du möchtest uns Alle bald heimsuchen.

Beste Mutter!

Ich sende Ihnen zur Probe meines Drücksens hier ein paar
Blumen, die ich ganz allein gefertiget habe. Möchten Sie
doch Ihren Beyfall haben, o wie glücklich würde
sich Ihren! Dann dieß wäre ja das beste dank, dann
ich Ihnen dafür abstatten könnte, daß Sie mir Gelegenheit
verschaffen, so viel Gutes zu lernen.

Liebe Freundinn!

Werden nicht ungehalten, wenn ich dich hiemit an die zu...
rückgabe des Buches mahne. Ich soll es meines Herrn
zahören liehne. Sobald ich wieder ein nützliches u. ange...
nehmes Buch bekomme, so sollst du es gewiß bey
erster Gelegenheit erhalten. Lebe wohl Freunn

Deine
treue Freundinn.

49 Bruckners Kantate „Vergißmeinnicht", erste Notenseite

Daß in Kronstorf sich die Schöpferkraft Bruckners zu regen begann, ist erklärlich.
Das „Tafellied" zeigt schon allein an der reimgebundenen Betonung des Textes den
Anfänger und Nachahmer des „Liedertafelstils", sein musikalischer Satz dagegen ist
einwandfrei. Bruckners Talent wendet sich 1843 vorwiegend der Kirchenmusik zu. Es ist
begreiflich, daß diese frühen Kompositionen anders sind als die späteren, aber eben
deshalb sind sie für uns von höchstem Interesse. Lernt man doch an ihnen die sehr
bescheidenen, ja dürftigen Anfänge Bruckners kennen und ermißt von ihnen aus,
rückschauend, welch ungeheure geistige Weiten Bruckner in seinem Leben überwunden
hat. Das „Libera" in F-Dur zeigt alle Charakteristik dörflicher Kirchenmusik um 1840.
Schmiegsame Melodik und bündige, auf barocke Vorbilder zurückgehende Text-
deklamation. Ein 1843 entstandenes „Tantum ergo" läßt dagegen in seiner weihevollen
Haltung und seinen Harmoniefolgen den späteren, mittleren Bruckner ahnen. Den
gleichen Geist spürt man aus der 1844 geschriebenen „Choralmesse für den Gründonnerstag", deren Sanctus schon in einer „Missa sine Gloria" enthalten ist, die
gleichfalls in dieser Zeit skizziert wurde. Man spürt deutlich, ein rastlos Strebender
müht sich um das eigene Werk. Manches in diesen Notenblättern ist noch unbeholfen,
manchmal merkt man, wie das Können der Phantasie noch nicht folgen kann. Einige
Werke dieser Jahre sind verloren gegangen: eine Litanei, ein Requiem, ein Salve Regina.
Das letzte ist jedoch erhalten geblieben: eine Kantate, bestehend aus Chören,
Rezitativen, Duetten mit Klavierbegleitung, dem Kanzleidirektor von St. Florian,
Friedrich Mayr, gewidmet, mit dem beziehungsreichen Titel „Vergißmeinnicht". Mayr
hatte Bruckner nämlich die Rückholung nach St. Florian versprochen, wenn er die dazu
nötige Prüfung bestehe; beide haben 1845 Wort gehalten.

50 *Enns, Kirchenplatz Nr. 5, Zenettis Wohnhaus*

Bruckners Lerneifer und seine Musikalität wurden in Kronstorf in sehr hohem Maße
gefördert. Zuerst muß Leopold Edler v. Zenetti (1805—1872) genannt werden. Er war
Organist und Regenschori an der Stadtpfarrkirche von Enns, in deren Nähe, Kirchenplatz Nr. 5, heute noch sein Wohnhaus steht. Bruckner kannte ihn vom Kirchenchor
in St. Florian und bat ihn um Unterricht. Dieser Bitte wurde gerne entsprochen, und
so wanderte Bruckner dreimal wöchentlich die acht Kilometer von Kronstorf nach Enns,
um Musiktheorie zu studieren. Zenetti, im klassischen Stil Mozarts und Haydns
aufgewachsen und deren Kompositionsgrundsätzen anhängend, benutzte bei seinem
Unterricht zwei Werke von Daniel Gottlob Türk: die „Kurze Anweisung zum
Generalbaßspielen" (1791) und ein Werk über das Orgelspiel, „Von den wichtigsten
Pflichten eines Organisten", 1787 erschienen. Aus dem ersten Werk bekam Bruckner
einen gediegenen Einblick in die Eigenschaften eines auf einem guten Baß geführten
musikalischen Satzes. Es ist eines der Fundamente des klassischen Stils wie der Musik
schlechthin, daß der Chorsatz und die Baßlinie, auf der er steht, in sich beruhend und
ein vollständiges Ganzes sein müssen. Aus dem zweiten Werk wurde Bruckner mit dem
evangelischen Choral bekannt gemacht. Türk gibt seine Lehren für die Begleitung der
evangelischen Kirchenmusik. So hat Bruckner auch diese Gattung kirchlicher Musik
kennengelernt; Zenetti gab ihm außerdem J. S. Bachs „Choräle", wie sie dessen Sohn
Ph. E. Bach gesammelt herausgegeben hatte, zum Studium. Daraus ersah Bruckner,
was man alles mit vier Stimmen machen kann und wie ein richtig gesetzter Chor klingt.
Zusammen mit der bisher von ihm aufgenommenen Musik der Wiener Klassiker
ergab das für Bruckner einen Reichtum an musikalischen Erfahrungen, der auch
seinem Orgelspiel zugute kam.

Ansicht der Stadt Steyer an der Ens.   Vue de la Ville de Steyer sur l'Ens.

51 Steyr
52 Alter Orgelprospekt der Stadtpfarrkirche in Steyr

Der Aufenthalt in Kronstorf bescherte Bruckner ein zweifaches Glück: Im Norden war Enns mit Leopold v. Zenetti, im Süden, etwa gleich weit entfernt, liegt die alte Eisenstadt Steyr. Sie bot ihm in ihrer aus dem 15. Jahrhundert stammenden Pfarrkirche eine Orgel gleicher Güte wie die in St. Florian. Sie war zwar kleiner, stammte aber ebenfalls von Franz Xaver Chrismann, hatte daher den gleichen Klangcharakter. Dorthin pilgerte Bruckner nun zum Orgelspiel, von Pfarrer Joseph Plersch freundschaftlichst aufgenommen und gastlich willkommen geheißen. Die Freundschaft vertiefte sich, Bruckner blieb bis in sein hohes Alter dem Pfarrhof von Steyr verbunden, so daß er schließlich, falls es in St. Florian nicht hätte sein können, hier begraben werden wollte. Die Orgel hatte bis zu ihrer Renovierung, 1894, einen barocken Prospekt, der seitdem in Reichenthal (Mühlviertel) in Verwendung steht. Bruckner erlebte zum ersten Mal in dieser Kirche die Gotik in größerem Ausmaß. Bisher kannte er nur die barocke Pracht von St. Florian, die Kirchen von Hörsching und Wolfern ausgenommen. Man kann sicher mit Recht annehmen, daß er an dieser Orgel neue Eindrücke aufnahm. Vor sich das gotische Kirchenschiff, hinter sich den barocken Orgelprospekt. Vielleicht liegt hier schon, vorläufig noch unbewußt, der „Baugrund" für die Symphonien des späten Bruckner. Er sollte in Steyr noch einen anderen Einfluß erfahren: den Franz Schuberts. Der Liederfürst war 1819, 1823 und 1825 in Steyr gewesen und hatte mit einer Dame namens Karoline Eberstaller auch vierhändig gespielt. Sie war es, die nun ihre unmittelbar von Schubert empfangenen Eindrücke in Bruckner weitergab. So lernte Bruckner die Musik jenes Meisters kennen, der in Wien der Bedeutendste neben Beethoven war. Von Schubert führen direkte Bezüge zur Kunst Bruckners, das stellt sich immer deutlicher heraus.

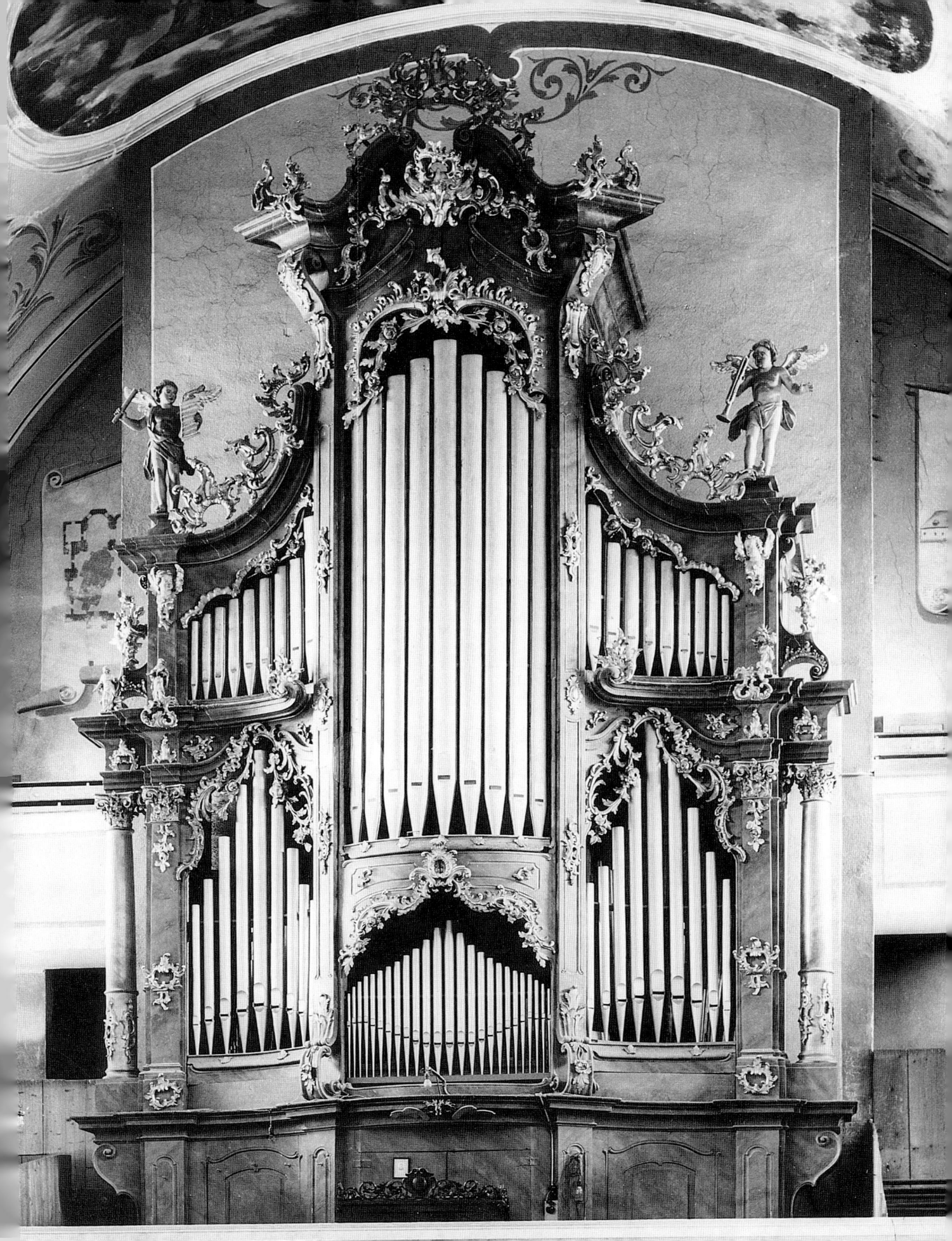

Lehrer, Organist & Komponist

St. Florian, 1845 – 1855

Die Rückkehr Bruckners nach St. Florian leitet in seinem Leben ein Jahrzehnt ein, in dem er sich als „musikalische" Persönlichkeit entscheidend entfalten sollte. Als Hilfslehrer setzt er seine „erlernte" Berufstätigkeit fort, daneben aber ergreift die Orgel immer mehr und mehr Besitz von ihm; der Hilfslehrer wird gleichzeitig Stiftsorganist, und überdies werden die schöpferischen Kräfte in Bruckner zu Leistungen angespornt, die aus einem Schullehrerdasein allein nicht mehr zu begreifen sind; es ist der Wille, durch den man zum Komponisten bestimmt wird. All dies bewegt sich noch auf dem Boden eines oberösterreichischen Marktes, der zwar das Glück hat, ein Stift, ein geistiges, Kraft ausstrahlendes Zentrum, sein eigen zu nennen, das aber mehr als einmal dem jungen Komponisten die Qual der Verlassenheit, des Nichtverstandenseins verursacht und ihm zu bitteren Klagen Anlaß gibt: einsam werdende Größe in einer Größe von säkulärer Bedeutung.

54 *St. Florian, Altes Schulhaus mit dem Fenster von Bruckners Wohnzimmer*
55 *St. Florian, Stiftskirche, Seitenorgel*

Am 25. September 1845 trat Bruckner seinen Posten in St. Florian an und bezog im alten Schulgebäude ein Zimmer, das ihm nach den Unterkünften in Windhaag und Kronstorf geradezu als feudal vorkommen mußte. Überdies bereitete die Familie des Schulleiters Michael Bogner dem Heimgekehrten einen freundlichen Empfang, so daß Bruckner sich „zu Hause" fühlte. Mit 36 Gulden Jahreslohn, zu denen sich ab 1849 die Entlohnungen als Privatlehrer der Sängerknaben und ab 1850 als provisorischer Stiftsorganist gesellten, war Bruckner mit zusammen 152 Gulden imstande, die seiner Mutter und seinen Geschwistern gewährten Unterstützungen zu erhöhen. Dankbarkeit gehörte zu den Grundeigenschaften von Bruckners Charakter. Auch von diesen Jahren wissen wir aus Erinnerungen ehemaliger Schüler, daß der Hilfslehrer die Erfüllung seiner Schulpflichten sehr genau nahm und bestrebt war, der ihm anvertrauten Jugend so viel als möglich zu bieten. Bruckner war ein Lehrertalent sein ganzes Leben hindurch. In der ersten Hälfte seines Lebens als Schullehrer, in der zweiten als Lehrer seiner eigenen Kunst, der Musik. Er ist darin eine mühevolle, aber ununterbrochen aufwärtsführende Stufenleiter hinangestiegen: Privatunterricht schon in Linz, Professor am Wiener Konservatorium, schließlich Lektor an der Universität in Wien. Sie bescherte ihm bei seiner Ernennung zum Ehrendoktor der Philosophie die einzigartigen, anerkennenden Worte des damaligen Rektors Adolf Exner, als er sagte, daß er, der Rector magnificus, sich beuge vor dem ehemaligen Unterlehrer von Windhaag. Diese Entwicklung aber hat in diesem kleinen Zimmer von St. Florian ihren Anfang genommen, und das Verdienst daran gebührt sozusagen der großen Orgel. Sie ließ die hervorragende musikalische Begabung des Hilfslehrers erstarken, sie entfesselte die schöpferischen Kräfte Anton Bruckners und entließ ihn nach Linz in sein weiteres Schicksal.

Linke Seite: 56 St. Florian, Stiftskirche, Große Orgel
57 A. Bruckner, Vorspiel und Fuge für Orgel, c-Moll, Autograph

Die Orgel wird mit Recht „Königin der Instrumente" genannt, ihre hochragenden Pfeifen stehen ehrfurcht- und achtunggebietend vor dem Beschauer, ihr Klang beherrscht alle Schattierungen vom leisesten Säuseln bis zum mächtigen Dröhnen. Die große Orgel von St. Florian ist die bedeutendste Quelle von Bruckners Musik. An ihr hat er die Kraft seiner Improvisation gesteigert, bis er deren unerreichter Meister in Nancy, Paris, London und Wien wurde. Aus ihr empfing er ein Klangerlebnis, das in gewissem Sinn auch die Instrumentation seiner Symphonien bestimmte, wenngleich Bruckner in der Sprache seines Orchesters auch noch anderen Eindrücken nachfolgte. Merkwürdig bleibt dabei für alle Zeiten, daß Bruckner überhaupt keine Komposition für Orgel geschrieben hat. Die wenigen Stücke sind zu klein, als daß man sie gleichwertig neben seine Motetten oder Messen stellen könnte. Die erste als richtiges Orgelstück zu bezeichnende Komposition „Vorspiel und Fuge in c-Moll" ist überdies nur als unvollendete Skizze auf uns gekommen. Bruckner verhielt sich der Orgel gegenüber als frei aus dem Augenblick schaffender Künstler. Die gearbeiteten Werke entstanden für Menschenstimmen, für Orchester, das zeigen schon die ersten in St. Florian geschriebenen Kompositionen: die fünf Tantum ergo von 1846 und die sicher aus der gleichen Zeit stammenden Skizzen zu einer Fasten-Messe in g-Moll und einer Messe in Es-Dur. Diese für gemischten Chor, zwei Oboen, drei Posaunen, Streicher und Orgel, ganz im Sinn des Wiener klassischen Stils, aber, und das ist sehr bezeichnend, älterer Prägung. Bruckner wächst in einer kirchenmusikalischen Tradition auf, die noch die Vorklassiker kennt. Aus dieser Sicht lassen daher manche Takte in den fünf Tantum ergo schon aufhorchen. Ihre Feierlichkeit äußert sich in Akkordfolgen, aus denen man schon den späteren Bruckner zu hören vermeint.

58 Ignaz Traumihler, 1852—1884 Regenschori in St. Florian
59 Zeugnis des Stiftsorganisten Anton Kattinger

Es ließ sich nicht verbergen: Der junge Schulgehilfe war tüchtig, von seinem Orgelspiel mußte man dies in noch erhöhtem Maß sagen, daher erhoben sich neidische Stimmen gegen ihn. Bruckner ließ sich seine Fähigkeiten ein über das andere Mal bestätigen. Zeugnisse über sein Orgelspiel gibt es von den Stiftsorganisten Kattinger (St. Florian) und Joseph Pfeiffer (Seitenstetten), von Hofkapellmeister Aßmayr, von Robert Führer und vom Regenschori des Stiftes, Ignaz Traumihler. Ihm war Bruckner, der sich in St. Florian oft vereinsamt fühlte, besonders zugetan und hat ihm außer dem Magnificat von 1852 und anderen Werken die zwei Motetten „Os justi" (1879) und das „Virga Jesse" (1885) gewidmet. 1850 wurde Bruckner nach dem Weggang Kattingers zum provisorischen Stiftsorganisten ernannt. Das blieb er, bis er Ende 1855 Domorganist in Linz wurde. Sein Tag war bis auf die letzte Minute ausgefüllt: Unterricht in der Schule, seit 1849 auch Privatlehrer der Sängerknaben, die Kirchenmusik an Sonn- und Feiertagen mit den dazu notwendigen Proben, Üben auf der Orgel und am Klavier, Komponieren, all das erforderte konzentriertes Arbeiten.

Zeugniß.

Zur beliebigen Gebrauchmachen bezeuge ich dem ehrsamen Anton Lenerkom, derzeit Lehrgehülfen an der hiesigen Pfarrschule ...

... Rheinau 3ten März 1848.

60, 61 *Naturlehre für die Jugend,*
Wien 1840, mit Notizen Bruckners

Zur schöpferischen Kraft wird dem Genie der Fleiß geschenkt. Bruckner ist wie alle anderen großen Meister der Musik ein deutlicher Beweis dafür. Er war fleißig, aber nicht nur in der Musik, sondern auch als Lehrer. Als 1850/51 ein zweijähriger, verbesserter Präparandenkurs eingeführt wurde, gehörte Bruckner zu den ersten Absolventen. Damit war es ihm aber nicht genug, er trachtete höher hinaus und bestand 1855 die Prüfung für Hauptschullehrer. Er studierte Latein und zeigte sich auch den Naturwissenschaften nicht abgeneigt. Ein ungeheurer Wissensdrang beseelte ihn, ein Drang, der ihn ab 1855, nach dem letzten seiner Schulzeugnisse, auch für seine musikalische Wissenschaft nicht loslassen sollte. Alles mußte ergründet, alles bis in den letzten Winkel erforscht werden. Es war aber nicht Wissensdrang allein, der Bruckner veranlaßte, die Schulprüfungen zu machen, es war mit das Bestreben, eine bessere Stellung zu erlangen, um ein gesichertes Einkommen zu haben. Man darf nie vergessen, daß Bruckner aus armen Verhältnissen stammte und bis weit über seine Florianer Zeit hinaus, selbst in Linz und Wien, nie über Reichtümer verfügte.
So wird man vielleicht lächeln, wenn man erfährt, daß Bruckner 1853 im k. k.

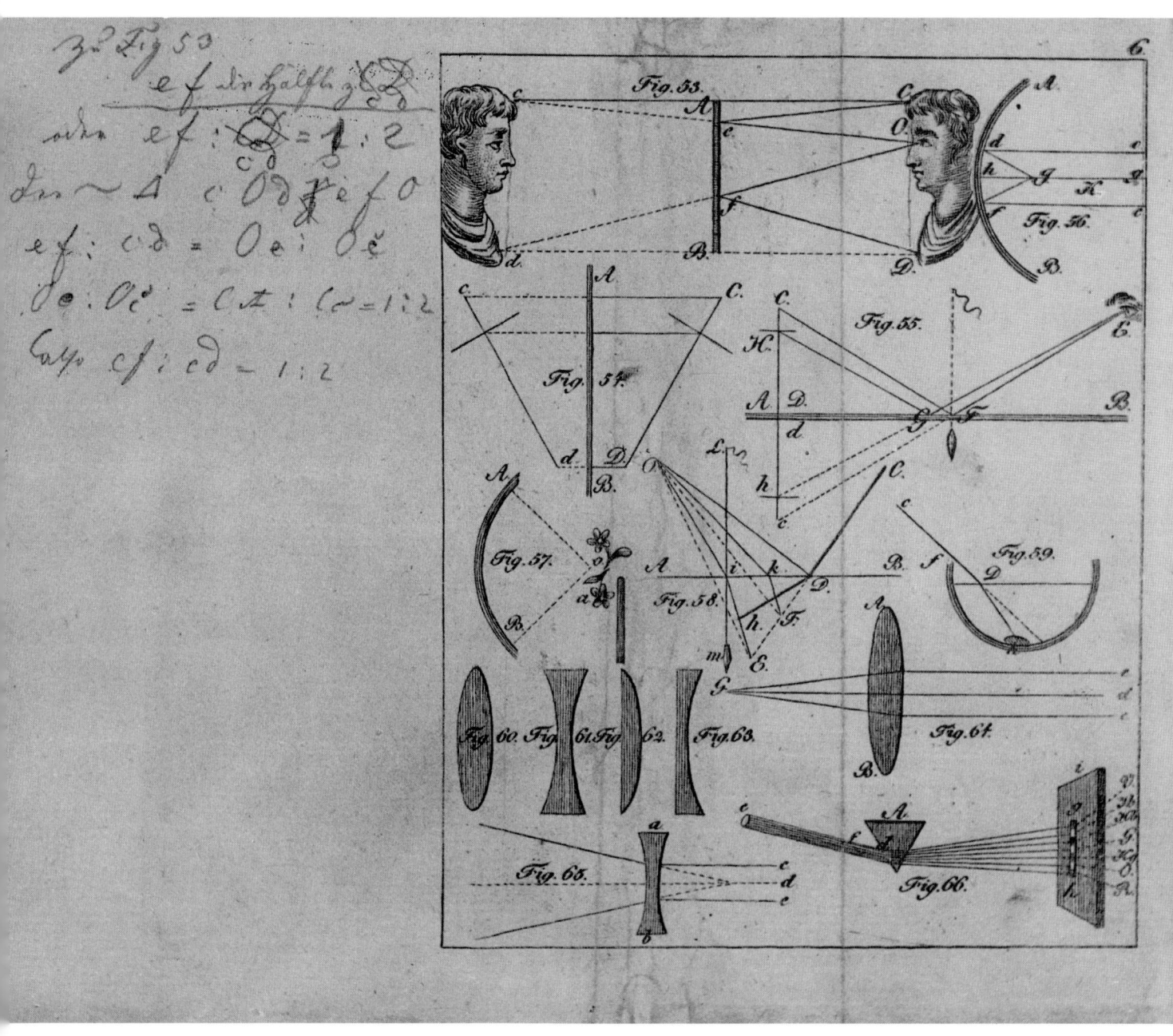

Bezirksgericht von St. Florian Schreiberdienste versah, zu allen seinen sonstigen Obliegenheiten an der großen Chrismannlin. Er suchte sein Leben zu sichern und dachte „Beamter" zu werden wie Kattinger. Zu seinem Leidwesen wahrscheinlich, sicher aber zum Vorteil der Musik, wurde sein Gesuch am 9. Oktober 1854 abgewiesen, am gleichen Tag, an dem ihm Hofkapellmeister Ignaz Aßmayr seine Orgeltalente bescheinigte. Bruckner hat damals in St. Florian sicher Jahre innerer Gegensätze erlebt. Wir erfahren von Vereinsamung, vom Nichtverstandenwerden, vom Fehlen einer musikalischen Umgebung, von Neid und Scheelsucht, von der ersten nicht erwiderten Liebe. Die Örtlichkeiten wirken sinnbildlich: unten im Markt lag das Schulhaus, oben, den Berg hinauf, das Stift. Darin, ganz hoch auf der Empore, die große Orgel. Verließ Bruckner sie nach weltvergessenem Spiel, Gottesdienst oder Üben, dann ging es wieder hinunter in das kleine tägliche Leben mit Schulkindern, Rechen- und Schreibaufgaben, mit den Sorgen um die Zukunft, um sein berufliches Weiterkommen, sein Lebensziel überhaupt. Bruckner konnte noch nichts von seinem Genie ahnen.

Herr Anton Bruckner, Schullehrer in
St. florian, aus Ansfelden in Oberösterreich gebürtig,
hat am 25 und 26. Jänner 1855 an der k. k. Normal-Hauptschule in Linz sich der Prüfung zur Erlangung der Qua-
lification für Hauptschulen unterzogen, und dabei folgende Noten erhalten:

	Lehrgegenstände.	Lehrverfahren.
Religionslehre	sehr gut	sehr gut
Erziehungs- u. Unterrichtslehre	sehr gut	—
Lesen	sehr gut	sehr gut
Schönschreiben	sehr gut	sehr gut
Deutsche Sprachlehre	sehr gut	sehr gut
Deutsche Rechtschreiblehre	sehr gut	sehr gut
Schriftliche Aufsätze	sehr gut	sehr gut
Richtige Aussprache	sehr gut	—
Rechnen	sehr gut	sehr gut
Geographie	sehr gut	Gut
Landwirthschaftslehre	sehr gut	—

Mit Rücksicht auf die beigeschriebenen Noten hat derselbe einen sehr guten
Fortgang genommen, und kann als Lehrer an Hauptschulen besonders empfohlen
werden.

Linz den 28. Jänner 1855.

Linke Seite: 62 Zeugnis über die Hauptschullehrer-Prüfung
63 Tillysburg

Er ahnte seine Sendung auch nicht, wenn er auf die nahe gelegene Tillysburg wanderte und in der Familie des Grafen O'Hegerty Privatunterricht in den Schulgegenständen gab. Seine musikalischen Eigenschaften kamen dort nur zum Ausdruck, wenn er zum Tanz aufspielte, eine der wenigen Gelegenheiten, die St. Florian und seine Umgebung dem jungen Lehrer gab, sich zwischen Menschen in angeregter Weise zu bewegen. Eine andere öffnete sich in den damals blühenden Männerchören. Gesangsvereine, Liedertafeln, Soloquartette, wie sie sich bei geselligem Beisammensein unter musikbegabten Menschen leicht zusammenfanden, sie alle verlangten nach Musik, womöglich nach neuen, nur für sie entstandenen Stücken. In Kronstorf hatte Bruckner seine erste Komposition dieser Art geschrieben, in St. Florian zwei Motti für die Liedertafel in Eferding und sechs, vielleicht auch mehr Männerchöre. Sie besingen die „Geburt", das „Deutsche Vaterland", „Sternschnuppen" und, bezeichnend für die Zeit und den Komponisten, den „Lehrerstand". Dem gemischten Chor wird ein Text über „das edle Herz" zugewiesen. Es sind Gedichte von schlichter Denkungsart, biedermeierisch einfach, wie man sie eben um 1850 auch auf dem Lande liebte.

64 A. Bruckner,
Requiem in d-Moll,
Beginn, Autograph

65 Bruckners
Bösendorfer-Flügel

Das Jahrzehnt in St. Florian ist vor allem aber dadurch gekennzeichnet, daß Bruckners schöpferische Kräfte mehr und mehr erstarkten und neben dem Orgelvirtuosen auch den Komponisten unmißverständlich in den Vordergrund stellten. Werke für die Kirche sind es, die das bezeugen, wie es aus den gegebenen Umständen auch nicht anders möglich war; der Ursprung von Bruckners Musik liegt im kirchlichen Raum und in seiner ihm angeborenen, dadurch aber auch noch geförderten Frömmigkeit. Den schon genannten fünf Tantum ergo folgt 1849 ein Requiem für Soli, gemischten Chor, Orchester und Orgel, das erste Werk größeren Umfanges, komponiert zum Gedächtnis des ein Jahr vorher verstorbenen „Hofschreibers" des Stiftes, Franz Sailer. Dieser hatte Bruckners Begabung richtig eingeschätzt und bei sich beschlossen, ihm die Ausbildung am Wiener Konservatorium zu ermöglichen. Es kam jedoch nicht dazu. Aber ein Vermächtnis hinterließ er Bruckner: seinen neuen Bösendorferflügel, den Bruckner sein ganzes Leben benutzte und der heute als kostbare Reliquie im Stift verwahrt wird. An diesem Instrument sind alle Kompositionen im Entstehen vom Meister erprobt worden, haben die Akkorde bis zur IX. Symphonie zum ersten Mal ihre Klänge hören lassen. Am Requiem spürt man deutlich die Abhängigkeit Bruckners von der Kirchenmusik der Klassikerzeit: Chorsatz und Solostimmen beziehen von dort her Form und Ausdruck. Der größte kontrapunktisch gearbeitete Teil, die Doppelfuge „Quam olim Abrahae" (Abschluß der beiden Offertoriumsverse), ist ein gekonntes Stück romantischer Prägung, eine Fuge, wie sie der Oratorienkomposition um 1840 (Mendelssohns „Elias" und „Paulus") geläufig war.

Das Werk hinterläßt jedoch, so verschiedene Stilelemente in ihm vereinigt sind, einen geschlossenen Eindruck, so daß der gereifte Meister 1891 von seinem Requiem sagen konnte: „Es ist nicht schlecht", als er es für eine Aufführung in Steyr durchsah. Ähnlich abwechslungsreich, ja verschiedenartig ist die übrige Kompositionstätigkeit Bruckners. Dem Requiem folgt 1852 der 114. Psalm für fünfstimmigen gemischten Chor und drei Posaunen und das Magnifikat für Soli, Chor und Orchester, ein Werk, das deutlich Züge jenes von Haydn und Mozart geschaffenen Kirchenstils zeigt, der bis auf Händelsche Ausdrucksmotive zurückgreift. Weiters entstanden zwei Tantum ergo, zirka 1849 und 1854, und zwei Asperges, die aber auch schon in Kronstorf geschrieben sein könnten. Zwei Choräle, „Dir, Herr, Dir will ich mich ergeben" und „In jener letzten der Nächte", für vierstimmigen Chor dürfen nicht übersehen werden. Sie gehen sicher auf das Studium der evangelischen Choräle zurück in den Jahren vorher bei Zenetti. Der Tod Prälat Michael Arneths (24. März 1854) veranlaßte die Komposition eines Libera für fünfstimmigen gemischten Chor, drei Posaunen, Bässe und Orgel, eines der besten Werke, die Bruckner bis dahin geschaffen hatte, und eines Männerchores mit Posaunen, „Vor Arneths Grab". Man merkt, daß die technischen Notwendigkeiten durchaus beherrscht werden, obwohl Bruckner in diesen Jahren eigentlich als Autodidakt gelten muß, denn der wohl gründliche, aber auf einen engen musiktheoretischen Wissenskreis bezogene Unterricht bei Dürrnberger und Zenetti muß dazu als nicht ausreichend angesehen werden. Vor dem schöpferischen Höhepunkt dieser Florianer Jahre snid noch einige andere kleinere Kompositionen zu nennen.

Zum Ringen um die Höhe der Kunst, dem ständigen Emporstreben auf dem „Gradus ad Parnassum", gesellt sich das Leben in Gestalt der 16jährigen Aloisia Bogner. Sie ist die Tochter von Bruckners Vorgesetzten, ihr schenkt er seine erste Zuneigung. Er komponiert für sie ein „Frühlingslied", eine „Lancier Quadrille" und einen Tanz. Als seine Liebe nicht angenommen wird, streicht er die Widmung durch und begnügt sich mit einem steil darübergesetzten „Steiermärker". Diese Seite zeigt die erste Enttäuschung Bruckners mit dem weiblichen Geschlecht. Er tröstet sich mit der Komposition „Entsagen" aus Oscar von Redwitz „Amaranth", einem geistlichen Text, der Jungfrau Maria zugewendet. Mit anderen Widmungen hatte er sicher mehr Erfolg: zwei Kantaten „Auf Brüder, auf" für die Namensfeste der beiden Prälaten Arneth und dessen Nachfolger Friedrich Mayr und ein Festgesang „Aus Jodoks Stamm", mit dem Bruckner sich am 6. Dezember 1855 vom Stiftspfarrer Jodok Stülz verabschiedete. Alle diese Kompositionen müssen aber zurückstehen vor dem Hauptwerk der Florianer Jahre, der Missa solemnis in b-Moll, zur Infulierung von Propst Friedrich Mayr am 14. September 1854. Es ist derselbe Kanzleidirektor Mayr, der Bruckner als Lehrer nach St. Florian holte. Und derselbe Lehrer Anton Bruckner hat nun Gelegenheit, als Komponist zur kirchlichen Feier seine Musik darzubieten. Die Kraft, zu gestalten, ist sichtbar gewachsen. Die Stilelemente der Wiener Klassiker beherrscht Bruckner nun in allen Teilen. Dafür sind die beiden Fugen in Gloria und Credo vollgültige Zeugen. Sie waren es auch, die Simon Sechter bewogen, Bruckner im Sommer 1855 sofort als Schüler anzunehmen.

Linke Seite: 66 A. Bruckner, Steiermärker für Klavier, Autograph
67 Friedrich Mayr, 1854—1858 Propst von St. Florian, Lithographie, 1854

Bruckner empfand sich gegen Ende seines Florianer Aufenthaltes in seiner Stellung als vernachlässigt. Er bekam freie Kost im Stift, mußte aber am Dienertisch essen, auch hatte es ihn gekränkt, daß man ihn als den Komponisten der Festmesse bei der Inthronisierung von Prälat Mayr nicht zur Tafel geladen hatte. So bewarb er sich im Sommer 1855 um die Domorganistenstelle in Olmütz, bekam sie aber nicht. Als Prälat Mayr das erfuhr, war er sehr ungehalten, denn er dachte keineswegs daran, Bruckner abwandern zu lassen. Dies sollte jedoch früher kommen, als alle daran Beteiligten es erwarteten. Nach dem Tode des Linzer Domorganisten Wenzel Pranghofer brauchte die erste Kirche der Landeshauptstadt einen Nachfolger. Bruckner kümmerte sich nicht darum, und erst, als der Linzer Instrumentenbauer Just zum Stimmen nach St. Florian kam, Bruckner begegnete und ihn erstaunt fragte, warum er nicht beim Probespiel in Linz sei, entschloß sich dieser, Hals über Kopf, hinzufahren. Von Dürrnberger mußte er geradezu überredet werden, das Probespiel mitzumachen. Bruckner ging am 13. November 1855 als Sieger hervor und spielte am 8. Dezember zum erstenmal beim Hochamt im Alten Dom zu Linz. Für den Hilfslehrer hatte eine neue Epoche seines Lebens begonnen: Er nahm Abschied von der Volksschule und gehörte ganz der Musik, er ging aus seinem „Beruf" in seine „Berufung".

Der Domorganist

Linz, 1855—1868

Anton Bruckner war ein langsam Reifender. Das mag in seiner Persönlichkeit gelegen haben, sicher lag es auch an seinem Lebensweg, in den Stationen seiner Berufslaufbahn. In Windhaag und Kronstorf durchaus noch dem Lehrberuf hingegeben, wenn auch glücklicherweise damit der Musik, vor allem der Kirchenmusik und der Orgel nicht entfremdet, beginnt in St. Florian sich die Musik zum Lehramt zu gesellen, er wird Stiftsorganist. Linz bringt die radikale, eindeutige Wendung: Bruckner entwächst der Schule, er wird Domorganist. Nur mehr der tönenden Kunst verpflichtet, reift an der Orgel in ihm ein Improvisator größten Stils heran. Dies zuerst, aber fast gleichzeitig damit auch ein Komponist eigener Prägung, der in Linz schon den Stempel des Genies trägt. Das bezeugen unmißverständlich die drei Messen und die I. Symphonie. Sie sind Werke von überragender Größe.

68 Linz, Hauptplatz mit Dreifaltigkeitssäule und Altem Dom

69 Linz, Alter Dom, Orgel
70 Linz, Alter Dom, Innenansicht

Die k. k. Kronlandshauptstadt Linz zählte um 1855 27.000 Einwohner. Der damals noch kleine Stadtkern reichte im Süden, der Richtung auf St. Florian hin, nur bis zur Harrach- und Wurmstraße, einen Hauptbahnhof gab es noch nicht, die Westbahn erreichte Linz erst 1858. Gemessen an dem heutigen geradezu explosiven Wachstum, muß man sich eine bescheidene Provinzstadt vorstellen, deren Bewohner weitaus langsamer lebten als wir heute. Und doch bedeutete dieses Linz für Bruckner Unruhe und Wagnis. Städtisches Leben war er nicht gewohnt, auch nicht den Umgang mit vielen Menschen. In St. Florian hat er sich bitter über Melancholie und Einsamkeit beklagt. Das sollte jetzt alles anders werden. Man erlebt zum ersten Mal Bruckners Zaghaftigkeit. Der Prälat von St. Florian verspricht ihm, die Organistenstelle im Stift für ihn noch zwei Jahre reserviert zu halten. Bruckner war ein Landkind und scheute die Stadt, die Welt. Aber ebensosehr war er zum Künstler geboren, mit zähem Willen, der konnte, was er wollte und was man von ihm verlangte. Am 13. November 1855 bestand er die „Concurs-Prüfung", wurde „provisorischer Dom- und Stadtpfarrkirchen-Organist" und bezog am Tag des Heiligen Abends, am 24. Dezember, seine Dienst-wohnung im zweiten Stock des Mesnerstöckls, Pfarrplatz Nr. 164. Mit einer zweiten Prüfung am 25. Jänner 1856, aus der Bruckner wieder eindeutig als Sieger hervorging, wurde er definitiv angestellt mit allen Rechten und Pflichten seines Amtes. Aber genau ein Monat vorher hatte der neue Organist bereits pflichtschuldigst auf verschiedene Mängel der Orgel in der Stadtpfarrkirche hingewiesen und um deren Behebung gebeten. 1857 hat Bruckner ähnliches auch für die Orgel im (alten) Dom unternommen und Vorschläge zu ihrer durch Josef Breinbauer in Angriff genommenen Restaurierung erstattet. Der Dienst an beiden Kirchen ergab ziemlich viel Arbeit. Segenmessen, Hochämter, Segensandachten, Begräbnisse, Hochzeiten und die Proben mit dem Kirchenchor, sie alle beschäftigten den Organisten hinreichend, und so sah sich Bruckner sehr bald um Helfer um. Als ersten kennen wir Ferdinand Edelhart, einen

72 Linz, Stadtpfarrkirche, rechts daneben das Mesnerstöckl

Lehramtskandidaten und Privatschüler Bruckners. Weiters begegnen wir noch Karl Waldeck, Anton Hager, für 1867 noch Joachim Berger. 1958 schon hatte Bruckner aber die Trennung der beiden Organistendienste beantragt, die man damals jedoch noch nicht bewilligte. Man darf sicher sein, daß Bruckner diese Maßnahmen nicht empfahl, weil er weniger zu tun haben wollte. Im Gegenteil, es ging ihm um die Sache, die zu vollster Zufriedenheit erledigt sein sollte: das Orgelspiel und dessen Stellung im kirchlichen Geschehen um 1860. Bruckner wird in Linz zuerst als Organist geschätzt, sein Spiel ist von einer Art, die man bisher noch nicht vernommen hat. Der Linzer Abendbote vom 31. März 1856 berichtet über Bruckners Orgelspiel beim Hochamt anläßlich der Gründungsfeier des „Frohsinn" tags zuvor: „... Im Präludio vor dem Agnus Dei ... erreichte die Bewunderung über sein Spiel den höchsten Grad. Die Wirkung, welche Gesang und Spiel auf Herz und Gemüth der Andächtigen hervorbrachte, läßt sich nicht beschreiben! ..." Das ist die erste Kritik über das Spiel des neuen Organisten. Es verdient festgehalten zu werden, daß darin von Wirkungen die Rede ist, die von Bruckners Spiel ausgingen. Nicht das technische Können, nicht die Fertigkeit im kontrapunktischen Verarbeiten, von denen gleichfalls zu lesen ist, sind das Bedeutsame, sondern die Ergriffenheit der Zuhörer. Hier stehen wir vor einer Wurzel von Bruckners Musik: seiner Innerlichkeit, seiner Hingebung an den Genius und seinem Vermögen, es nach außen kundzutun. Die Jahre bis 1861, der Vollendung seiner Studien bei Sechter, sind dieser Art seiner künstlerischen Tätigkeit und Ausbildung gewidmet. In nach außen hin bescheiden wirkender Stellung wächst eine musikalische Größe heran, die bereits zwei Jahre später, 1858, anläßlich ihrer Orgelprüfung bei Sechter auch in Wien die verdiente Anerkennung findet.

Der unmittelbare Vorgesetzte Anton Bruckners war Domkapellmeister Karl Zappe. Er hatte seine Dienstwohnung wie Bruckner im Mesnerhaus und wohnte im ersten Stock, Bruckner über ihm im zweiten. Zu Zappes kirchenmusikalischer Tätigkeit im Dom, die die damals bekannten Werke von den Wiener Klassikern bis zu deren Nachfolgern umfaßte, kommt noch die Wirksamkeit in dem von ihm geführten Streichquartett. Als technisch hervorragender Geiger hat er damit dem Linzer Musikleben in der zweiten Hälfte des 19. Jahrhunderts wertvollen Auftrieb gegeben. Sein umgängiges Wesen und seine Freundlichkeit gegenüber den Mitwirkenden muß auch Bruckner als eine der freundlichen Seiten seiner Linzer Jahre empfunden haben. Die Wohnung hat der ehemalige Schulgehilfe sicher als sehr geräumig empfunden: zwei Zimmer und eine Küche, die der Herr Domorganist vorerst unbenutzt ließ, er ging ins Gasthaus essen. Erst ab 1866 führte ihm seine jüngste Schwester, „Nanni", die er deshalb zu sich nach Linz holte, die Wirtschaft. Sie folgte ihm später auch nach Wien, wo sie aber schon sehr bald, 1870, starb. Das erste Zimmer war das Schlafzimmer, in ihm stand auch das Klavier, weil Bruckner hier Unterricht gab, das anschließende Eckzimmer diente als Arbeitsraum. An diesen Örtlichkeiten, Dom, Stadtpfarrkirche, Musikantenhaus, vollzog sich nun bis 1868 ein Gutteil von Bruckners künstlerischem Heranreifen. Eine weitere Gelegenheit bot sich ihm in der Liedertafel „Frohsinn", der er schon Anfang 1856 als ausübendes Mitglied, zweiter Tenor, beitrat. Die Proben machte er 1855/56 zuerst noch in Hackls Saal, Pfarrgasse 9, mit, von der darauffolgenden Saison an jedoch im „Nordico", Bethlehemstraße 7. Bereits am 31. Oktober 1856 wählte man ihn zum zweiten Archivar. Seines Bleibens als ausübender Sänger war jedoch schon im Herbst 1858 ein Ende gesetzt. Wegen „plötzlicher Heiserkeit" und „beständig zunehmendem Hustenreiz" bat er, seine Mitgliedschaft in eine unterstützende umzuwandeln; er versicherte dabei, „jederzeit mit Vergnügen Dienste zu leisten, wenn solche von ihm gewünscht werden sollten".

74 *A. Bruckner, Klavierstück, Autograph*

Bruckner ist dem „Frohsinn" auch zeitlebens treu geblieben, war zweimal sein Chormeister, 1860 und 1868, und errang mit ihm auf verschiedenen Sängerfesten große Erfolge. Diese Vereinigung, in Linz 1845 gegründet, hat neben dem 1857 entstandenen Männerchor „Sängerbund" das Musikleben der Stadt in entscheidender Weise beeinflußt. Für Bruckner war sie eine starke Quelle neuer Anregungen. Es wird berichtet, daß er bei den Proben oft stumm inmitten der Sänger saß und den Akkorden nachhörte. Er war gewohnt, den Klängen seiner Orgelregister und ihren Mischungen zuzuhören, so tat er es nun mit den Menschenstimmen, nahm sie auf und verarbeitete sie in seinem inneren Gehör. Die gleichzeitig bei Sechter einsetzenden Harmonielehre-Studien mögen theoretischen Anstoß dazu gegeben haben. Als Mitglied des „Frohsinn" nahm Bruckner auch an den verschiedenen gesellschaftlichen Ereignissen teil. Konzerte, Abendunterhaltungen, Tanzabende und Ausflüge stellten ihn in eine ihm bisher unbekannte Welt, die er aber nicht immer guthieß, sosehr war er seiner Kunst und seinem ernsten Charakter ergeben. Das Theater besuchte er vorerst überhaupt nicht. Erst nach 1861, als Kitzler Kapellmeister wurde, wandte er sich auch dieser Musik zu. Vorläufig war er vollauf beschäftigt mit seinen Kirchendiensten. Dazu gab es Privatstunden in Klavier und Musiktheorie, die Stunde zwischen 70 Kreuzer und einem Gulden. Sein erster Klavierschüler war der Sohn des Bürgermeisters, Emil Fink, auch andere Namen sind uns überliefert: die drei Söhne des Kaufmannes Reisinger, die Tochter Maria des Landesgerichtsrates Ruckensteiner, die Familie Hirnschall u. a. Das obenstehende Klavierstück ist sicher für eine solche Klavierstunde, vielleicht als Namenstagsgeschenk entstanden. Es zeigt deutlich den zeitlich bedingten Einfluß von Mendelssohn. Nichts daran läßt den kommenden Bruckner auch nur ahnen.

Simon Breßroffr

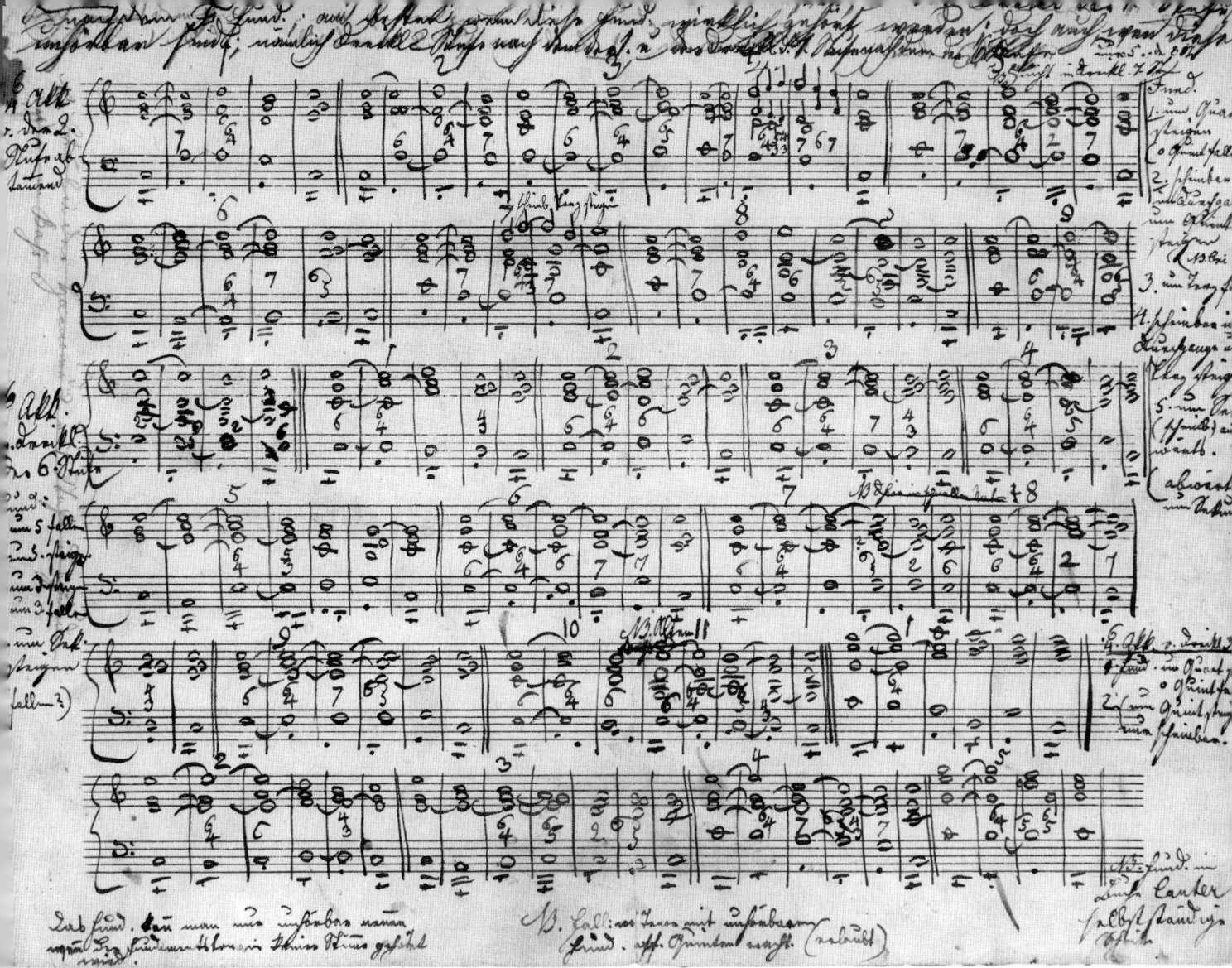

Das Jahr 1855 hatte für Anton Bruckner außer der Stelle des Domorganisten in Linz noch eine andere, sehr wichtige Entscheidung gebracht: den Beginn des musiktheoretischen Unterrichts bei Simon Sechter in Wien. Hiezu wurde Bruckner von zwei Seiten geraten: einmal von Prälat Mayr, der ihn nach der b-Moll-Messe dazu ermunterte, das zweite Mal von Robert Führer, als dieser im April 1855 mit Bruckner in St. Florian zusammenkam. Bruckner befolgte diese Ratschläge, und so kam jenes angestrengte sechsjährige Studium zustande, das ihm tiefste Einblicke in die Gesetze der Musik eröffnete. Die Unterweisung sollte vorläufig schriftlich vor sich gehen. Wie die abgebildete Seite zeigt, schrieb Sechter der Reihe nach die einzelnen Übungsbeispiele auf, aber so, daß er nur den Anfang hinsetzte, je nachdem drei oder mehr Takte, und Bruckner die folgenden Takte zu ergänzen hatte. Sozusagen als „Wegweiser" für die Lösung, schrieb Sechter nur die Fundamente (die schwarzen Notenköpfe) hin. Jedes Beispiel trägt oberhalb eine Nummer, damit beide Anmerkungen mit genauen Beziehungen, wenn notwendig, an den Rand schreiben konnten. So ging eine Art schriftliches Frage- und Antwortspiel zwischen Linz und Wien hin und her, das sich auch dann noch — natürlich in geringerem Maße — fortsetzte, als Bruckner zu Sechter nach Wien fuhr. Sechter war der kenntnisreichste und methodisch gründlichste Musiktheoretiker seiner Zeit. Als k. k. Hoforganist der Burgkapelle befand er sich an der angesehensten Organistenstelle der Monarchie. Als Professor für Harmonielehre und Kontrapunkt am Konservatorium der Gesellschaft der Musikfreunde in Wien hatte er einen nicht minder einflußreichen Wirkungskreis. Ein geradezu unglaublicher Fleiß befähigte ihn, mühelos zuströmende Gedanken in Tausende von geistlichen und weltlichen Kompositionen zu gießen, die dadurch natürlich mehr nach ihrer Quantität

77 S. Sechter: „Die Grundsätze der musikalischen Komposition", Band 1, mit Anmerkungen Bruckners

als ihrer Qualität gemessen werden müssen. Er war ein Vielschreiber, der keinen Tag ohne Fuge vergehen ließ, selbst wenn er sich den Text aus dem Anzeigenteil der Wiener Zeitung holte. Das sei aber zu seiner Charakterisierung gesagt und ist nicht abträglich gemeint, denn dieses viele Schreiben war für ihn geistige „Schulung", um die von ihm dargestellten und gelehrten Gesetze des musikalischen Satzes stets in Übung zu haben. 1853/54, ein Jahr, bevor Bruckner sein Schüler wurde, hatte er ein dreibändiges Lehrbuch „Die Grundsätze der musikalischen Komposition" im Druck erscheinen lassen, das auch Bruckner durchgearbeitet hat. In dessen Handexemplar gibt es Seiten, die mit Fragen und Bemerkungen geradezu übersät sind. Sechter wird es mit ihm nicht immer leicht gehabt haben, denn Bruckners Wißbegierde und sein Lerneifer kannten kenei Grenzen. Sie und vor allem seine hohe Begabung setzten ihn instand, den gesamten Unterrichtsstoff Sechters in sechs Jahren zu bewältigen. Von 1858 an fuhr Bruckner jedes Jahr im Sommer bzw. in der Fastenzeit auf sechs bis acht Wochen nach Wien. Der schriftliche Verkehr hatte sich als nicht ausreichend erwiesen. Diese Reisen waren möglich, weil Rudigier, Bischof von Linz, Bruckner sehr schätzte und ihm stets den „Studienurlaub" bewilligte. Er erkannte die hohe Begabung seines Domorganisten und förderte Bruckner, wo er nur konnte.

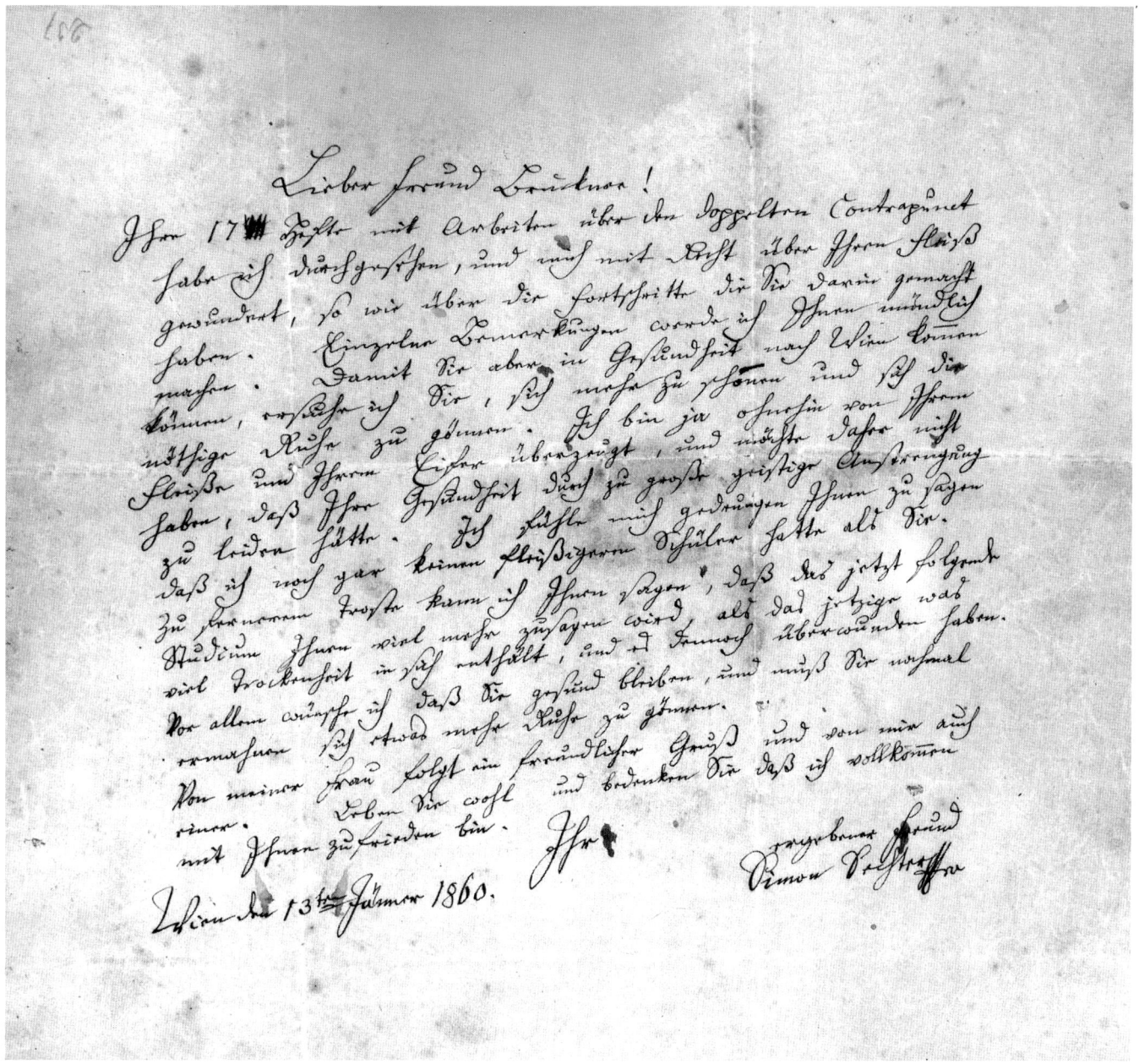

78 S. Sechter, Brief an A. Bruckner

Auch Sechter erkannte die außerordentliche Begabung Bruckners und lobte ihn mit
auszeichnenden Worten. Er hatte sich mit Recht über den Fleiß und die Fortschritte
Bruckners gewundert und fühlte sich gedrungen, ihm zu sagen, daß er „noch gar
keinen fleißigeren Schüler hatte" als ihn (Brief vom 13. Jänner 1860, Bild 78). Stöße
von Aufgabenheften hatte Bruckner geschrieben, in seinem Nachlaß gab es noch
sieben dicke Bände voll schriftlicher Arbeiten, zum Teil auch von seiner Lehrzeit bei
Otto Kitzler. Sie sind leider nur mehr zum geringeren Teil erhalten geblieben. Die Fülle
der Aufgaben erklärt sich aus dem Umstand, daß viele der Beispiele in jeder nur
möglichen Lage, Variierung und Transposition niedergeschrieben wurden. Man schritt
den gesamten Kreis des theoretischen Wissens nach allen seinen Richtungen aus und
durchforschte systematsich die Fülle der Erscheinungen. Vom Fundamentalbaß an über
die Grundharmonie, ihre möglichen Arten und deren Verbindungen, diatonisch und
chromatisch, zum einfachen Kontrapunkt und der regelrechten Stimmführung im
strengen musikalischen Kirchensatz. Damit waren die Grundlagen eines guten
musikalischen Satzes dargelegt, der Schüler hatte Einblick gewonnen in die Bewegungen
von Akkord zu Akkord, in die Spannungshälfte zwischen Konsonanz und Dissonanz
sowie deren Lösung.

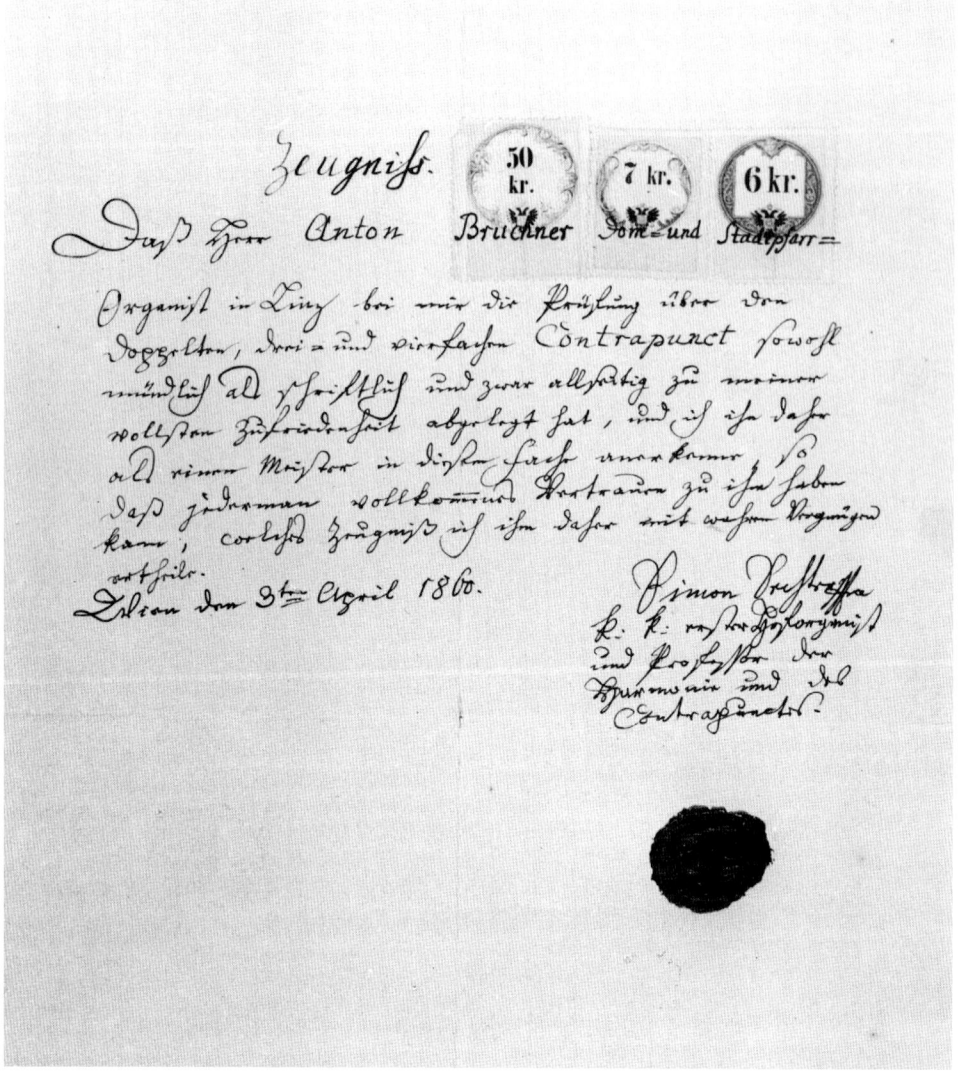

Der Unterricht bewegte sich nun weiter über die Gesetze des doppelten, drei- und vierfachen Kontrapunktes zu den Regeln der strengen Nachahmung im Kanon und jener freigestalteten, aber nicht minder künstlerischen Ordnung in der Fuge. Damit war der Gipfel erreicht. Bruckner bekam sein letztes Zeugnis von Sechter am 26. März 1861 und wird aufgeatmet haben, als er sich dabei bewußt wurde, mit diesem strengen Studium nun zu Ende zu sein. Streng war es für ihn nicht nur wegen der Fülle des Stoffes gewesen, sondern auch deshalb, weil Sechter ihm verboten hatte, während dieser Zeit zu komponieren. Bruckner hat sich an diese Weisung mit geringen Ausnahmen gehalten und daher kommt es, daß in den Jahren 1856—1860 fast keine Kompositionen entstanden sind. Es gibt nur ein „Ave Maria" in F-Dur, das am 24. Juli 1856 für St. Florian geschrieben wurde, eine Komposition für gemischten Chor und Orgel, die letzte, in der Bruckner den Generalbaß verwendet. Danach wissen wir aus der Korrespondenz mit Sechter, September 1858, daß Bruckner ihm eine Litanei geschickt hat. Diese könnte noch ein Werk aus der Florianer Zeit gewesen sein, das Bruckner wegen bestimmter Stileigenheiten seinem Lehrer zur Einsicht sandte. Da Sechter das Komponieren verboten hatte, wird Bruckner ihm kaum ein eben entstandenes Werk geschickt haben, was ja gleichzeitig eine Nichtbeachtung dieses Verbotes bedeutet hätte. Ein Brief Bruckners an Weinwurm vom 30. Oktober 1858 berichtet von einem Lied, das er geschrieben habe. Das kann sich nur auf den Text „Wie bist du Frühling gut und treu" aus „Amaranth" von Oscar von Redwitz beziehen. Die größte in diesen Jahren vollendete Komposition, vielleicht schon früher begonnen, ist ein Psalm 146 „Alleluja, Lobet den Herrn" für Soli, Doppelchor und großes Orchester. Die Anlage ist kantatenartig wie in den entsprechenden Kompositionen der Kronstorfer und Florianer Jahre und ist in Bruckners Lebenswerk die letzte dieser Art.

Auf Bruckners Erwählung zum Ersten Chormeister des „Frohsinn", 7. November 1860, gehen sicher die beiden Ende dieses Jahres entstandenen Chöre zurück: „Das edle Herz" (zweite Vertonung) und „Volkslied". Die Tätigkeit als Dirigent rief den Komponisten auf den Plan. Sonst aber beschäftigte sich Bruckner mit keinem größeren Werk, er war ganz dem Studium hingegeben, dem Erfassen der Gesetze und ihrer Anwendung. Obwohl Sechter das freie Schaffen Bruckners für die fünf Jahre von 1856 bis anfangs 1861 unterband, kann man seinen Einfluß auf die Entwicklung Bruckners nicht hoch genug einschätzen. Außer von Dürrnberger und Zenetti hatte Bruckner bis zu diesem Zeitpunkt keinen geregelten Unterricht genossen. Die wenigen „Handleitungen", die Weiß dem Knaben für das Orgelspiel beigebracht hatte, sollen unvergessen sein, aber sie können, gemessen an den Erkenntnissen von Sechter, nur als ein ganz bescheidener Anfang von Bruckners musiktheoretischer Bildung gewertet werden. Bruckner hat zeitlebens Sechter sehr geschätzt, sowie auch Sechter seinem bedeutendsten Schüler immer zugetan war. Als er im September 1861 Bruckner in Linz besuchte, schrieb er ihm zum Andenken an die überstandenen Lehrjahre eine vierstimmige Fuge mit dem Motto „An Gottes Segen ist alles gelegen". Bruckner aber ruhte nicht, suchte und fand seinen nächsten Unterweiser in Otto Kitzler, der im gleichen Jahr Kapellmeister am Linzer Theater geworden war. Inzwischen hatte sich im Leben Bruckners einiges begeben.

81, 82 A. Bruckner notiert den Tod seiner Mutter
83 Theresia Bruckner auf dem Totenbett
84 Theresia Bruckner notiert den Tod der Rosalia Mayrhofer

Mit dem Verlust seiner Mutter, am 11. November 1860, erlitt Bruckner einen großen Schmerz. Theresia Bruckner hatte sich seit 1837 in Ebelsberg als Wäscherin und Helferin durchgebracht, mehr und mehr von ihrem Ältesten unterstützt, sowie er dazu in der Lage war. Bruckner hat seine Mutter sehr geliebt und das Andenken an sie hochgehalten. So ließ er sie auf ihrem Totenbett photographieren und hatte das Bild immer in seinem Zimmer. Er deckte es allerdings mit einem grünen Tuch zu, weil der Anblick der Toten ihn immer stark berührte. Sie war seine Zuflucht, wenn er sich bedrängt fühlte, selbst über ihren Tod hinaus. So wird berichtet, daß er einmal in einer ihm ausweglos scheinenden Situation betend vor diesem Bild niederkniete. In einem Brieftaschenkalender hat er den Tod der Mutter festgehalten, die übrigen Eintragungen beziehen sich auf Privatstunden. Eine 13 Jahre früher geschriebene Sterbenotiz von der Hand der Mutter fand sich in Bruckners Nachlaß. Darin ist das Ableben seiner Taufpatin Rosalia Mayrhofer festgehalten. Bruckners Pietät für Verstorbene, wie wir sie auch aus seinen späteren Lebensjahren kennen, ist ein Zug seiner großen Dankbarkeit, zu der ihn sein von tiefer Frömmigkeit erfülltes Leben anhielt. Er veranlaßte auch, daß seine Mutter eine würdige Grabstätte in Ebelsberg bekam. Inmitten dieser alltäglichen menschlichen Ereignisse bereitete sich sein musikalisches Genie zur ersten Tat vor. Es ist das am 12. Mai 1861 bei der Gründungsfeier des „Frohsinn" im Alten Dom uraufgeführte siebenstimmige Ave Maria. Mit dem in seiner Einfachheit geradezu überwältigenden dreimaligen „Jesus"-Anruf, der folgender Steigerung und dem sanft ausklingenden Schluß ist diese A-capella-Komposition eine der eindringlichsten Vertonungen des bekannten marianischen Textes.

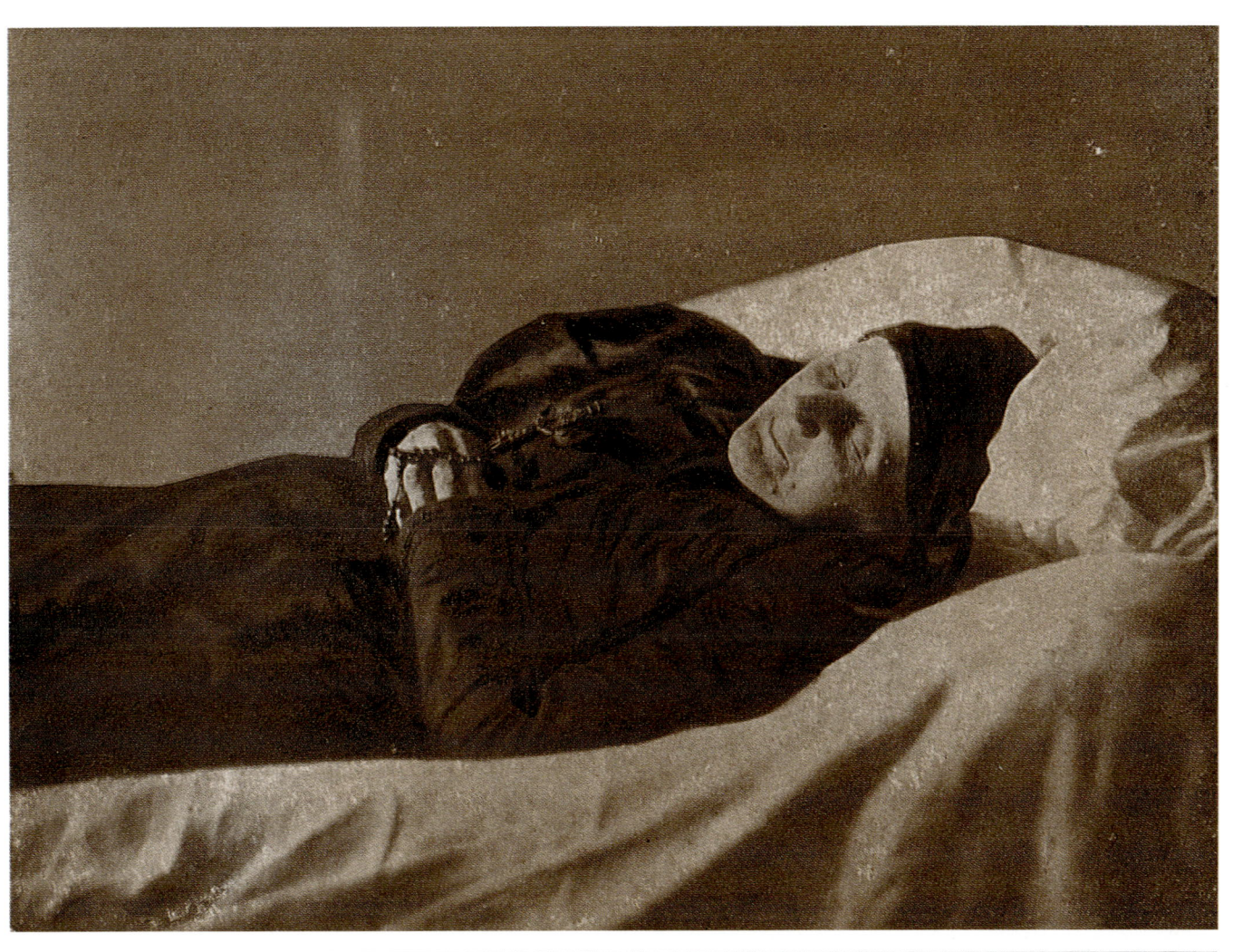

1847 den 28ten Jenner ist meine
Jungfer Mahm Hochsellige Krögerin
um 7 Uhr Abend sällig in Herrn
Entschlaffend Ihres Alter und 76 ten Jahr
Gott gebe Ihr die Ewige Ruh

85 *Wien, Piaristenkirche, „Maria Treu"*

86 *Wien, Piaristenkirche, Orgel*

Gewissenhaft, wie bei allen seinen Obliegenheiten, war Bruckner auch als Dirigent des „Frohsinn". Durch genaue Probenarbeit ermöglichte er die Teilnahme seines Chores beim deutsch-österreichischen Sängerfest in Krems am 29. und 30. Juni und beim Nürnberger Sängerfest, 20. bis 22. Juli 1861. Die Meinungen über den Grad der dabei vom „Frohsinn" errungenen Erfolge gehen auseinander: für Krems lauten sie eindeutig lobend, für Nürnberg widersprechen sie sich. Wie immer es gewesen sein mag, aus Berichten über andere Konzerte entnimmt man, daß Bruckner ein guter Chorerzieher gewesen sein muß. Er war nicht leicht zufriedenzustellen, auch nicht mit sich selbst, auch nicht mit den vollendeten Studien bei Sechter. Ihn verlangte nach einer Bestätigung von höherer Instanz, er wollte den Professortitel, wie ihn einst Dürrnberger erhalten hatte. So wandte er sich im November 1861 an die Gesellschaft der Musikfreunde in Wien und bat um eine Prüfung und den Titel. Die Prüfung wurde gewährt, den Titel konnte die Gesellschaft aber nicht verleihen. Die letzte Szene dieses Ereignisses spielte sich in der Piaristenkirche in Wien ab. An ihrer von Karl F. F. Buckow erbauten Orgel, die Bruckner ob ihrer klanglichen Schönheit sehr schätzte, hatte er schon 1858 sein erstes Orgelexamen bei Sechter bestanden.

87 Wien VIII, Restaurant „Zu den drei Hackeln"
88 Zeugnis der Gesellschaft der Musikfreunde für Anton Bruckner

Am 19. November 1861 fand die Prüfung in der Gesellschaft der Musikfreunde in
ihrem alten Haus auf der Tuchlauben statt. Man kannte die vom „Kandidaten" einge-
schickten Arbeiten und wußte darauf keine weitere Frage zu stellen. Herbeck schlug vor,
Bruckner möge auf einem Instrument seiner Wahl ein gegebenes Thema als Fuge, improvisiert, durchführen, damit würde er sich als ganz besonders befähigt erweisen. Das
wurde angenommen und der 21. November als Prüfungstag bestimmt. Bruckner hatte
wieder die Orgel der Piaristenkirche gewählt. Vor der Prüfung ging er in das der Kirche
gegenüberliegende Restaurant „Zu den drei Hackeln" und trank ein Glas Bier. Dort
traf er auch Sechter. Bruckner hat mit eigenen Worten den Prüfungshergang geschildert:
Das von Sechter gegebene vieraktige Thema, seine Verlängerung durch Herbeck auf
acht Takte, das Schmunzeln der Kommission, weil er einige Zeit nachdachte und man
schon meinte, „er schrecke zurück", und dann die Durchführung bis zu Orgelpunkt
und Schluß mit allen Registern. Von der vorangehenden konzentrierten Denkarbeit
spricht der Satz: „Nachdem ich mir das notwendige Material geistig zusammengestellt
hatte" eine sehr deutliche Sprache. Am Ende machte Herbeck die bezeichnende
Bemerkung: „Er hätte uns prüfen sollen" und entwarf den Wortlaut für das Zeugnis.
Hellmesberger regte Bruckner bei dieser Gelegenheit zur Komposition eines Streich-
quartettes an. Dieser Wunsch sollte aber erst achtzehn Jahre später mit dem
Streichquintett in Erfüllung gehen.

Zeugnis.

15 kr.

Herrn Anton Bruckner, Domorganist in Linz hat sich am
Conservatorium einer Prüfung über seine musikalische Befähigung
unterzogen, und es wird ihm von Seite der gefertigten Prüfungscommission bezeugt, daß er sowohl in der Theorie der Musik als im Orgelspiel Beweise einer vorzüglichen Ausbildung abgelegt habe.

Aus den von ihm vorgelegten Arbeiten ergeben sich die umfassendsten
Studien im Kontrapunkt und eine gründliche Kenntniß des strengen
Stiles in seinen verschiedenen Formen. Die Leichtigkeit und Sicherheit,
womit Herr Bruckner die schwierigsten Aufgaben in dieser Richtung
löset, bekunden eine gediegene Kenntniß der Musiklehre, und
einen von Talent und Neigung für die Tonkunst geleiteten Eifer
für seine Fortbildung.

Als Orgelspieler bewies Herr Bruckner eine sehr bedeutende Fertigkeit und genaue Kenntniß des Instrumentes und zeigte sich gleich geübt
im Vortrage fremder Kompositionen wie in der improvisirten Durchführung eigener und aufgegebener Themen.

Mit Rücksicht auf die hier angeführten Leistungen verdient Herr Anton
Bruckner nicht nur als ausübender Meister von vorzüglicher Auszeichnung,
sondern insbesondere als Lehrer der Musik an Conservatorien und
zur Unterweisung von Lehramtszöglingen allerorten bestens empfohlen zu werden.

Wien am 22. November 1861.

Vom Conservatorium der
Gesellschaft der Musikfreunde.

J. Hellmesberger
Art. Director am
Conservatorium u. k.
Concertmeister.

[signature]
art. Director
d. Gesellschaft d. Mu-
sikfreunde in Wien.

[signature]
Referent des Conservatoriums

[signature]
Capellmeister am k.k. Operntheater
u. Professor am Conservatorium.

Simon Sechter
k.k. Hoforganist
und Professor des
Contrapunkts.

89 *A. Bruckner als Chorleiter des „Frohsinn"*

90 *Sängerfesthalle in Nürnberg, 1861*

91 *Abzeichen vom Nürnberger
Sängerfest*

Nach dem Unterricht bei Sechter besaß Bruckner ein umfassendes Wissen von Musiktheorie und eine außerordentliche Fertigkeit im Lösen aller nur möglichen Probleme. Dennoch spürte er, daß der Kreis zu klein war, daß er noch weitere Dinge wissen müsse, und so begann er 1861 bei Kitzler Formenlehre, Instrumentation und Komposition zu studieren. Auf die strenge Schule des Kontrapunktes folgte die des freien Schaffens. Kitzler, der in Zappes Streichquartett Cello spielte, war ein der neuen Musik aufgeschlossener Künstler. Er führte als erster am 13. Februar 1863 in Linz den „Tannhäuser" Richard Wagners auf. Vor Bruckner erstand eine neue Klangwelt, die er begierig in sich aufnahm. Sein Formempfinden wurde an Beethovens Klaviersonaten und Symphonien geschult, sein instrumentales Können an Beethoven und den Romantikern. Der Unterricht ging von den einzelnen Formteilen aus, zu Sonatensatz und Rondo, wofür Bruckner ein Streichquartett und ein Rondo für gleiche Besetzung schrieb, danach ließ Kitzler als Instrumentationsübungen und als Beispiele freier Formen drei Orchestersätze und einen Marsch folgen. Die nächsten „Übungs-stücke" bildeten eine Overtüre in g-Moll und eine Symphonie in f-Moll, Ende 1862 und anfangs 1863 beendet. Sie zeigen naturgemäß Einflüsse der Romantiker, in der Symphonie deuten jedoch einzelne Stellen schon auf Eigenheiten des kommenden Bruckner-Stiles hin, z. B. die Coda im Finale und das Scherzo. Kitzler hat alle diese Kompositionen durchgesehen, auf so manchen Seiten begegnet man seinen ergänzen-den Eintragungen. Die Symphonie hat Bruckner nach Kitzlers Ausspruch als „Schul-

93 *Rudolf Weinwurm, Lithographie, 1860*

arbeit" bezeichnet. Für die Erkenntnis von Bruckners Entwicklung als Symphoniker ist sie aber bedeutungsvoll. Das letzte Werk in dieser Unterrichtsreihe ist der 112. Psalm für Doppelchor und Orchester. Auf Bruckner stürmten neue Eindrücke ein. Nicht nur die Musik Richard Wagners, sondern auch von Berlioz und Liszt, auf die er durch einen anderen Musiker des Linzer Theaters aufmerksam gemacht wurde: von Ignaz Dorn. Selbst ein den neuen Richtungen aufgeschlossener Komponist, hat er damit wesentlich zu Bruckners geistiger Erweiterung beigetragen. Von den übrigen Freunden muß in diesem Zusammenhang auch das Brüderpaar Alois und Rudolf Weinwurm genannt werden. Alois war Gesangslehrer am Linzer Gymnasium und Gründer der Liedertafel „Sängerbund", Rudolf hingegen, schon seit 1847 Hofsängerknabe in Wien, wurde hier später als „lebenslänglicher" treuer Freund ein für Bruckner sehr wichtiger Verbindungsmann. Gerade 1862 mußte er helfen, weil Bruckner sich um eine Stelle in der Hofkapelle bewerben wollte. Es wurden aber Pius Richter und Rudolf Bibl angestellt, daher kam Wien für ihn jetzt nicht in Betracht. So schweiften seine Gedanken weiter nach Mexiko, zu Kaiser Maximilian, da ihm und Rudolf Weinwurm ein dahin zielender Antrag gestellt worden war.

94 Jägerhaus „Am Kürnberg"

Außerdem plante er Orgelkonzerte in Dresden und Leipzig, ja eine ganze Kunstreise bis nach England. Aus all dem bemerkt man eine Unruhe an Bruckner, die nicht nur von äußeren Ereignissen verursacht wurde, sondern sicher auch in ihm selbst lag. Es sollte ja nicht mehr lange dauern, daß sein Genie endgültig offenbar wurde. Zunächst feierte er am 10. Juli 1863 beim Jäger am Kürnberg mit Otto Kitzler die Beendigung seiner Studien. „Jetzt trat die Kompositionszeit ein." Mit diesem Ausspruch hat der Domorganist Bruckner selbst seine Wendung in die „höhere Sphäre" gekennzeichnet. Das erste von ihm als Komposition gewertete Werk ist der „Germanenzug", im September 1863 mit Benutzung eines früher entstandenen „Zigeuner-Waldliedes" vollendet. Er war für das erste oberösterreichische Sängerfest bestimmt, das vom 4. bis 6. Juni 1865 in Linz stattfand, und erhielt dabei den zweiten Preis, sehr zum Ärger Bruckners. Zur selben Zeit, im Oktober 1863, erreichte den Meister ein Antrag des Linzer Musikvereins, die Leitung zu übernehmen. Diese Bindung an das Linzer Musikleben unterblieb aber. Vielleicht war das gut so, da es dem Komponisten zeitraubende Organisationsarbeit ersparte, denn es war bereits das nächste Werk im Entstehen: eine Symphonie in d-Moll, die jetzt als „Nullte" bekannt ist.

95 A. Bruckner, Germanenzug, Titelseite

Nach dem „Germanenzug", dessen Partitur als erste gedruckte Komposition Bruckners bei Josef Kränzl in Ried erschien, wandte sich Bruckner wieder der Symphonie zu. Die genauen Entstehungsdaten der d-Moll-Symphonie sind nicht bekannt, weil sie nur in der Handschrift ihrer zweiten Fassung aus dem Jahre 1869 erhalten geblieben ist. Bruckner erwähnt aber in einem Brief an Weinwurm vom 21. Jänner 1865 eine Symphonie, um deren Rücksendung er ihn bittet. Das kann nur diese vor der d-Moll-Messe im Herbst 1863 begonnene und vor dem Sommer 1864 beendete Symphonie sein. Sie stellt auch das in der kompositorisch-stilistischen Entwicklung Bruckners notwendige Zwischenglied vor der 1. Messe dar, die sonst eine geradezu unfaßbar plötzlich gereifte Erscheinung wäre. Als solche hat sie auch bis zur richtigen Einreihung der „Nullten" gegolten. Die Symphonie ist bedeutsam durch verschiedene, in ihr schon ganz deutlich spürbare Stileigentümlichkeiten Bruckners. Die einzelnen Themen, ihre Bestandteile und deren Verarbeitung zeigen, daß Bruckner seit seiner „Schularbeit" einen gewaltigen Schritt weiter getan hat. Die restlos überzeugende Darstellung seiner künstlerischen Reife gelang dem nunmehr 40jährigen im gleichen Jahre 1864 mit seiner d-Moll-Messe.

96 August Silberstein

97 A. Silberstein,
„Germanenzug", 1. Strophe,
Autograph

98 A. Bruckner, „Germanenzug",
Partitur, S. 14

SOLO QUARTETT.

99 A. Bruckner, Messe in d-Moll, Autograph, Stelle im Gloria
100 Bruckners erster Lorbeerkranz

Ähnlich wie bei den Symphonien bezeichnet Bruckner die d-Moll-Messe als Nr. 1, obwohl er in der b-Moll-Messe bereits eine ausgedehnte Komposition des Meßtextes vorgelegt hatte; er zählte eben alle seine Werke erst seit 1863. Den Arbeitsbeginn erfahren wir aus der Linzer Zeitung, die am 4. Juni 1864 zu berichten weiß, daß Bruckner an einer Messe arbeitet. Am 4. Juli war das Kyrie beendet, weitere Daten gibt es vom Credo (1. September), Sanctus (6. August), Agnus und Benedictus (22. und 29. September). Am Anfang unterbrochen, wird das Werk dann in einem Zug beendet. Bei der Uraufführung im Linzer Dom, die Bruckner selbst dirigierte, erhielt er seinen ersten Lorbeerkranz. Auf seinen weißseidenen Schleifen liest man das Datum und die erste und letzte Zeile eines dreistrophigen Gedichtes, das Moritz von Mayfeld zu diesem Anlaß verfaßte. Die Messe fand große Anerkennung und wurde am 18. Dezember im Redoutensaal als Concert spirituel wiederholt. Ihr Ruf drang auch nach Wien, so daß Rudolf Weinwurm zur größten Überraschung Bruckners sie beim 500jährigen Jubiläum der Universität Wien aufzuführen gedachte. Häßliche Streitigkeiten vereitelten aber diese schöne Idee. In der Geschichte der Meßkomposition bedeutet Bruckners d-Moll-Messe die unmittelbare Fortsetzung der Orchestermesse der Wiener Meister, wie sie in den beiden Messen Beethovens und in Schuberts Es- und As-Dur-Messe vorliegt. Die durchaus klassisch zu nennende Chorbehandlung umgibt Bruckner mit einem Orchesterreichtum, der stützend sowohl wie klangmalerisch ausdeutend die Hand des Symphonikers verrät. Bruckner hat sich am Ende seines Lebens dieser Messe wieder erinnert, als er im Adagio seiner IX. Symphonie das Motiv des „Miserere" aus ihrem Gloria zitiert. Es ist die musikalisch ausgesprochene Bitte um Erbarmen an den „lieben Gott", dem die Neunte gewidmet ist (Siehe Bild 99).

101 *Moritz Edler v. Mayfeld*
102 *Betty Edle v. Mayfeld*
103 *A. Bruckner, Abschrift des Gedichtes von M. v. Mayfeld*

Aus den wenigen Bewohnern von Linz, die Bruckners außergewöhnliches Talent erkannten, muß Moritz Edler von Mayfeld hervorgehoben werden, der Verfasser des Gedichtes zur Uraufführung der d-Moll-Messe. Er und seine Frau Betty haben Bruckner so manche Hilfe angedeihen lassen in künstlerischer wie gesellschaftlicher Hinsicht. Mayfeld, Politiker von Beruf, war ein Schöngeist, ein federgewandter Schriftsteller, guter Zeichner und Maler, aber auch Komponist aus Liebhaberei. Seine Frau glänzte als ausgezeichnete Pianistin, und so hörte Bruckner von beiden so manche Komposition der Klassiker in vollendeter Wiedergabe am Klavier, in späteren Jahren auch seine eigenen Symphonien. Musik anderer Komponisten wollte er dann nicht mehr hören; „das könne er nicht brauchen, er möchte sich nicht irre machen lassen" sagte der Meister bei solchen Gelegenheiten. Zur Zeit der d-Moll-Messe war Bruckner aber für jede Anregung dankbar, zumal er ja spürte, daß die Mayfelds es nur gut mit ihm meinten. Moritz von Mayfeld war es gegeben, Bruckner richtig einzuschätzen und ihn dorthin zu weisen, wo dessen Begabung offenkundig liegen mußte: zur Symphonie. Von Bruckner wird das Wort überliefert: „In das Symphonische hat mich der Mayfeld hineingetrieben." Es ist also mehr als wahrscheinlich, daß Mayfeld den Anstoß zur Komposition der zweiten Symphonie, der „Nullten" gegeben hat. Denn Bruckner, der von Kitzlers Meinung über die f-Moll-Symphonie, sie sei „nicht besonders inspiriert", sicherlich nicht erfreut war, bedurfte eines Zuspruchs, um ein neues Werk der gleichen Gattung zu schreiben. Es war ein Anstoß notwendig, und der kam sicher von Mayfeld in der Gewißheit, daß Bruckner die Form der Symphonie sehr wohl mit Leben zu erfüllen imstande sei. Dieser Anstoß hat aber über die Symphonie hinaus zur d-Moll-Messe weitergewirkt. Daher kann der Einfluß Mayfelds auf Bruckners künstlerische Entwicklung nicht hoch genug eingeschätzt werden, zumal beide Männer auch die Vorliebe für Richard Wagners Kunst einte.

N. 1. Band: Von der Gottheit mitstreb aubgn.
2.: Muß die Kunst zum Gottheit gaugn
wieden Suchen.

(new 2. Band:) Linz 20. Nov. 1864.

~~Von G~~ G.

Von der Gottheit mitstreb auggegangen
Sanft getragen von ihr Tönne Schwingen
Schweben die Musik zur Enden wieder.
Was sie an der Gottheit Schon mitgehen.
Soll sie laut der ganzen Menschheit gnet
Daß es halle in der Enole singen!

Und begeisterungsvoll der Gott entbunnd
den es nicht zu seinen Engelsschönen
Latet festhalteni das ferne in Tönnen.
In dem Lieht der Harmonie entbrennend
Macht es Gottes Kinder statt zu sönnen
Wo Er spricht im Güten und im Schö-
nach.

104 Richard Wagner,
Photo aus
Bruckners Besitz

München.

Königl. Hof- und National-Theater.

Montag den 19. Juni 1865.
112ᵗᵉ Vorstellung im Jahres-Abonnement.

Tristan und Isolde

von
Richard Wagner.

Personen der Handlung:

Tristan	Herr Schnorr von Carolsfeld.
König Marke	Herr Zottmayer.
Isolde	Frau Schnorr von Carolsfeld.
Kurwenal	Herr Mitterwurzer.
Melot	Herr Heinrich.
Brangäne	Fräulein Deinet.
Ein Hirt	Herr Simons.
Ein Steuermann	Herr Hartmann.
Schiffsvolk. Ritter und Knappen. Isolde's Frauen.	

Textbücher sind, das Stück zu 12 kr., an der Kasse zu haben.

Regie: Herr Sigl.

Neue Decorationen:
Im ersten Aufzuge: Zeltartiges Gemach auf dem Verdeck eines Seeschiffes.
vom K. Hoftheatermaler Herrn Angelo Quaglio.
Im zweiten Aufzuge: Park vor Isolde's Gemach, vom K. Hoftheatermaler Herrn Döll.
Im dritten Aufzuge: Burg und Burghof, vom K. Hoftheatermaler Herrn Angelo Quaglio.
Neue Costüme
nach Angabe des K. Hoftheater-Costümiers Herrn Seitz.
Der erste Aufzug beginnt um sechs Uhr, der zweite kurz vor acht Uhr, der dritte nach halb zehn Uhr.

Preise der Plätze:

Ein Gallerienoble-Sitz	2 fl.	24 kr.
Ein Parket-Sitz	2 fl.	— kr.
Parterre	— fl.	48 kr.
Galerie	— fl.	24 kr.

Die Kasse wird um fünf Uhr geöffnet.

Anfang um sechs Uhr, Ende um halb elf Uhr.

Der freie Eintritt ist ohne alle Ausnahme aufgehoben
und wird ohne Kassabillet Niemand eingelassen.

Unpäßlich: Herr Grill.
Beurlaubt: Frau Dahn. Herr Christen. Herr Tomichitz.

Der einzelne Zettel kostet 2 kr.   Druck von Dr. C. Wolf & Sohn.

105 Theaterzettel zur 3. Aufführung von „Tristan und Isolde"

Als Richard Wagner seine Anhänger im April 1865 zur Uraufführung von „Tristan und Isolde" einlud, da fuhr auch Bruckner nach München. Er lernte dort Wagner am 18. Mai persönlich kennen, den „Meister aller Meister", wie er ihn überschwänglich nannte. Von den Werken Wagners hatte er bisher nur den „Tannhäuser" 1863 im Linzer Landestheater gehört. Man muß es geradezu selbstverständlich finden, daß Bruckner von Wagners Kunst aufs stärkste beeindruckt war, lag doch in ihr die Zukunft der Musik verborgen. Bruckner hat in Linz noch den „Fliegenden Holländer", „Lohengrin" und „Das Liebesmahl der Apostel" erlebt; vom „Tristan" an war er Besucher jeder Uraufführung. Es kann als sicher gelten, daß Bruckners Aufmerksamkeit vor allem der Behandlung des Orchesters und der Motivverarbeitung galt. Für die dichterisch-dramatischen Belange des Gesamtkunstwerkes und deren szenische Verwirklichung hatte er wenig oder gar nichts übrig. Bruckner, Symphoniker der er war, mußte so sehr vom instrumentalen Wagnerschen Klang gefesselt worden sein, daß die übrigen für das Musikdrama aber ebenfalls bedeutsamen Faktoren abfielen. Insoferne mag Bruckner den Wagnerschen Musikdramen kein volles Verstehen entgegengebracht haben, aber den orchestralen Teil, dem Bruckner kongenial gegenüberstand, den hat er in sich voll und ganz verarbeitet. Er formte aber trotzdem eine eigene Instrumentation, er wurde trotz seiner III. „Wagner"-Symphonie kein Wagner-„Nachahmer".

106 *A. Bruckner, dirigierend*
107 *A. Bruckner, Brief an Josefine Lang*

Bruckner hatte sich in Linz einen Namen geschaffen: als Domorganist, als Komponist der d-Moll-Messe, als Chorleiter des „Frohsinn", als Privatlehrer. Eine dritte Symphonie hatte er im Sommer 1866 fertiggestellt. Er dachte nun daran zu heiraten. Wie er dies in die Wege leitete, zeigte sein Brief an Josefine Lang, die damals 17jährige Tochter eines Fleischhauers. Wie nicht anders zu erwarten war, kam eine Absage wegen des zu großen Altersunterschiedes. Nicht mitgeteilt hat Josefine Lang ihre anderen

Sehr geehrtes, liebenswürdiges
Fräulein!

Nicht als ob ich mich mit einer Ihnen befremdenden Angelegenheit an Sie,
geehrtes Fräulein wenden würde;
nein in der Überzeugung, daß Ihnen
längst mein ganzes stilles, aber beständiges Harren auf Sie bekannt
ist, ergreife ich die Feder um Sie
zu belästigen. Meine größte und
süßeste Bitte die ich hiemit an Sie, Frl.
Josefine zu richten wage, ist, Fräulein Josefine

wollen mir gütigst offen und aufrichtig Ihren
letzten und endgiltigen aber auch ganz
entscheidenden Entschluss schriftlich zu meiner Günstigen Beruhigung mittheilen
und zwar über die Fragen

Darf ich auf Sie hoffen und bei Ihren
lieben Ältern um Ihre Hand werben?
oder ist es Ihnen nicht möglich aus Mangel an persönlicher Zuneigung mit mir
den ehelichen Schritt zu thun? gnädiges
Fräulein Sehen, daß die Fragen ganz entscheidend
ist, Das eine oder andere bitte ich
inständigst mir so bald als möglich oder

so entscheiden, aber gewiß, eben so entschieden zu schreiben. Bitte, sagen Fräulein Joßhein durch Ihren lieben Eltern
aber sonst Niemanden (bitte das strengste
Geheimniß bewahren zu wollen) und ...
Sie einen aus den ... zwei ...
der ... in Einverständnisse mit
Ihren lieben Eltern. Mein ...
..., Ihr Herr Bruder hat bereits
mich auf Alles vorbereitet und wird
auch Sie schon seinen Anzeichen gemäß
verständigt haben. Nochmal meine Bitte,
wollen Fräulein ganz offen u. aufrichtig

und ganz entschieden schreiben, entweder:
ich darf um Sie werben, oder gänzlich weicht Absage; (eine Mittheilung
etwa vertrösten oder nachschreiben, da bei mir
die höchste Zeit bereits vorhanden ist.)
(Zudem wird sich Ihr Gefühl nicht leicht verändern, weil Fräulein sehr vernünftig
sind.)
Fräulein dürfen die neue Nachricht mir
unbesorgt sagen, weil selbe in jedem
Falle mir Beruhigung gewähren wird.
Mit Handkuß einer möglichst baldigen
entscheidenden Antwort entgegen sehend

Anton Bruckner

Linz den 16. August
1866.

108 Josefine Lang, als verehelichte Weilnböck

Gründe: Bruckner war ihr nicht nur zu alt, sein Benehmen gefiel ihr nicht, auch nicht seine Kleidung. Der ersten Abweisung durch Aloisa Bogner in St. Florian war nun eine zweite gefolgt. Bruckner sollte noch mehrere erleben. Er sehnte sich zwar immer nach einen geordneten Haushalt, nach einem liebenden Wesen an seiner Seite, dies sollte ihm aber verwehrt bleiben. Das eine Mal war es seine Musik, die ihn daran hinderte, das andere Mal, und dies zumeist, Eigentümlichkeiten seiner Persönlichkeit. Darin war er ein Opfer seiner Herkunft und Umgebung, seiner Erziehung und der Engstirnigkeit im gesellschaftlichen Verkehr, den er überhaupt nicht erlernt hatte. Bruckner war ein starker, aber eben deshalb auch wenig geschmeidiger Charakter, der trotz aller noch bis ins hohe Alter unternommenen Versuche ohne frauliche Liebe durchs Leben gehen mußte.

109 *Franz Josef Rudigier, 1852—1884 Bischof von Linz, Lithographie*
110 *Linz, Votivkapelle im Neuen Dom*

Zu jenen Persönlichkeiten der Stadt Linz, die Bruckners künstlerische Bedeutung erkannten, zählte in ganz hervorragender Weise Bischof Franz Josef Rudigier. Selbst ein sehr starker Charakter, der in den Kulturkämpfen seiner Epoche mannhaft für katholische Grundsätze eintrat, spürte er in Bruckner gleiche Kräfte, wenn auch in ganz anderer Ausformung. Er schätzte Bruckners Improvisationskunst sehr und ließ ihn so manches Mal in den Dom holen, damit er ihm durch sein Spiel Beruhigung schaffe in schweren, unruhigen Augenblicken. Daraus wissen wir eindeutig, daß Bruckners Orgelphantasien nicht nur kunstreich, sondern auch seelenvoll gewesen sein müssen, sonst wäre von ihnen nicht solche psychische Kraft ausgegangen. Diese Erkenntnis wird auch der Grund gewesen sein, daß Bruckner vom Bischof zwei Kompositionsaufträge erhielt. Der erste war die Festkantate zur Grundsteinlegung des Neuen Domes, 1862, und der zweite die Komposition einer Messe zur Einweihung der Votivkapelle, die als erster Bauteil im Scheitel der Apsis 1869 fertig wurde. Anläßlich der Verkündigung des Dogmas von der Unbefleckten Empfängnis Mariens, 1854, hatte Rudigier zum Bau eines neuen Domes in Linz aufgerufen, dessen Vollendung aber erst im Jahre 1924 gefeiert werden konnte.

Die erstgenannte Komposition hat, wie schon der Name sagt, Kantatenform und ist
für eine Baß-Solostimme, Männerchor und Blas-Orchester geschrieben. Das verlangte
eine im Freien aufzuführende Komposition. Der „Frohsinn", verstärkt durch Gäste
und Studenten, sang den Chor, die Militärmusik besorgte die Begleitung, Dirigent
war Engelbert Lanz. Das am 1. Mai 1862 aufgeführte Werk steht am Anfang von
Bruckners Studienzeit bei Kitzler. Es zeigt unleugbar Fortschritte gegenüber den
früheren Kantaten, verrät aber noch nicht die meisterliche Hand, die die e-Moll-Messe
geformt hat, den zweiten Auftrag Bischof Rudigiers. Bruckner hatte sie ebenfalls
ohne Streicher und Orgel zu planen, weil sie, wie die Domweih-Kantate, im Freien

die Güte haben, den verbindlichsten Dank
im hierortigen Namen gefälligst eröffnen zu wollen.

Vom bischöflichen Ordinariate
Linz den 9. August 1869.

Franz Josef
Bischof.

aufgeführt werden mußte. So faßte der Meister den Plan, die Messe für vier- bis
achtstimmigen Chor und 15 Bläser zu komponieren. Er stand 1866 in jener ersten
großen Schaffensperiode, die, mit der „Nullten" Symphonie beginnend, über die
d-Moll-Messe, die darauffolgende I. Symphonie und die e-Moll-Messe bis zum
Abschluß durch die f-Moll-Messe führt. Es wäre eine Zeit ununterbrochenen
Komponierens gewesen, wenn nicht die Nerven im Sommer 1867 vollkommen versagt
hätten. Bruckners schöpferische Kräfte müssen damals geradezu in Hochspannung
gewesen sein, denn anders ist das Nacheinander von I. Symphonie und e-Moll-Messe
nicht zu erklären.

113 A. Bruckner, e-Moll-Messe, Gloria, Abschrift mit Bemerkungen Bruckners

Die e-Moll-Messe ist in der kurzen Zeit von drei Monaten entstanden, September bis November 1866. Nichtsdestoweniger stellt sie ein Meisterwerk kirchlicher Musik dar, wie es in der gesamten Literatur kein zweites gibt. Ihre Einmaligkeit beruht auf der Verschmelzung von A-capella-Sätzen in der Art Palestrinas mit der instrumentalen Kunst des 19. Jahrhunderts, wobei diese durchaus vorausschauend, wegweisend ist, während die Vokalsätze zumeist ihren Vorbildern im 16. Jahrhundert nachgeformt sind (Christe, Sanctus). Die Kontrapunktstudien bei Sechter feiern hier ihren Triumph, während Bruckner als Meister seiner I. Symphonie auch in der souveränen Beherrschung der Bläser glänzt. Daß es ihm gelang, diese an sich vollkommen verschiedenen Stilarten in einem Werk zu einer künstlerischen Einheit zusammenzufügen, das ist eine Tat von ganz großer Bedeutung. Man muß die Kirchenmusikproduktion in der Mitte des 19. Jahrhunderts kennen: seichte, verflachende Nachahmung der Wiener Klassiker einerseits und vollkommen talentlose Imitation des Palestrinastils andererseits — einige wenige Komponisten ausgenommen —, um ermessen zu können, welchen „Dom" an Reinheit und Frömmigkeit die e-Moll-Messe Bruckners darstellt. Das wäre sie, auch wenn man nicht wüßte, mit welch starker geistiger Potenz sie Bruckner, ihm ganz unbewußt, geschaffen hat. Aber eine Stelle im Gloria läßt uns kurz in das Denken des Meisters Einblick nehmen (Bild 113).

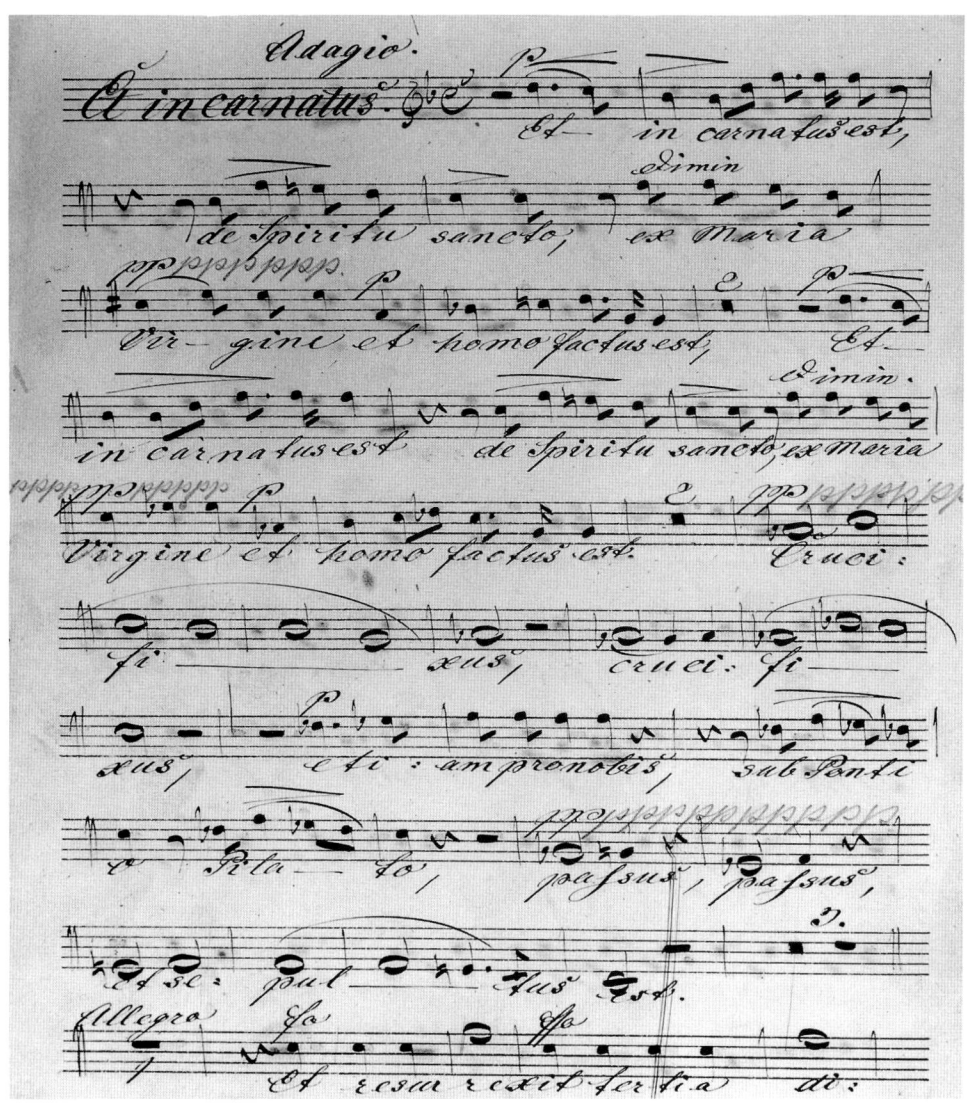

114 *Tenorstimme von der Uraufführung der e-Moll-Messe*

Bei der Durcharbeitung im Jahre 1877 „reguliert" er die Perioden, damit sie möglichst alle der achttaktigen Regelmäßigkeit entsprechen. Im Gloria endet vor den Worten „Jesu Christe" eine siebentaktige Periode, deren Richtigstellung ihm nicht gelingt. Er läßt sie stehen, bezeichnet sie als „unregelmäßig" und erklärt ihr Vorhandensein mit „Mysterium"; es liegt für ihn im Namen „Jesu Christi" begründet. Diese Seite enthält eines der überaus seltenen Zeugnisse, aus denen wir erfahren, was Bruckner sich bei seiner Musik gedacht hat. Ein Zeuge anderer Art sind die vielen Piano-Bezeichnungen (p) in einer Tenorstimme von der Uraufführung der e-Moll-Messe vom 29. September 1869. Bruckner war damals schon in Wien und kam nach Linz, um die Proben selbst zu leiten. Diese fanden im Salon des Gasthofes „Zur Stadt Frankfurt" statt und stellten an alle Mitwirkenden, „Sängerbund", „Frohsinn", Schüler des Musikvereins, sehr große Anforderungen, da man damals eine solche Kompositionsweise ganz und gar nicht gewohnt war. Bruckner hielt mit peinlichster Genauigkeit die Proben. Besonders die Pianissimo-Stellen waren ihm nie leise genug. Bei einer solchen Stelle, es könnte das „Et incarnatus est" gewesen sein, da schwieg einmal fast der ganze Chor. Bruckner hörte die Musik jedoch in seinem inneren Ohr weiter, und so war es ihm dann recht. Der Benutzer dieser Chorstimme hat Bruckners Forderung durch die vielen hinzugesetzten p festgehalten.

Bruckner führte in Linz bis 1866, da er seine Schwester Nanni zu sich nahm, keinen eigenen Haushalt. So war er auf Gasthauskost angewiesen, und die durfte nicht zu spärlich sein, da er stets bei gutem Appetit war. Einen der Linzer Gasthöfe, die er besuchte, haben wir schon kennengelernt, „Zur Stadt Frankfurt". Seit dem Juni 1868 hatte der „Frohsinn" hier sein Probenlokal. Als Bruckner aus Linz schied, veranstaltete man im gleichen Hotel am 29. September eine Abschiedsfeier, bei der Bruckner zur Begeisterung aller auf dem Klavier improvisierte. Andere vom Meister besuchte Gaststätten waren der „Bock", der „Bayrische Hof", „Zur Goldenen Kanone", das „Casino", „Mayreder", „Zaininger" und „Krebs", von dessen Terrasse Bruckner zusah, wie am 5. Mai 1868 ein Schiff die Donaubrücke zum Einstürzen brachte. — Es mag im ersten Augenblick sonderbar klingen, wenn man hört, daß Bruckner meist doppelte Portionen vertrug. Im „Krebs" bekam er sie immer vorgesetzt, wunderte sich darüber und lobte die gute Bedienung. Er wußte aber nicht, daß diese Verdoppelung von der Mutter einer seiner Schülerinnen, Frau Hofmann, bezahlt wurde. Neben dem landes-üblichen „Geselchten mit Grießknödeln und Kraut" bevorzugte er gefüllte Kalbsbrust, Rostbraten mit braun gerösteter Zwiebel, Fleckerlspeise und Freitags einen „Eierfisch" aus acht Eiern. Dazu mundete ihm Bier oder Most. Auch Nudelsuppe war eines seiner Leibgerichte. Infolge seiner intensiven Tätigkeit kam er abens spät zum Essen, eine Gewohnheit, die er auch in Wien beibehielt, blieb gerne sitzen, liebte Unterhaltung und auch Scherze, wenn sie nicht zu sehr ins Üppige gingen. Er schnupfte gern und war auch einer Zigarre nicht abhold. Bruckner muß ein ziemlich guter Tänzer gewesen sein, das wissen wir von der Nichte seines ehemaligen Lehrers Dürrnberger, Marie Madleine. In den Linzer Jahren treffen wir ihn auch als Mitwirkenden an Faschings-veranstaltungen des „Frohsinn"; so am 9. Februar 1861, bei welcher Gelegenheit er als Napoleon III. die in Schlafröcken und Nachtmützen auftretenden Sänger dirigierte.

115 Linz, Gasthof
„Zur Goldenen Kanone"

116 Linz, Gasthof
„Zur Stadt Frankfurt"

GASTHOF ZUR STADT FRANKFURT

117 *Bad Kreuzen*

Die Jahre 1861 bis 1867 bereiten Bruckner als schaffenden Künstler einen ungeheuren Aufschwung, sie bringen ihm in seiner Musik seine eigene Persönlichkeit. Es hat nicht an Rückschlägen gefehlt, die meist von außen kamen: seine vergebliche Bewerbung um die Stelle des Direktors des Mozarteums und des Dommusikvereins in Salzburg (September 1861), um eine Stelle an der Hofkapelle in Wien (1862), die nicht mögliche Direktion des Linzer Musikvereins (1863) und die Einstufung des „Germanenzuges" als zweiten Preis (1865). Gerade in diesem Jahr entstand vor der e-Moll-Messe jene c-Moll-Symphonie, die Bruckner als I. gelten ließ und ihr den Beinamen, „das kecke Beserl" verlieh. Mit ihr hatte er jene Stufe erklommen, von der aus er in die Neunzahl seiner Symphonien schritt. Dieses Werk ist in allen seinen Teilen, in allen seinen Faktoren ein ausgereifter Bruckner. Die Rhythmen des ersten Satzes, die schweren Akkorde des zweiten — einen so ernsten dramatischen Ausdruck hat Bruckner nur selten wiedergefunden —, die überschäumende Kraft des Scherzos und die stürmischen Gedanken des Finales, sie alle ergeben zusammen mit der strömenden Melodik der zweiten Themen einen Gesamteindruck überquellenden inneren Reichtums, der in Bruckner einen großen Meister der Symphonie erkennen ließ. Die Kräfte Bruckners reichten aber über sich selbst hinaus. Sie ließen ihn anschließend daran das Wunder der e-Moll-Messe schaffen, dann aber schlug das Schicksal zu. Nachdem Bruckner noch am 10. Februar 1867 die Aufführung seiner d-Moll-Messe unter Hofkapellmeister Herbeck in der Wiener Hofburgkapelle erlebt hatte, er selbst saß an der Orgel, brach eine Nervenerkrankung bei ihm aus, die ihn zwang, Bad Kreuzen aufzusuchen. Vom 8. Mai bis 8. August befand sich Bruckner in dieser Heilanstalt und konnte sie gesund wieder verlassen. Über seinen Gemütszustand gibt ein Brief an Rudolf Weinwurm vom 19. Juni Auskunft, der in erschütternden Worten von einem vollkommenen Nervenzusammenbruch berichtet.

118 A. Bruckner,
*Brief an Rudolf Weinwurm,
19. Juni 1867, 2. Seite*

Die Ursachen für dieses Versagen der geistigen Kräfte liegen in Bruckners andauerndem Studieren und Arbeiten. Zuerst die Studien in Kronstorf, dann bei Sechter und Kitzler, dazu stundenlanges Klavier- und Orgelüben, die Schulstunden und seit 1864 die aufs höchste angespannten Energien beim Komponieren, das mußte einmal seinen Rückschlag finden. Bruckner konnte keine Musik mehr vertragen und wurde von einer Zählmanie ergriffen: Fenster, Blätter, Pailletten an einem Kleid von Frau Mayfeld, die sich zu dieser Zeit ebenfalls in Bad Kreuzen aufhielt, alles mußte er zählen. Diese Zähleigentümlichkeit ist ihm nach seiner Gesundung geblieben, ihr verdanken wir die „metrischen" Ziffern, die Überprüfung der Perioden in seinen Partituren. Obwohl ihm das Komponieren verboten worden war, begann er bereits am 14. September 1867 sein nächstes großes Werk, die f-Moll-Messe. Sie wurde nach der Wiener Aufführung der d-Moll-Messe vom Obersthofmeisteramt für die Hofkapelle bestellt. Der kaum Genesene fand in dieser Arbeit geeignete Erholung und begann im März 1868 bereits die Partitur, die er im September beendete. Aufgeführt wurde die Messe aber nicht, sie war zu umfangreich. Nach ihr hat Bruckner kein Werk dieser Gattung mehr geschaffen. Sie bedeutet in der Hoheit ihres musikalischen Ausdrucks, der Weite ihrer Dimensionen und der Durchführung ihrer Motive einschließlich des orchestralen Kolorits einen Höhepunkt der Wiener Instrumentalmesse, weil sich in ihr klassische Grundlagen mit romantischer Weiterentwicklung zusammenfinden.

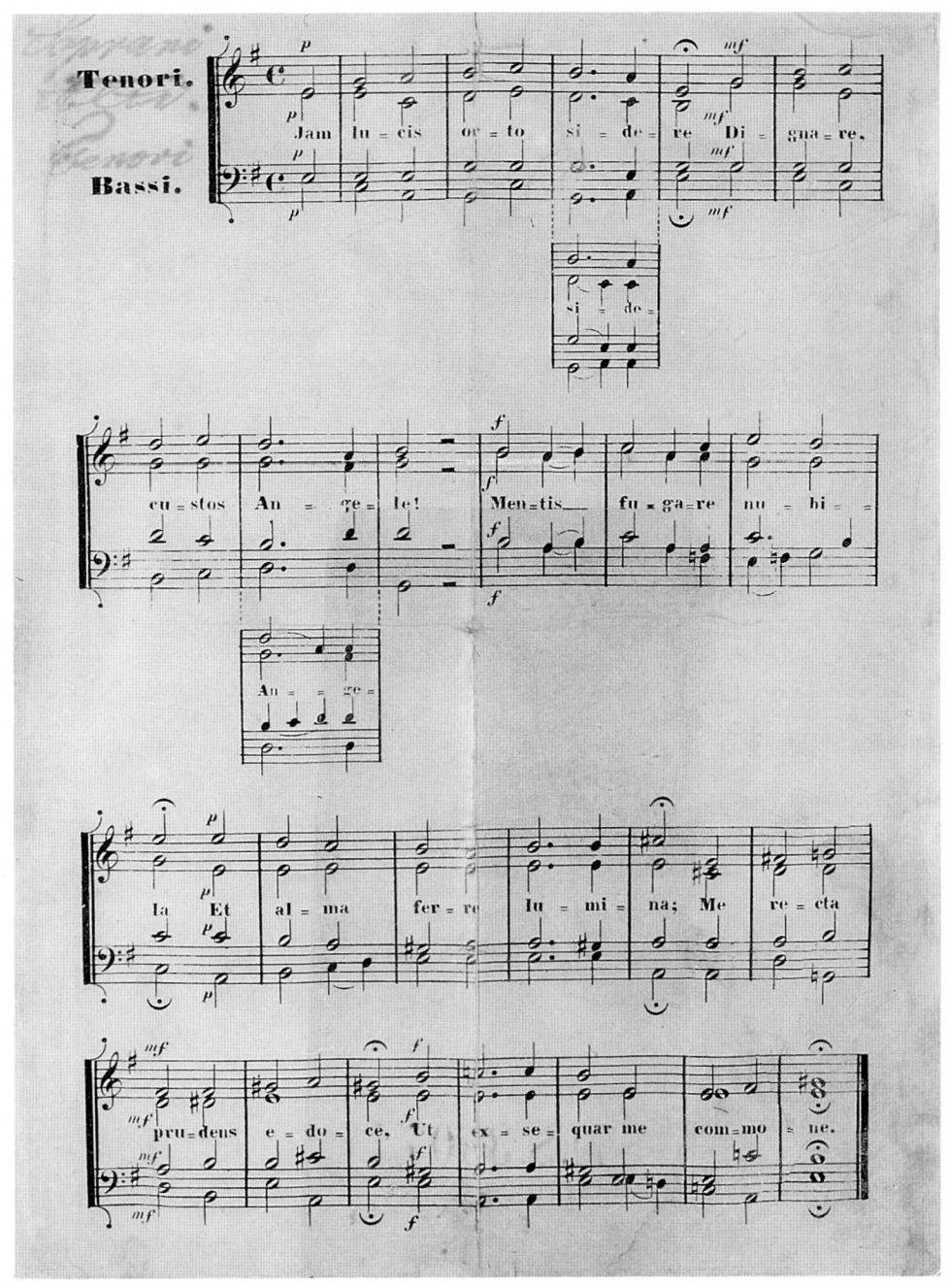

Linke Seite: 119 Wilhering, Stiftskirche
120 A. Bruckner, Schutzengelhymnus

Aus dem Wirken Bruckners in seinem letzten Linzer Jahr sind hervorzuheben: die zweite Aufführung der d-Moll-Messe im Dom, 6. Jänner, die neuerliche Übernahme der Chorleiterstelle im „Frohsinn" und die Uraufführung der I. Symphonie in c-Moll im Redoutensaal am 9. Mai, die Bruckner selbst dirigierte. Die bedeutendste Tat gelang Bruckner mit dem „Frohsinn". Man hatte Wagner für das Gründungskonzert um einen Chor gebeten; Wagner übersandte daraufhin den Schlußchor der „Meistersinger". Das Gründungskonzert fand am 4. April statt, und so geschah es, daß Bruckner in Linz die erste Aufführung der Schlußszene vor der Uraufführung der ganzen Oper dirigierte. Es war für ihn, die Mitwirkenden und das Linzer Musikleben ein begeisterndes Ereignis. Neben der f-Moll-Messe entstanden 1867/68 nur kleinere Werke, darunter die einzige zu Lebzeiten Bruckners in Linz gedruckte Komposition, ein Schutzengel-Hymnus, dessen Text von P. Robert Riepl aus Wilhering stammt. So nahm Bruckner vom oberösterreichischen Barock Abschied, das sich in der Stiftskirche von Wilhering schon ins Rokoko verfeinert.

Am 10. September 1867 war Simon Sechter gestorben. Das lenkte die Aufmerksamkeit Bruckners neuerlich auf Wien. Im Oktober reichte er ein Gesuch um die Aufnahme in die Hofmusikkapelle ein, Anfang November ein Ansuchen an die philosophische Fakultät der Universität: er wolle Lehrer der musikalischen Komposition werden, wurde jedoch abgewiesen. Nach der vergeblichen Bewerbung in Salzburg erreichte Bruckner im Frühjahr 1868 eine Anfrage wegen der Nachfolge Simon Sechters. Zaghaft und ängstlich gemäß seinem Wesen, antwortete er darauf nicht. Da kam im Mai Herbeck selbst nach Linz. Dieser wollte in richtiger Erkenntnis der Sachlage den Meister unbedingt für Wien gewinnen. Bruckner zögerte weiter und wandte sich im Juni sogar an Hans v. Bülow in München, ob er dort Hoforganist werden könne. Verzweiflung hatte ihn erfaßt, denn einerseits wußte er instinktiv, was Wien für ihn bedeuten könnte, andererseits hatte er Angst davor. Am 20. Juni schrieb ihm Herbeck, daß alles geebnet sei und nur mehr seine Zusage fehle. Bruckner befand sich in diesen Tagen bei der Uraufführung der „Meistersinger" in München. Jetzt endlich, am 28. Juni, erklärte er sich bereit, die Stelle zu übernehmen, und sagte am 23. Juli endgültig zu. Herbeck, dem ganz allein das Verdienst zukommt, daß Bruckner nach Wien kam, hatte auch seinen Eintritt in die Hofmusikkapelle als vorläufig unbezahlter („expektierender") k. k. Hoforganist durchgesetzt. Bruckner verließ Linz Ende September und begann Anfang Oktober seinen Unterricht. In Wien ging er seinen Lebensweg zu Ende als eines der größten Genies im Reich der Musik.

121 A. Bruckner, Brief an die Gesellschaft der Musikfreunde in Wien

122 Johann Herbeck,
Lithographie, 1858

123 J. Herbeck, Telegramm an Bruckner

124 Gustav Veith,
Panorama des erweiterten
Wien,
Sepia mit Feder, um 1873

Wien

Konservatorium
und Hofburgkapelle,
1868—1892

Das Wien, in dem Bruckner in den Herbsttagen des Jahres 1868 seine Wohnung aufschlägt, macht in diesen Jahrzehnten eine Wandlung vom Mittelalter zur Neuzeit durch, es schickt sich an, aus einer mit Mauern und Toren engumgürteten Festung eine Weltstadt zu werden. Sie will die auf sie Zukommenden mit offenen Straßen, Gärten und Plätzen begrüßen. Das Manifest des Kaisers vom 25. Dezember 1857 hatte der Stadtverwaltung die Schleifung der Mauern und Basteien angeordnet. So herrschte schon ein Jahrzehnt lang reges Leben: Altes verschwand, Neues wurde geplant und trat an seine Stelle. Diese Regsamkeit erfaßte auch die geistigen Interessen, und so sah sich Bruckner in einem Strom, der mächtig vorwärts drängte, voll Intelligenz, Geschäftstüchtigkeit und Fortschrittsglauben. Er, der Beharrende, hatte seine liebe Not damit. Wien schenkte ihm Vollendung, aber jeder, der sich vollendet, geht durch Mühe und Leid, so auch Bruckner.

125 Wien IX, Währinger Straße Nr. 41

Seine erste Wohnung fand Bruckner in der Währinger Straße Nr. 41. Er bezog im dritten Stock zwei Zimmer samt Küche und Vorzimmer. Das vierte bis siebente Fenster bezeichnen die zwei Zimmer, von denen aus Bruckner eine sehr schöne Aussicht auf den Wienerwald, Kahlen- und Leopoldsberg hatte, weil die gegenüberliegende Seite noch nicht verbaut war. Bruckner liebte es, hoch zu wohnen und weit ausschauen zu können. Das Haus gehörte einem Johann Höhne, dessen Zinszettel vom April 1872 uns sagt, was Bruckner im Vierteljahr für die Wohnung bezahlte: 54 Gulden und 50 Kreuzer. Er wohnte bis zum Sommer 1876 darin. Es war ein besseres Wiener Zinshaus, in Stadtnähe, so daß Bruckner seine Wirkungsstätten leicht erreichen konnte. Das Konservatorium befand sich in den „Tuchlauben", da ging Bruckner an der eben im Bau befindlichen Votivkirche vorbei durch die Schottengasse, über Freyung und Hof. Zur Burgkapelle hatte er etwas weiter. In dieser Wohnung sind die II., III., IV. und V. Symphonie entstanden, in sie kehrte er im Mai 1869 als gefeierter Orgelvirtuose von Nancy und Paris und 1871 aus London zurück. Mit nicht minder großer Freude kam er heim vom Besuch bei Richard Wagner im August 1873, hier erlebte er 1875 die Genugtuung, zum Lektor an der Wiener Universität ernannt zu sein und begab sich frohen Mutes am 24. April 1876 in die alte Universität

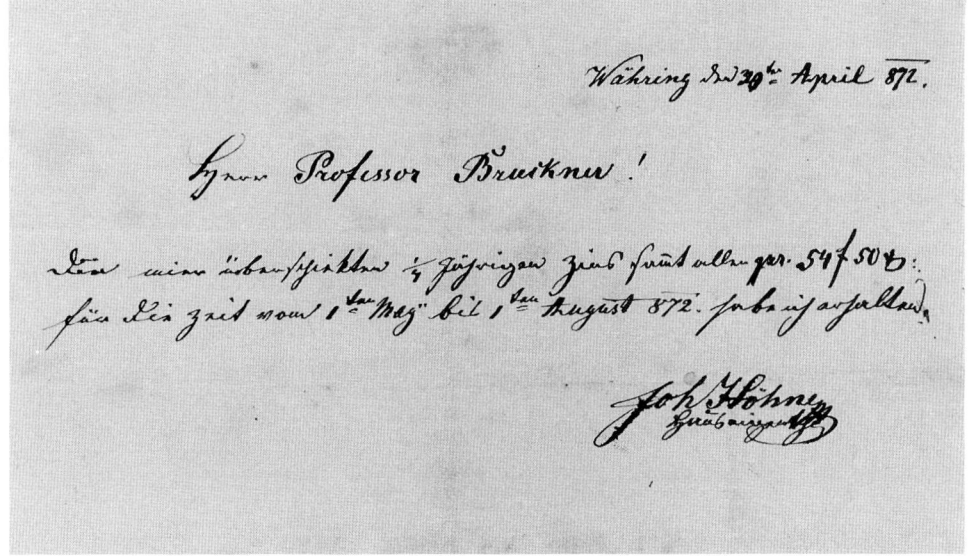

126 Rechnung für eine Klavierkiste

127 Zinsbestätigung

(s. Bild 174 u. 175). All die freundlichen Ereignisse, die das Leben Bruckner in diesem Hause bescherte und die noch durch manch kleinere zu ergänzen wären, wurden aber überragt durch das in den Symphonien sich ausdrückende Wachstum von Bruckners schöpferischen Kräften. Die Symphonien entstehen in Jahresabständen, von 1872 an, jedes Jahr eine, bilden den zweiten großen Schaffensbogen im Leben Bruckners, der sich damit als Meister dieser Werkgattung kundgibt. Die Zweite, bewegt und dramatisch mit überdeutlicher Gliederung durch Generalpausen („Pausensymphonie"), steht am Anfang. Die Dritte vergrößert Maße, Motive und Kraft, zeigt zu Beginn den für Bruckner typischen „Klangraum" und zitiert aus „Tristan" und „Walküre", womit sich Bruckner bei den Gegnern Wagners sehr schadete. Ihrem monumentalen Ringen folgt in der Vierten ein Schwelgen in Romantik und Naturgefühl; Bruckner hat ihr auch den Beinamen die „Romantische" gegeben und in ihr dem Hornklang eine besondere Rolle zugemessen. Mit der Fünften erklomm Bruckner den ersten Höhepunkt seiner Symphonien. Ihr Finale zeigt in der Verbindung von Sonaten- und Fugenform eine Virtuosität der Motivverarbeitung, die man im damaligen symphonischen Schaffen nicht kannte. Alle diese Werke hat Bruckner auf seinem Bösendorfer-Flügel gearbeitet, den er von Linz nach Wien mitnahm; für die Kiste bezahlte er sieben Gulden.

128 *Maria Anna Bruckner*
(„Nanni")

129 Rosalia Bruckner, verehel. Hueber

Stunden höchster Schaffensfreude stehen leiderfüllt gegenüber. Den ersten Schmerz erlebte Bruckner, als am 16. Jänner 1870 seine Lieblingsschwester Nanni starb. Sie hatte ihm schon in Linz seit 1866 die Wirtschaft geführt und war mit ihm nach Wien gegangen. Ihre Nachfolgerin wurde Frau Kathi Kachelmayr, die den Meister bis an sein Lebensende betreute. 1874 betrauerte Bruckner den Tod seiner Schwester Josefa; die andere Schwester, Rosalia, hatte den Stadtgärtner von Vöcklabruck, Johann Hueber, geheiratet. In ihrer Familie kehrte der Meister ein, sooft er den Ort besuchte. Der Bruder Ignaz hatte im Stift St. Florian eine Heimstätte gefunden. So lebte Bruckner in Wien eigentlich allein. Für den aus Stift und Dom gewohnten geistlichen Zuspruch fand er in den ersten Wiener Jahren nur schwer Ersatz, und so mußte er alles allein tragen. Unmittelbar nach seinen Erfolgen in London, September 1871, sah er sich in eine Disziplinaruntersuchung verwickelt. Bruckner hatte im Herbst 1870 eine Lehrstelle für Klavier an der Lehrerinnenbildungsanstalt in der Annagasse angenommen. Als er einmal eine der Schülerinnen mit „lieber Schatz" anredete, löste dies eine anonyme Anzeige aus. Die Angelegenheit beschäftigte sogar die Zeitungen. Unterrichtsminister Stremayr nahm Bruckner in Schutz und verfügte seine Wiederbestellung. Wie Bruckner unter diesen Verdächtigungen gelitten hat, das muß man seinen Briefen dieses Jahres entnehmen. Er war niedergeschlagen und trostlos.

130 A. Bruckner, Stundenplan 1877

Bruckner kam an das Konservatorium der Gesellschaft der Musikfreunde als Nachfolger Simon Sechters und war somit Professor der Harmonielehre und des Kontrapunktes. Man schuf aber gleichzeitig für ihn das bisher noch nicht vorhanden gewesene Fach Orgelspiel. Dafür bezog Bruckner insgesamt 800 Gulden, einen Betrag, der seinem Linzer Einkommen entsprach. Daneben gab er auch Privatstunden, so daß sein wöchentliches Unterrichtspensum 30 bis 40 Stunden umfaßte. Die oben abgebildete Aufstellung, die aus 1877 stammt, enthält auch schon die Vorlesungen an der Universität, an der Bruckner seit 1876 tätig war. Wenn er hier seinen Stoff in leichterer Form vortrug, so tat er dies hingegen im Konservatorium in voller Breite. Für die Harmonielehre benutzte er das Lehrbuch Dürrnbergers (siehe Bild 30), für den weiteren Stoff die „Grundsätze der musikalischen Komposition" seines Lehrers Sechter. Das hat Bruckner schon aus Achtung vor der Autorität Sechters getan, er war in dessen Anschauungsweise erzogen worden, arbeitete selbst in diesem System der Akkordbehandlung weiter und hatte daher keinen Grund, davon abzugehen. Dies gilt natürlich nur für den Unterricht, in dem Bruckner alle Regeln genau befolgt wissen wollte. Felix Mottl, einer seiner ersten Schüler, brachte einmal eine Harmonielehreaufgabe, die voll von „Freiheiten" war. Bruckner belehrte ihn: „Hier in der Schule muß alles nach der Regel sein, da darfst Du nicht eine verbotene Note schreiben — wenn Du aber einmal draußen bist und bringst mir eine so regelrechte Arbeit, dann

131 *Wien I, das alte Gebäude der Gesellschaft der Musikfreunde*

werfe ich Dich hinaus." Damit wird etwas ganz Fundamentales, Allgemeingültiges für die Musiktheorie und ihren Unterricht ausgesprochen. Bruckner wußte genau, daß das manchmal dürre Regelgeflecht Sechters „trocken" war, das bekannte Sechter übrigens auch (vgl. den Brief, Bild 78), aber dennoch verlangten beide die volle Kenntnis aller Gesetze und deren mühelose Beherrschung, bevor der Schüler in die freie künstlerische Arbeit entlassen wurde. Das erforderte, daß man sich mit der „Fundamentaltheorie" auseinandergesetzt hatte.

Diese Anschauung Sechters mit ihrer Trennung von Baßton und dem zum betreffenden Akkord eigentlich gehörenden klanglichen Grundton reicht in ihrer geschichtlichen Entwicklung bis auf Jean Philippe Rameau (1683—1764) zurück. Aus ihr ergeben sich methodisch viele Erkenntnisse, die teilweise natürlich auch rein theoretischer Natur sind, ohne Anwendungsmöglichkeit in der Praxis, die aber, und das sollte man nicht übersehen, für die gedankliche Durchdringung harmonischer Probleme von Nutzen sein können. Bruckner erbringt in seinen Werken den besten Beweis dafür: Er unterrichtete nach Sechter, komponierte aber nach den Vorschriften seines eigenen Genius. Für ihn waren die Regeln Sechters kein Hindernis, sondern nur theoretisch-gedanklicher Hintergrund. Seinem Kontrapunktunterricht legte er das berühmte Lehrbuch von Friedrich Wilhelm Marpurg „Abhandlung von der Fuge" zugrunde, das 1843 von Sechter in vermehrter Ausgabe herausgekommen war. Bruckner kannte und

132 Wilhelm Schenner   133 Franz Krenn

benutzte für diese Sparte seines Unterrichts auch noch das Lehrbuch der Fuge von
Ernst Friedrich Richter (1859). Die neu eingerichtete Orgelklasse hatte am Anfang
überhaupt kein derartiges Instrument zur Verfügung, der Unterricht wurde am Klavier
erteilt. Aber schon im April 1869 mietete die Direktion ein Orgelharmonium, so daß
nun wenigstens zwei Manuale und ein Pedal zur Verfügung standen. Diese mißlichen
Zustände änderten sich ein wenig, als das Konservatorium am 1. Oktober 1869 in das
neue Haus übersiedelte. Der Kaiser hatte der Gesellschaft die Orgel des alten
Opernhauses geschenkt. Sie wurde im kleinen Saal aufgestellt, und so konnte Bruckner
seinen Orgelunterricht in sachgemäßer Form erteilen. Wandte sich hier etwas zum
Besseren, so wurde anderes dagegen schlechter und war nicht dazu angetan, Bruckners
Tätigkeit zu erleichtern. Der Generalsekretär der Gesellschaft, L. A. Zellner, war von
Anfang an und dann in steigendem Maße Bruckners erklärter Feind. Als ursprünglicher
Nachfolger Sechters fühlte er sich wahrscheinlich durch Bruckner benachteiligt. Er war
musiktheoretisch sehr gebildet, vor allem in Akustik, auch ein ausgezeichneter
Harmoniumspieler; seine Abneigung steigerte sich bis zu jenem bekannten gehässigen
Rat an Bruckner: „Ihre Sachen können Sie auf den Mist werfen, verdienen Sie sich
lieber etwas mit Arrangments." Auch hetzte er den Diener gegen Bruckner auf und
hielt während der Harmonielehrestunden in seinem daneben gelegenen akustischen
Kabinett Sirenenversuche ab. So tat es Bruckner wohl, daß er in den Professoren Wilhelm
Schenner (Klavier) und Franz Krenn (Theorie und Kompositon) wenigstens zwei
Menschen fand, die ihm gut gesinnt waren; ab 1874 gesellte sich Robert Fuchs zu
diesem Freundeskreis. Josef Hellmesberger, der Direktor, wußte gleichfalls um
Bruckners künstlerischen Wert, am meisten aber hingen ihm die Schüler an. Aus

134 *Felix Mottl*
135 *Hugo Reinhold*
136 *Wladimir von Pachmann*

diesen ersten Jahren sind zu nennen: Felix Mottl, Eduard Stransky, Wladimir von Pachmann, Josef Latzelsberger, Anton Huber und die späteren Konservatoriumsprofessoren: Leopold Landskron, Wilhelm Rauch, August Sturm, Hugo Reinhold. Sie alle schätzten die eindringliche, lebendige Vortragsweise Bruckners; mit seiner Sprachmischung von Hochdeutsch und oberösterreichischem Dialekt, seinem ungezwungenen Gebaren und seiner Leutseligkeit nahm er alle für sich ein. Bruckner wurde wieder zum Lehrer, nun aber nicht in Volksschulfächern, sondern in seiner eigenen Kunst, die er von dieser Seite her als „Wissenschaft" ansah. Von Bruckners Schülern (auch Privatschülern) müssen noch als besonders bedeutsam genannt werden: Josef Pembaur, die Brüder Franz und Josef Schalk, Ferdinand Löwe, Alfred Zamara, Anton Meißner, Friedrich Eckstein, August Göllerich, Josef Vockner, Cyrill Hynais, Franz Marschner, Friedrich Klose, Max v. Oberleitner, Emil Seling, Hermann Herböck und Ernst Decsey.

137 Wien I, Schweizerhof, Aufgang zur Burgkapelle
138 Burgkapelle, Blick zum Hochaltar

Die andere Stelle von Bruckners Wirksamkeit in Wien war die Orgel in der Hofburgkapelle. An ihr hat er 24 Jahre Dienst geleistet, von 1868 bis 1892. Dieser Kirchenraum,
1447—1449 unter Kaiser Friedrich III. errichtet, ist durch die Gründung der Hofmusikkapelle durch Kaiser Maximilian I. 1498 zu einer der bedeutendsten Musikstätten
Europas geworden. Die besten Meister waren an ihr Kapellmeister oder Organisten
gewesen, das ergab eine ununterbrochene, hervorragende Pflege der Kirchenmusik.
So war es nur natürlich, daß so mancher Künstler anstrebte, in die Dienste der
Hofmusikkapelle aufgenommen zu werden; Bruckner hat dies ebenfalls seit 1862 ver-
sucht. Sein Gönner Johann Herbeck hatte es durchgesetzt, daß ihm gleichzeitig mit der
Lehrtätigkeit am Konservatorium die Stelle eines Hoforganisten, vorläufig unbezahlt,
verliehen wurde. Diese Gratisleistung hat Bruckner zehn Jahre lang erbracht. Im
Schweizerhof, dem noch aus dem 13. Jahrhundert stammenden ältesten Teil der Burg,
ging Bruckner oft die neben der Doppelstiege liegende kleine Treppe zur Burgkapelle
hinauf, wenn er zu einem Hochamt oder nachmittags zum Segen spielen mußte.

Linke Seite: 139 Burgkapelle, Blick zu den Emporen
140 Burgkapelle, Orgelspieltisch

Die — jetzt durch ein anderes Werk ersetzte — Orgel, auf der Bruckner gespielt hat, wurde 1862 von Karl Friedrich Ferdinand Buckow errichtet, demselben Orgelbauer, der 1858 die Orgel der Piaristenkirche (siehe Bild 86) gebaut hatte. Bruckner begegnete hier also einer ihm vertrauten Klangwelt und hatte sozusagen ein neues Werk unter den Fingern. Der Organist saß mit dem Rücken zu den Ausführenden und hatte über dem Spieltischkasten einen Spiegel, durch den er die Geschehnisse beim Altar beobachten konnte. Bruckners Vorgesetzter war Hofkapellmeister Johann Herbeck, seine Kollegen im Organistenamt Rudolf Bibl und Pius Richter. Bruckners Virtuosität und Improvisationsgabe bildeten die Grundlage für die Berufung an den ersten Organistenposten in Österreich. Sie erzeugten aber auch Unannehmlichkeiten. In späteren Jahren verlor sich Bruckner in seine Motive und verzögerte damit das Hochamt. So kam es, daß der Nachfolger Herbecks, Hellmesberger, Bruckner immer weniger zu Hochämtern heranzog und er, der größte Organist seines Jahrhunderts, auf den Volksgesang der nachmittäglichen Segensandachten beschränkt wurde.

Unter den Mitgliedern der Hofmusikkapelle kam und kommt auch noch heute den Sängerknaben besondere Bedeutung zu: 1868 waren es zehn. Sie hatten ihren Platz rechts und links vom Dirigenten, je fünf in einer Reihe. Der Dirigent saß mit dem Gesicht zum Altar, auf unserem Bild ist es Hans Richter. Seine Zeichengebung mußte von allen Musikern richtig aufgefaßt werden, aber zu diesen Zeiten war es eben so üblich. An ihren blauen, silberbestickten Uniformen mit Dreispitz und Degen waren die Knaben als Hofangestellte zu erkennen. Sie wohnten im sogenannten Löwenburgschen Konvikt neben der Piaristenkirche in der Josefstadt und kamen per Wagen oder zu Fuß, je nach der herrschenden Witterung. Ihre Ausbildung war zu allen Zeiten eine sehr sorgfältige, sie beherrschten alle Stilarten der Kirchenmusik und boten damit die Gewähr, daß die Aufführungen einen hohen Grad von Vollkommenheit erreichten. Aus der großen Zahl von Sängerknaben ragt Franz Schubert hervor, der von 1808—1813 zu den ihren zählte. Nach besonders gelungenen Proben oder Aufführungen pflegte Bruckner die Knaben mit Tortenstücken zu belohnen, seine Güte wies ihm auch hier den rechten Weg. Mußte er sich doch seiner eigenen Kindheit erinnern, mehr noch aber war ihm die Anhänglichkeit der Jugend ein Trost für die Unbill, die ihm in Wien von Musikern und der Musikkritik in so herber Weise zugefügt wurde. Bis 1896 hatte die Burgkapelle mehrmals die d-Moll- und die f-Moll-Messe und als „Einlagen" (Graduale und Offertorium) sechs von den Motetten, darunter „Locus iste", Os justi" und „Virga Jesse", aufgeführt. An die e-Moll-Messe wagte man sich noch nicht heran. Bruckner wurde 1875 Vizearchivar und substituierender Singlehrer der Sängerknaben und 1878 „wirkliches" Mitglied. Am 28. Oktober 1892 wurde Bruckner, der in diesem Jahr seine erste schwere Krankheit durchgemacht hatte, über eigenes Ansuchen vom Dienst in der Hofkapelle enthoben; es geschah ohne das geringste Wort des Dankes oder der Anerkennung.

144 *Kaffee Griensteidl auf dem Michaeler Platz*

145 *Kaffee Griensteidl, Innenansicht*

Bruckner war auch in Wien, da er keinen eigenen Haushalt führte, auf Gasthausbesuche angewiesen. Einige der von ihm besuchten Lokale kennen wir: das Restaurant Kühfuß, das sich in nächster Nähe der Gesellschaft der Musikfreunde befand (Bild 131), Gause in der Johannesgasse, die „Goldene Kugel" am Hohen Markt, den Riedhof in der Josefstadt, der vor allem von Ärzten aus dem nahen Allgemeinen Krankenhaus besucht wurde. Ihren medizinischen Gesprächen hörte Bruckner mit Interesse zu. Bedeutsam wurde der „Rote Igel" am Wildbretmarkt. Hier kam der Meister mehrmals mit Brahms, seinem Gegner, zusammen. Eine dieser Begegnungen hält eine Kalendernotiz am 25. Oktober 1889 fest: „mit Brahms beim Igel im Freien". Zu einer Annäherung zwischen beiden kam es dabei nie, dazu waren die Persönlichkeiten zu verschieden. Die Erinnerungen an Bruckner sprechen auch in diesen Jahrzehnten von sehr gutem Appetit, der Freude am Bier und an Unterhaltung, von manchmal ungewöhnlichen Tischsitten und seinen gelegentlich eigenartigen Interessen. Von den Wiener Kaffeehäusern muß wenigstens das Café Griensteidl genannt werden, ein berühmter Sammelplatz von Literaten, Künstlern, Schöngeistern, das bis 1897 bestand.

143 Wien I,
Restaurant „Rother Igel"

146, 147 Österr.-ungar. Nordpolexpedition, Verlassen der „Tegetthoff"

Der 20. Mai, der große Tag, war endlich da, — derselbe Tag, an welchem einst Kane sein Schiff verlassen hatte.* Mit Freude begrüßten wir ihn; denn er führte uns zur That. Doch es war ein ergreifender Anblick, als die Flaggen an die Masten des „Tegetthoff" genagelt wurden und der Rückzug begann, tausend Meilen entfernt von den ersten Niederlassungen der Menschen.

*Mit drei Booten, deren zwei größere 26' lang und 7' breit waren. Seine Mannschaft trug Eskimokleider und unbegreiflicherweise auch Gesichtsmasken aus Guttapercha. Reisen dieser Art sind wiederholt gemacht worden; doch nur wenige sind zur allgemeinen Kenntniß gelangt. Parry's Nordreise 1827, Kane's Rückzug 1855 und unsere Rückreise bieten viel Gleichartiges; die größten Schwierigkeiten aber waren auf Seite der letztgenannten Unternehmung, weil sie weder über die Subsistenzmittel einer Küste, noch über die eines nahen Schiffes verfügte.

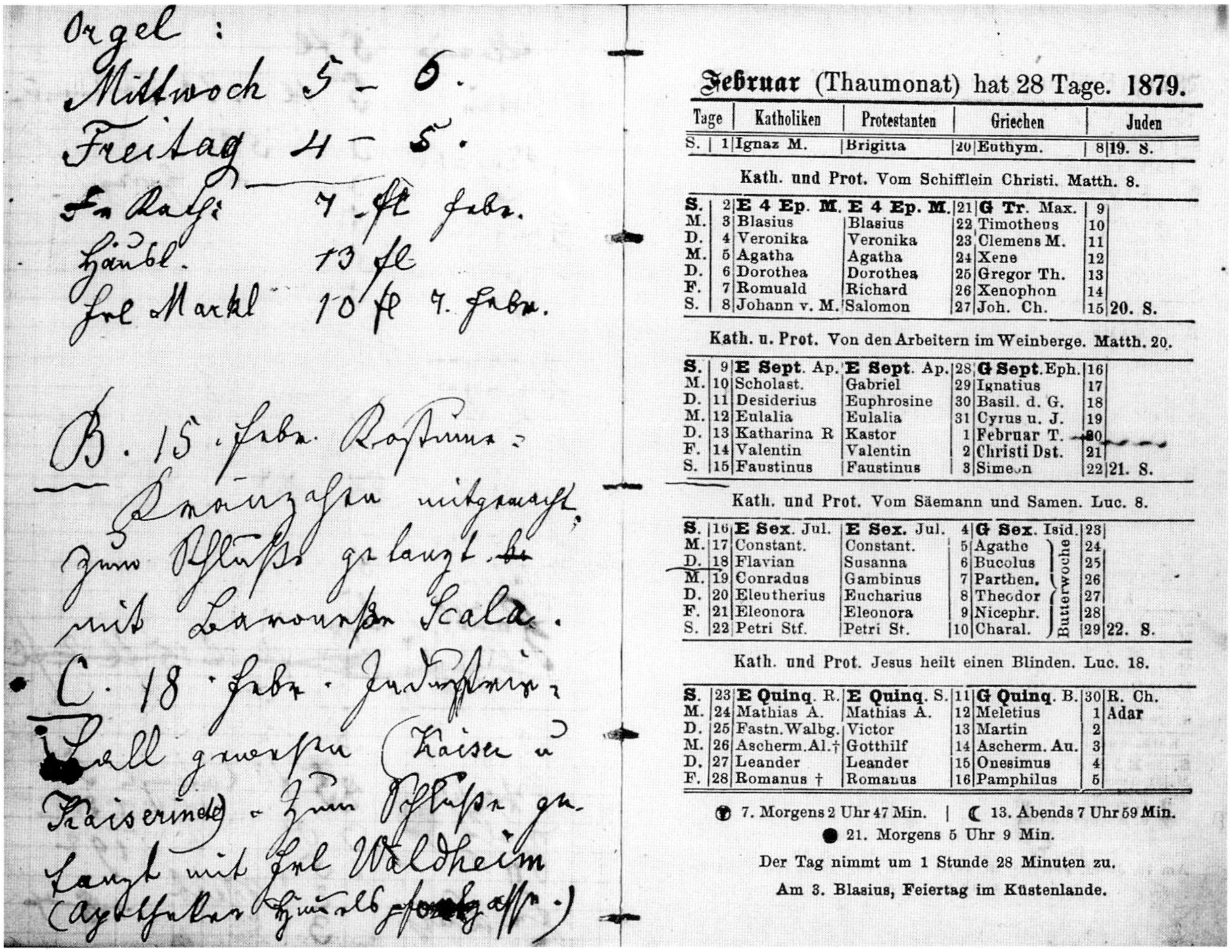

Orgel:
Mittwoch 5 – 6.
Freitag 4 – 5.

[handwritten notes, partly illegible]
... 7 fl. Febr.
Häubl. 13 fl
Frl Markl 10 fl 7. Febr.

B. 15. Febr. ...
... mitgetanzt;
Zum Schluss getanzt ...
mit ... Scala.

C. 18. Febr. ...
... Ball gewesen (Kaiser u
Kaiserin) – Zum Schluss ge-
tanzt mit Frl Waldheim
(...)

Februar (Thaumonat) hat 28 Tage. 1879.

Tage	Katholiken	Protestanten	Griechen	Juden
S. 1	Ignaz M.	Brigitta	20 Euthym.	8 | 19. 8.

Kath. und Prot. Vom Schifflein Christi. Matth. 8.

Tage	Katholiken	Protestanten	Griechen	Juden
S. 2	E 4 Ep. M.	E 4 Ep. M.	21 G Tr. Max.	9
M. 3	Blasius	Blasius	22 Timotheus	10
D. 4	Veronika	Veronika	23 Clemens M.	11
M. 5	Agatha	Agatha	24 Xene	12
D. 6	Dorothea	Dorothea	25 Gregor Th.	13
F. 7	Romuald	Richard	26 Xenophon	14
S. 8	Johann v. M.	Salomon	27 Joh. Ch.	15 | 20. 8.

Kath. u. Prot. Von den Arbeitern im Weinberge. Matth. 20.

Tage	Katholiken	Protestanten	Griechen	Juden
S. 9	E Sept. Ap.	E Sept. Ap.	28 G Sept. Eph.	16
M. 10	Scholast.	Gabriel	29 Ignatius	17
D. 11	Desiderius	Euphrosine	30 Basil. d. G.	18
M. 12	Eulalia	Eulalia	31 Cyrus u. J.	19
D. 13	Katharina R	Kastor	1 Februar T.	20
F. 14	Valentin	Valentin	2 Christi Dst.	21
S. 15	Faustinus	Faustinus	3 Simeon	22 | 21. 8.

Kath. und Prot. Vom Säemann und Samen. Luc. 8.

Tage	Katholiken	Protestanten	Griechen	Juden
S. 16	E Sex. Jul.	E Sex. Jul.	4 G Sex. Isid.	23
M. 17	Constant.	Constant.	5 Agathe	24
D. 18	Flavian	Susanna	6 Bucolus	25
M. 19	Conradus	Gambinus	7 Parthen.	26
D. 20	Eleutherius	Eucharius	8 Theodor	27
F. 21	Eleonora	Eleonora	9 Nicephr.	28
S. 22	Petri Stf.	Petri St.	10 Charal.	29 | 22. 8.

(Butterwoche)

Kath. und Prot. Jesus heilt einen Blinden. Luc. 18.

Tage	Katholiken	Protestanten	Griechen	Juden
S. 23	E Quinq. R.	E Quinq. S.	11 G Quinq. B.	30 R. Ch.
M. 24	Mathias A.	Mathias A.	12 Meletius	1 Adar
D. 25	Fastn. Walbg.	Victor	13 Martin	2
M. 26	Ascherm. Al.†	Gotthilf	14 Ascherm. Au.	3
D. 27	Leander	Leander	15 Onesimus	4
F. 28	Romanus †	Romanus	16 Pamphilus	5

☿ 7. Morgens 2 Uhr 47 Min. | ☽ 13. Abends 7 Uhr 59 Min.
● 21. Morgens 5 Uhr 9 Min.
Der Tag nimmt um 1 Stunde 28 Minuten zu.
Am 3. Blasius, Feiertag im Küstenlande.

148 A. Bruckner, Ballnotizen

So umfassend Bruckners Wissen auf dem Gebiet der Musiktheorie war, so wenige Anzeichen sind auf anderen geistigen Gebieten zu bemerken. Bruckners Denken bewegte sich immer nur um die Musik, immer um seine Symphonien, immer um harmonische oder kontrapunktische Probleme. Hierin bietet er den Anblick einer vollkommen einseitig gerichteten Persönlichkeit, die durch nichts aus ihrer Ruhe zu bringen ist. Einzig das Schicksal des unglücklichen Kaisers Max von Mexiko berührte ihn, so daß er ein Buch darüber besaß. Ein zweites, in Heften, über die österreichische Nordpolexpedition Payer und Weyprecht, ein Bändchen mit Biographien von Haydn, Mozart und Beethoven sowie eine Broschüre über Lourdes. Als die Nordpolforscher am 16. September 1874 in Wien ankamen, stand auch Bruckner unter den Tausenden von Menschen, die sich am Nordbahnhof zur Begrüßung eingefunden hatten. In einem seiner Kalender notierte er: „8.000 Meilen von den ersten Menschen. Tegetthoff." Das bezieht sich auf die abgebildeten Seiten aus dem Buch, in denen der Beginn der Rückkehr nach dem Verlassen des „Tegetthoff" geschildert wird. Bruckner imponierte der Heldenmut der Besatzung, die nun diesen weiten Weg zu Fuß und auf Schlitten zurücklegen mußte. Er wußte aus dem Bereich der Kunst, was es heißt, mühevoll, fast aussichtslos, lange Strecken zurückzulegen. Er mag im Geiste diese Anstrengungen mitempfunden haben, ebenso die Enttäuschung, die Max von Mexiko bei seiner Hinrichtung erfüllt haben wird. Ethische Größe da und dort, sie war es, die Bruckners Anteilnahme erweckte. In eine andere, unbeschwerte Welt führen uns seine Notizen, wenn er anmerkt, mit wem er getanzt hat. Wir erfahren von einem Kostümkränzchen, von Künstlerabenden, vom Industriellenball, von einem Vergnügungsabend des Akademischen Gesangsvereines. Hier notiert er gewissenhaft: „Getanzt mit Frl. Keller dreimal, Frl. Wagner, Frl. Eisner, mit beiden Frl. Prausek — Schluß Frl. David Schnellpolka." Er interessiert sich auch für Verwandtschaftsverhältnisse, wenn es beispielsweise bei einem Fräulein Rothler heißt: „Reichsrathsabgeordneter Vormund Ankergebäude."

Orgeltriumphe

Nancy, Paris, London, 1869, 1871

An der großen Orgel von St. Florian ist Bruckner zum Künstler herangereift, sie hat ihn vom Joch des Schulunterrichts befreit und weitergegeben an die Domorgel von Linz. Diese hat ihn zum Seelenzauberer werden lassen durch seine Improvisationen; gleichzeitig eröffnete sich Bruckners schöpferische Kraft. Wien nun schickt ihn von der kleinen Orgel der Burgkapelle in die Welt, zu den großen Orgeln in Nancy, in Paris, in London. Bruckner rechtfertigt das in ihm gesetzte Vertrauen; ruhmbedeckt kehrt er heim in sein leidvolles Wiener Komponistendasein.

149 Prospekt der Orgel
von St. Epvre in Nancy, Stich

150 *Paris, Notre-Dame, Große Orgel*

In Nancy, der Hauptstadt des ehemaligen Herzogstums Lothringen, hatte man anstelle einer alten kleinen Kirche St. Epvre 1864—1875 eine große Kathedrale in gotischem Stil errichtet. 1869 schon wurde in ihr die große von Merklin & Schütze (Paris) erbaute Orgel fertig, zu deren Prüfung und Einweihung die berühmtesten Organisten Frankreichs eingeladen wurden. St. Epvre ist die Grabeskirche der lothringischen Herzöge, und da Kaiser Franz Joseph I. ein Nachkomme Franz Stephans von Lothringen, des Gemahls der Kaiserin Maria Theresia, war, sollte auch der Organist der Wiener Hofkapelle daran teilnehmen. Die Kollaudierung und Einweihung war am 27. April 1869, an den beiden darauffolgenden Tagen fanden konzertante Vorführungen statt. Bruckner erntete großen Beifall, vor allem mit seiner Improvisation über das „Gott erhalte", in der man besonders den Reichtum an harmonischen Veränderungen und die Kraft der motivischen Durchführung lobte. Bruckner wurde eingeladen, die Firma Merklin & Schütze in Paris zu besuchen, damit er dort und auf der großen Orgel von Notre-Dame spiele. So fuhr der Meister am 1. Mai nach Paris. Er spielte zuerst in der Orgelbauanstalt, wobei er über Themen aus seiner 1. Symphonie

154

151 Paris, Kathedrale von Notre-Dame

improvisierte. Noch größeren Beifall erhielt sein Spiel auf der großen fünfmanualigen Orgel von Notre-Dame. Aus Bruckners eigenen Worten erfahren wir: „Dort waren alle berühmten Künstler und Spitzen der Kritik anwesend. Ich bat um ein Thema. Der erste Organist von Paris getraute sich nicht, eines aufzugeben, aber der Organist von St. Trinitade, A. Chauvet, hat es dann getan (Bild 152, 153). Ich bearbeitete dessen drei Glieder zuerst in einem Präludium, dann in einer Fuge und zuletzt symphonisch ... Ich machte am Schluß einen unterbrochenen Orgelpunkt, was denen in Paris ganz neu war und sie in Erstaunen versetzte. Zuletzt waren sie ganz aus dem Häusl (ganz außer sich), und ich war auch ungeheuer aufgeregt." Unter den Anwesenden befanden sich Saint-Saëns, Cesar Franck, Ambroise Thomas, Auber und Charles Gounod. Bruckner wurde in außerordentlichem Maße gefeiert. Es konnte nicht ausbleiben, daß er vom Erbauer dieser Orgel, Aristide Cavaillé-Coll, zum Besuch seiner Firma eingeladen wurde, ebenso war er bei Auber und bei Gounod zu Gast. Da das Spiel Bruckners vor geladenen Gästen stattfand, nahmen die Pariser Tageszeitungen keine Notiz davon, wohl aber österreichische und deutsche Blätter.

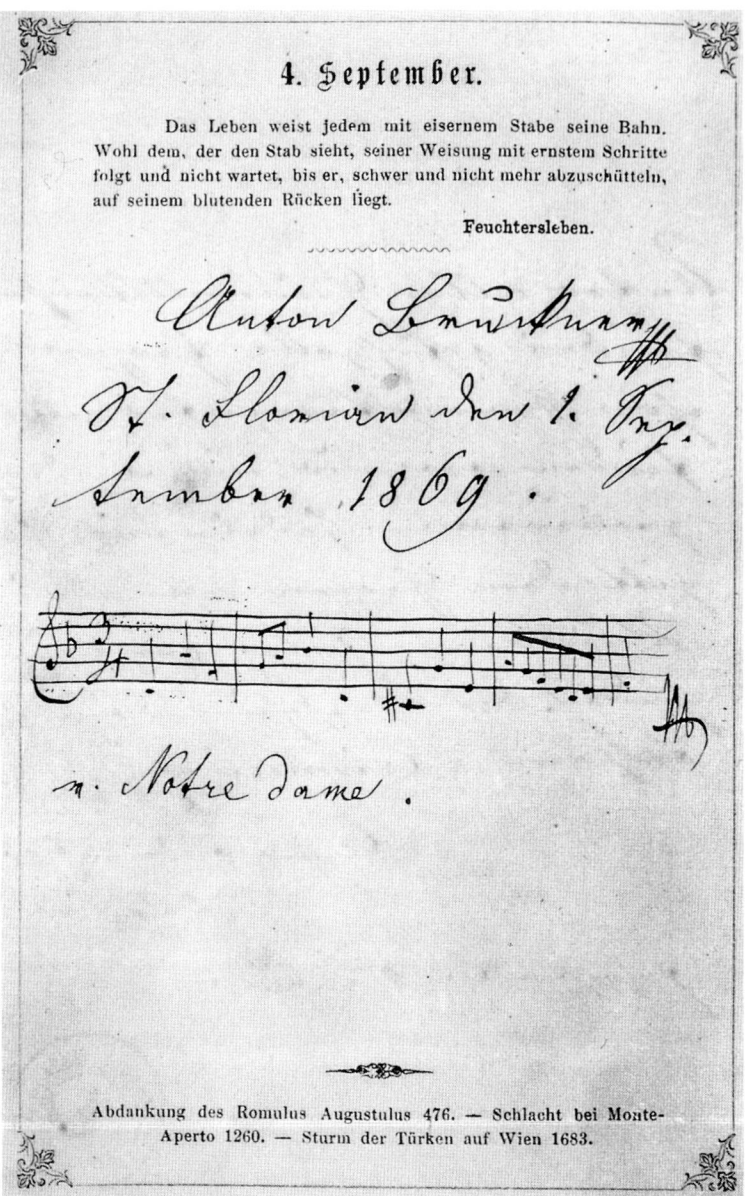

152 *A. Bruckner, Improvisationsthema von Notre-Dame*

153 *Visitenkarte des Organisten A. Chauvet*

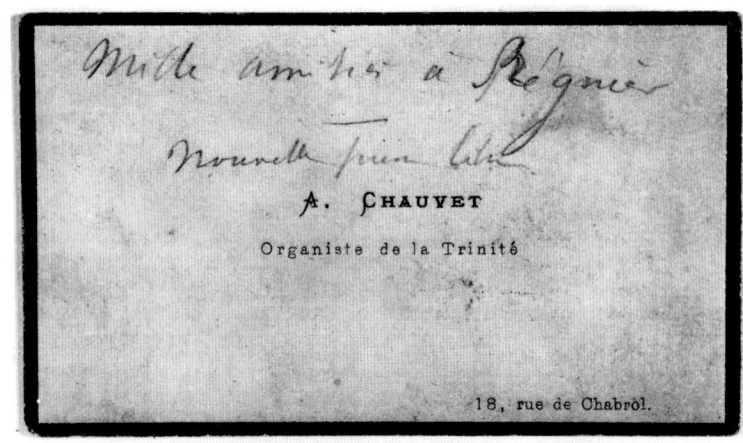

154 A. Bruckner, Nullte Symphonie, 1. Satz, Autograph

Nach außen hin wirkte Bruckner 1869 als Orgelvirtuose, die schaffenden Kräfte ließen den Komponisten aber nicht ruhen und „riefen" ihn zur Symphonie. Bruckner nahm seine zweite Symphonie in d-Moll vor und begann sie umzuarbeiten. Das geschah von Ende Jänner bis Mitte März. Unterbrochen durch den Aufenthalt in Frankreich, wurde die Arbeit von Juni bis September zu Ende geführt und dann die Partitur Hofkapellmeister Dessoff vorgespielt. Der aber fragte gleich am Anfang: „Ja, wo ist denn da das Hauptthema?" Daraufhin legte Bruckner die Partitur beiseite und bezeichnete sie später mit einer Null. Davon stammt ihr Name „Die Nullte". Wie sehr Dessoff mit seiner Frage recht hatte, bewies Bruckner selbst mit seiner III. Symphonie. Sie beginnt in gleicher Weise, enthält aber jenes stolze Trompetenthema, das Wagner so sehr gefiel (Bild 167). Unmittelbar danach, 29. und 31. Oktober, skizzierte der Meister den Anfang einer Symphonie in B-Dur. Es drängte ihn zum symphonischen Werk.

155 *London, The Royal Albert Hall, Innenansicht*

Bevor sich Bruckners Genie als Meister der Symphonie weiterentwickeln konnte, mußte der Meister noch einmal reisen. Sein Orgelspiel sollte im Ausland das Ansehen Österreichs würdig vertreten. Das geschah in den Augusttagen 1871 in London. Zum Gedenken an den Prince Consort Albert, dem Gemahl Königin Victorias, gestorben 1861, hatte man beschlossen, ein monumentales Gebäude zu errichten: die Albert Hall. Sie sollte verschiedenen Zwecken dienen können, auch der Abhaltung von Konzerten. Daher wurde in ihr von dem Londoner Orgelbauer Henry Willis eine große viermanualige Orgel mit über 10.000 Pfeifen erbaut. Die Größe ist der Ausdehnung des eiförmigen Innenraumes angemessen: er ist 83 Meter lang, 72 Meter breit und hat Sitzplätze für über 5.000 Zuhörer. Die Kommission der für 1872 in London beabsichtigten Weltausstellung lud Anfang 1871 die bedeutendsten Organisten der Welt ein, die Orgel zu prüfen und auf ihr Konzerte zu geben. Eine solche Einladung erreichte auch Bruckner, der nach einem Probespiel in der Piaristenkirche ausersehen wurde, nach London zu fahren. Er kam am 29. Juli an, wohnte im Hotel Seyd am Finsbury-Square Nr. 39 und begab sich noch am Abend desselben Tages zur Orgel. Die Dampfmaschinen, die die mächtigen Blasbälge in Bewegung setzten, waren schon am Aufhören. Über Bruckners Bitten durfte er noch so lange spielen, als der Dampf reichen würde. Sein Spiel machte den Direktor aufmerksam, er ließ nachheizen, und so konnte Bruckner weiter die Orgel ausprobieren. Bald war er von einem Kreis staunender

156 London, The Royal Albert Hall, Holzschnitt

Zuhörer umringt. Das war sein erster Erfolg, dem sich weitere in steigendem Maße hinzugesellen sollten. Es war ausbedungen, daß er täglich zweimal je eine Stunde spielen würde. Das wurde geändert, er spielte nur einmal, entweder um 12 Uhr oder um 3 Uhr nachmittags. Bruckner wechselte darin mit dem Organisten der Albert Hall, Mr. W. T. Best, ab. Die erste Orgelvorführung Bruckners am 2. August umfaßte folgendes Programm: 1. Bach, F-Dur-Toccata, 2. eine Improvisation darüber, 3. Händel, Fuge in d-Moll, 4. Improvisationen Bruckners, 5. Bach, Präludium und Fuge in E-Dur, 6. Improvisation über englische Melodien. Eine diesem Programm angeführte Bemerkung sagt: „Herrn Bruckners besondere Stärke liegt in klassischen formvollendeten Improvisationen über Werke von Händel, Bach und Mendelssohn." Die damals herrschende antikontinentale Einstellung der englischen Öffentlichkeit ließ man auch den ausländischen Organisten spüren, sie bekamen durchwegs absprechende Kritiken und wurden als „bescheidene Mittelmäßigkeit" abgetan, so G. W. Haintze aus Stockholm und Lohr aus Budapest. Bei Bruckner war man doch genötigt, seine virtuose Pedaltechnik, seine Gewandtheit im Phantasieren und seine „kanonartigen Kontrapunkte" herauszuheben. Bruckners Improvisationen über das „Gott erhalte", über die F-Dur-Toccata von Bach und Händel lehnte man jedoch mit der Begründung ab, es könne den Schöpfungen großer Komponisten nichts hinzugefügt werden. Die Öffentlichkeit war mit der durch die Ausstellungsleitung erfolgten Wahl nicht-englischer

157 London, Kristallpalast

Organisten unzufrieden. Dessen ungeachtet muß Bruckners Spiel aber außerordent-lichen Erfolg gehabt haben. Von einem in diesen Tagen stattgefundenen Konkurrenz-spiel berichtete er selbst: Es war eine Reihe von Teilnehmern, er der achte oder neunte, jeder mit einem versiegelten Kuvert, in dem sich das Thema befand, worüber er zu improvisieren hatte. Als er bei der Orgel saß, sein Kuvert öffnete und mit seinem Thema begann (drei Quintschritte, F—C aufwärts im Baß) meinte jemand, er probiere nur, das sei aber nicht erlaubt. Darauf er: das sei ja sein Thema. Da begann er noch einmal, zuerst am oberen Manual, ganz leise, dann immer mehr anschwellend, bis er im Pleno schloß. „Da haben sie sich gewundert, was alles in ihrer Orgel drinnen war." Von allen Seiten wurde ihm gratuliert, die nach ihm Kommenden haben überhaupt nicht mehr gespielt. Daraus geht wiederum hervor, daß Bruckners Stärke, wie schon das Londoner Programm bemerkte, in der freien Improvisation lag; er war kein Orgelvirtuose mit einstudierten Stücken, sondern ein schöpferisches Ingenium, das seiner eigenen Phantasie vertraute. Josef Pembauer, damals Schüler Bruckners am Konservatorium, erinnert sich der Worte: „Ich werde nicht lange Bach einwerkeln, das sollen die tun, die keine Phantasie haben; ich spiele in London über ein freies Thema." Mit seinen Improvisationen erspielte Bruckner sich auch jene Achtung und jene Erfolge, die ihn zu den Konzerten im Kristall-Palast führten. Dieses ganz aus Eisen und Glas 1853—1854 errichtete Bauwerk mit einer Länge von 490 Metern besaß in seinem 117 Meter langen, 30 Meter breiten und 53 Meter hohen mittleren Querschiff einen Konzertraum, der auch eine Orgel mit über 4.500 Pfeifen besaß. Hier nun begann Bruckner nach einer Woche Ruhe, die er zur Besichtigung Londons benutzte, am 19. August seine Konzerte.

158 London, Kristallpalast, Querflügel mit Konzertpodium und Orgel

In der Albert Hall hatte er, soweit nachweisbar, achtmal gespielt, im Kristall-Palast schlossen sich noch sechs Vorführungen an, die Bruckner wiederum steigende Erfolge bescherten. Der ständige Organist war James Coward, der dem Meister einen Band von ihm komponierter Glees und Madrigale mit handschriftlicher Widmung verehrte. Die Wirkung auf die nach Tausenden zählenden Zuhörer war wieder eine überwältigende. In einem Konzert, das zur Feier der Einigung Deutschlands am 21. August 1871 stattfand und das die Oberon-Ouvertüre von C. M. v. Weber, verschiedene Solo-Gesänge, darunter auch das „Ständchen" von Schubert, enthielt, knüpfte Bruckner in seiner darauffolgenden Improvisation an dieses Lied an. Die begeisterte Menge bejubelte ihn so lange, bis er sich ein zweites Mal an die Orgel setzte und, darum gebeten, über das Lied „Die Wacht am Rhein" phantasierte. Bruckner erzählte davon: „Wie ich fertig gewesen bin, waren sie ganz närrisch, haben mich auf die Schultern gehoben und lange im Saal herumgetragen." Das war natürlich nicht nur musikalische, sondern zum großen Teil auch politische Begeisterung. Der Vorfall zeigt nur, welchem „Öffentlichkeitsrummel" der Meister in London ausgesetzt war. Bruckner, der es gewohnt war, im stillen zu wirken, von einem kleinen Kreis ihn verstehender Menschen umgeben zu sein, konnte das alles nicht für sich ausnutzen, dazu war er viel zu weltfremd und ungewandt. Im Kristall-Palast spielte er, dem umstehenden Programm zufolge, das gleiche Repertoire wie in der Royal Albert Hall; die Sonate von Mendelssohn ist sicher die Nr. 1 aus op. 65 gewesen. Das kann man den Noten entnehmen, die Bruckner benutzt hat (Bild 160). Die Abkürzung unten in der Mitte, „Kryst.", beweist, daß die angegebenen Registrierungen für die Orgel im Kristall-Palast bestimmt waren. Es ist bekannt, daß er seinen Improvisationen auch das „God save the king" und natürlich das „Gott erhalte" zugrunde legte.

PROGRAMME.

At Three o'clock,

PERFORMANCE ON THE FESTIVAL ORGAN
BY HERR ANTON BRUCKNER,
(Court Organist of Vienna).

1. SONATA................................. *Mendelssohn.*
2. IMPROVISATION .... *Bruckner.*
3. FUGUE, E major .... *Bach.*
4. IMPROVISATION, "Hallelujah" .... *Handel.*
5. IMPROVISATION .... *Bruckner.*

Four o'clock.

BALLAD CONCERT.

PART I.

QUARTETT . . . . *Balfe.*

MISS EDITH WYNNE, MADAME PATEY, MR. W. H. CUMMINGS,
AND MR. SANTLEY.

Azino.   Lo ! the early beam of morning
        Softly chides our longer stay ;
        Hark ! the matin bells are chiming ;
        Daughter, we must hence away.

Clara.   Father, I at once attend thee ;
        Farewell, friends ! for you I'll pray.
        Hark ! the matin bells are chiming ;
        Father, we must hence away.

Marcelia   Lady, may each blessing wait thee !
and   We for thee will ever pray.
Michel.   Hark ! the matin bells are chiming ;
        From all danger haste away.

BALLAD. . . . . *Attwood.*

(Words from Campbell.)

MR. W. H. CUMMINGS.

Our bugles sang truce, for the night-cloud had lower'd,
    And the sentinel stars set their watch in the sky,
And thousands had sunk on the ground, overpower'd,
    The weary to sleep, and the wounded to die.

When reposing that night on my pallet of straw,
    By the wolf-scaring faggot that guarded the slain,
At the dead of the night a sweet vision I saw,
    And thrice ere the morning I dreamt it again.

Linke Seite: 159 Kristallpalast, Programm
160 A. Bruckner, Registrieranmerkungen

Der Aufenthalt in England und die dort errungenen Erfolge ließen in Bruckner die Hoffnung keimen, auch als Komponist gehört zu werden. Ein Briefwechsel zwischen dem Generalsekretär der Annual International Exibition und Bruckner veranlaßte ihn, seine d-Moll-Messe nach London zu senden. Von einer Aufführung in England ist aber nichts bekanntgeworden. Bruckner befand sich wieder in Wien, sah sich der ihn arg bedrängenden Disziplinaruntersuchung gegenüber, die man von der Lehrerinnenbildungsanstalt St. Anna (vgl. S. 137) angestrengt hatte, und mußte hinnehmen, daß man diesen Vorfall in Witts „Fliegenden Blättern für katholische Kirchenmusik" breittrat und gleichzeitig mit Beziehung auf die Londoner Erfolge von einer „Bruckner-Reklame, vulgo Schwindel" sprach. Es ist geradezu schicksalhaft bezeichnend, daß Bruckner, nachdem er als Orgelimprovisator in Frankreich und England die verdiente Anerkennung gefunden hatte, nun, wo er sich anschickte, mit seiner II. Symphonie die Laufbahn als Symphoniker fortzusetzen, sich zum ersten Mal derartigen Verdächtigungen, menschlicher wie künstlerischer Art, gegenübersah. Der Aufstieg auf den Parnaß beginnt, Bruckner bekommt die Abscheulichkeit der Umwelt zu spüren.

Vom Meister zum Genie

Wien, 1872—1891

Bruckners Berufung nach Wien, sie galt zuerst dem Lehrer, der Unterweisung in Harmonielehre und Kontrapunkt, sie galt weiter dem Virtuosen an der Orgel. Sie galt aber auch dem Meister der Symphonie, Bruckners schöpferischem Genius. Das aber konnte Wien noch nicht wissen. Unter den ganz wenigen, die es ahnen mochten, befand sich Herbeck. Ließ man die beiden ersteren Eigenschaften Bruckners fast unbestritten, die dritte sollte in Wien einem Leidensweg entgegengehen, der aus den herrschenden Zeitverhältnissen verständlich ist, in seinen Einzelheiten aber doch Abgründe von Mißgunst erblicken läßt, über die man bei aller historischer Objektivität nicht leicht hinwegkommt. Bruckner — das wissen wir — hat viel darunter gelitten, er ist daran aber auch stark geworden und geblieben und hat die Anerkennung nach 1884 um so ehrender empfunden. Sein Wachstum, seine Schaffenskraft, die konnte niemand aufhalten. Die zwei Jahrzehnte von 1872 bis 1891 beinhalten zwei große Kompositionsperioden, in denen Bruckners Musikstil voll ausreift.

161 Wien I, Augustinerkirche, Musikchor

162 *Wien I, Augustinerkirche*

Drei Orte sind für den Beginn Bruckners in Wien bedeutsam. Das Konservatorium für den Theorie- und Orgellehrer, die Burgkapelle für den Organisten und die Augustinerkirche für den Komponisten. Wieder ist er vom Anfang an im kirchlichen Raum. Wie in Windhaag mit der C-Dur-Messe, in St. Florian mit dem Requiem der Komponist in Bruckner sich meldet, so jetzt in Wien mit der f-Moll-Messe, die Bruckner selbst am 16. Juni 1872 dirigierte; es war die Uraufführung. Bruckner bezahlte 300 Gulden aus eigener Tasche für das Hofopernorchester. Vor fünf Jahren schon, 1867, hatte Herbeck die d-Moll-Messe in der Hofburgkapelle aufgeführt. Während über diese Aufführung keine Berichte nachzuweisen sind, widmete man der f-Moll-Messe in der „Neuen freien Presse", dem Organ Hanslicks, lobende Worte. Sie sprechen von „kunstvoller Kontrapunktik und Fugenarbeit", von „einzelnen ergreifenden eigentümlichen Schönheiten" und gipfeln in der Feststellung: „Sie verrät als ihr Vorbild die Beethovensche ‚Missa solemnis', nebenbei auch starke Einflüsse von Richard Wagner." Damals stand Bruckner noch in Hanslicks Gunst. Diese Anerkennung wirkte sich auf Bruckners Schaffensfreude sehr günstig aus, er vollendete am 11. September 1872 seine II. Symphonie. Der Meister hatte sie schon im Herbst 1871 begonnen, aber die ihm zugefügten Verleumdungen in seiner Lehrerstelle bei

163 *Rudolf Bernt, Karlsbad, Tuschzeichnung*

St. Anna mochten ihm alle Lust zum Komponieren geraubt haben (S. 137). Erst vom Juli 1872 an wird die Arbeit an der Partitur ohne Unterbrechung gefördert und abgeschlossen. Anschließend wurden die Stimmen ausgeschrieben und die Symphonie bei den Philharmonikern eingereicht. Otto Dessoff leitete die Probe, Bruckner war dabei und gab die Tempi an. Hatte man zuerst erklärt, die Symphonie sei nicht aufführbar, „so riß jetzt das ganze Orchester Augen und Ohren auf. Jeder Satz wurde lebhaft applaudiert". So Bruckners eigene Worte. Sie war aber zu lang, daher lehnte man sie ab, obwohl die meisten Orchestermitglieder dafür waren. Herbeck, der unermüdliche Förderer Bruckners, ermöglichte aber doch ein Jahr später ihr Erklingen unter Bruckners eigener Leitung am Ende der Wiener Weltausstellung von 1873. Das Konzert fand am 26. Oktober im Großen Musikvereinssaal statt. Bruckner spielte vorher eine Toccata von J. S. Bach und eine freie Improvisation. Die II. Symphonie fand Beifall, aber auch Widerspruch, der besonders den großangelegten und daher als zu lang empfundenen Ecksätzen galt. Mit dieser Symphonie begannen die Einmischungen anderer Hände in Bruckners Werk. Herbeck riet zu Kürzungen, obwohl er von der Symphonie begeistert war. Alle diese Ratschläge, auch die späteren, waren gut gemeint und kamen aus lautersten Absichten, aber sie haben Bruckner viel Zeit gekostet und den Werken nicht immer genutzt.

164 Marienbad, kol. Lithographie, um 1870

Das Jahr 1873 brachte Wien den Börsenkrach vom 9. Mai, die Weltausstellung und die Cholera. Im Lebens- und Schaffensprozeß Bruckners bescherte es die III. Symphonie. Angeeifert durch den Erfolg der f-Moll-Messe in der Augustinerkirche und „durch eindringliche Mahnungen, das Komponieren fortzusetzen, namentlich durch Liszt", stellte Bruckner an Unterrichtsminister Dr. Karl Stremayr am 27. Jänner die Bitte um eine „bleibende, im Budget gesicherte ... Subvention". Er wies auf seine materiell nicht sehr günstige Lage hin und hob hervor, daß die 30 bis 40 Unterrichtsstunden pro Woche ihm viel Zeit und Kraft rauben, so daß dadurch die „schöpferische Tätigkeit bedeutend gelähmt wird". Bruckner spürte das Erstarken seines Genies; merkte aber auch, wie er an dessen Entfaltung gehindert wurde. Er wiederholte sein Ansuchen am 9. November, nun an den Reichsrat. Erfolg hatte er keinen, aber die Notwendigkeit, zu schaffen, die blieb und bescherte ihm das stolze Trompetenthema und die ganze III. Symphonie. Es muß als ein Beweis für Bruckners ungebrochene, ihn vorwärts-

165 A. Bruckner, Photographie, 1873

treibende Kraft gelten, daß er trotz dieser Widerstände und Hemmungen in den Jahren von 1872 bis 1875 je eine Symphonie schrieb, Zeugen einer sich in ihm vollziehenden Entwicklung. Sie nehmen an Ausdehnung zu, werden immer kühner in ihren Gedanken und fordern damit vom Hörer ein Maß an Aufmerksamkeit, das die damalige Zeit nicht aufbrachte und auch nicht aufbringen konnte, weil es ihr an der Fähigkeit mangelte, so große Formbögen vom Anfang bis zum Ende als Ganzes zu erfassen. So wird es begreiflich, daß Bruckner reiche, manchmal auch noch ungezügelte Phantasie abgelehnt und ihre Ausbreitung in diesen Symphonien als formlose Länge empfunden wurde. Er befand sich in einem Schaffensrausch, der ihn zwang, seine Gedanken ohne allzu viele reflektierende Überlegungen zu Papier zu bringen. Daher gewähren die ersten Fassungen der II. bis IV. Symphonie wertvollste Einblicke in Bruckners kompositorische Entwicklung. Die V. Symphonie ist dann jenes Werk, das keine tiefgreifende Umarbeitung, keine 2. Fassung, erfahren hat, sondern

166 A. Bruckner, III. Symphonie, Schlußseite, Autograph

von allem Anfang an sicher dasteht. Dies ist auch bei der VI. und VII. Symphonie der Fall. Bruckner begann die III. Symphonie Anfang 1873. Es wird berichtet, daß ihm das Motiv des Andante (im Adagio) bereits am 15. Oktober 1872 und das „Misterioso" am folgenden Tag eingefallen sei. Das kann stimmen, muß aber noch nicht bedeuten, daß Bruckner in diesen Herbsttagen schon an der Dritten arbeitete. Die Einfälle kamen, wurden aufgehoben und im März 1873, als das Adagio komponiert wurde, verwendet. Auf der letzten Seite der Partitur steht nach dem Schlußstrich das Datum der Beendigung: „Vollständig fertig 31. Dez. 1873 nachts". Sie zeigt aber außerdem, daß Bruckner die Skizze in Marienbad abschloß und daß er 1877 mit seiner Umarbeitung fertig wu.de. Dabei blieb es aber nicht. Nach ihrer Entstehung hat Bruckner die III. Symphonie 1874 „verbessert", 1876/77 die 2. Fassung hergestellt, von der 1878 der 1. Druck erschien. Ein Jahrzehnt später arbeitete er sie neuerdings um (1878/79) und veranlaßte damit den 2. Druck von 1890. Daher gibt es von diesem Werk fünf verschiedene Partituren, von denen die beiden gedruckten außerdem noch Änderungen von fremden Händen enthalten. Für Bruckner ist diese Symphonie nicht nur seine „Wagner-Symphonie", sondern auch eine Art „Schicksals-Symphonie", soviel hatte er mit ihr mitzumachen. Ende August 1873 war er über Karlsbad nach Marienbad

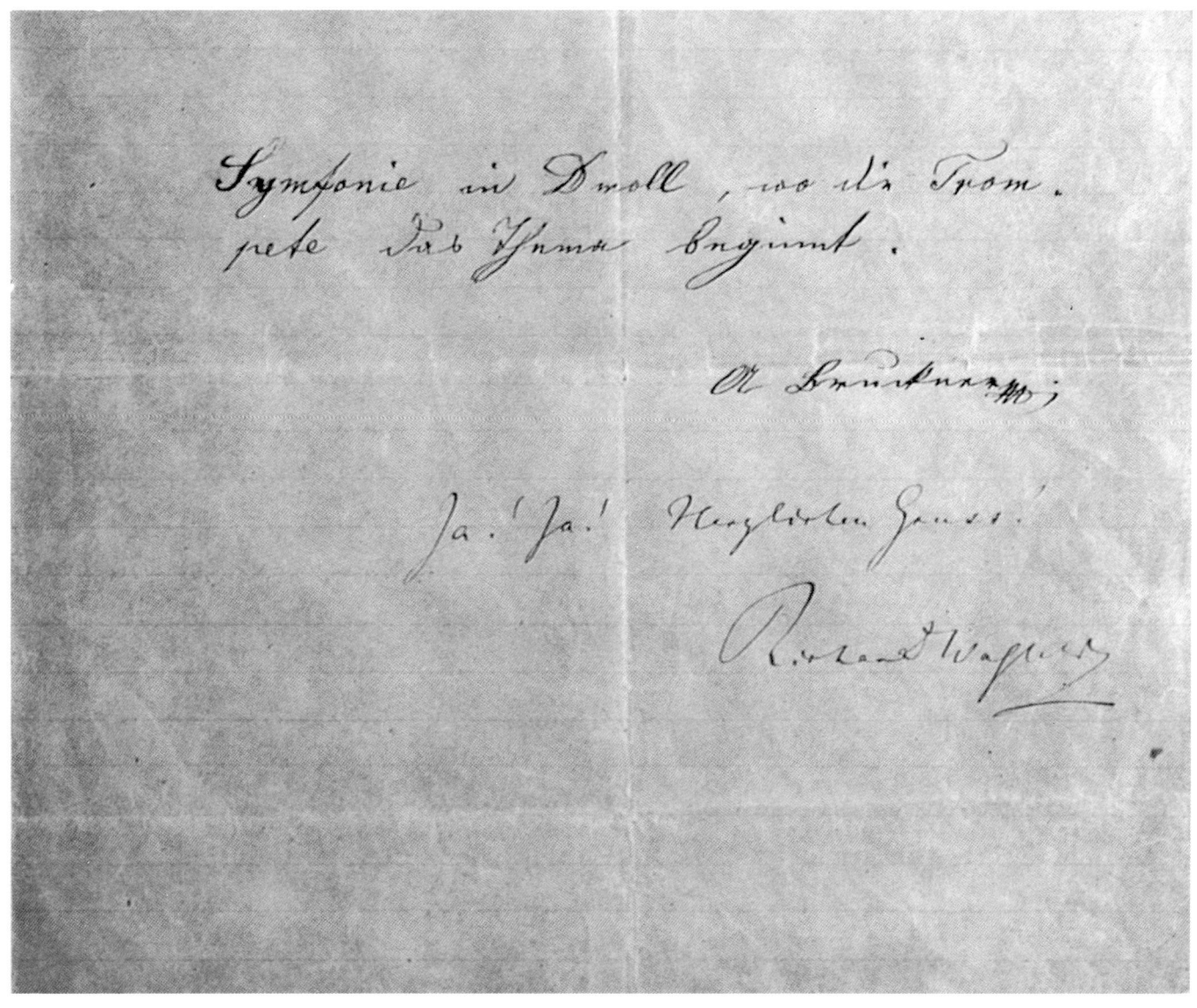

167 A. Bruckner — R. Wagner, Doppelautograph

gekommen, um die Kur zu gebrauchen. Er hatte neben der eben vollendeten III. auch seine II. Symphonie mit und gedachte, sich von Richard Wagner darüber ein Urteil zu holen. Kurzentschlossen machte er sich auf nach Bayreuth zu dem von ihm so verehrten „Meister aller Meister". Bruckner hat begreiflicherweise von dieser Begegnung oft erzählt, sie war in seinem sonst so bedrängten Leben ein Lichtpunkt ohnegleichen und wohl geeignet, ihn gegen weitere Anfeindungen zu stärken. Wagner machte Miene, Bruckner abzuweisen, als er hörte, daß dieser ihm eine Symphonie widmen wolle. Bruckner meinte dazu, er möchte dem Meister keine Zeit rauben, es dürfte ja genügen, wenn er die Themen sehe. Wagner führte ihn nun in den Salon, blätterte in den Partituren und sagte dann, Bruckner solle sie dalassen. Am Nachmittag ließ Wagner Bruckner holen und empfing ihn auf das freundlichste mit der Bemerkung: „Ihr Werk ist ein Meisterstück." Das betraf die III. Symphonie. Bis zum Abend beschäftigte sich Wagner mit Bruckner und der Dritten, nahm gern die Widmung an und entließ einen in höchster Seligkeit schwelgenden Bruckner. Das Glück war für ihn so groß, daß er sich am nächsten Tag nicht mehr genau erinnerte, welche Symphonie Wagner gewählt hatte. Seiner schriftlichen Anfrage verdanken wir jenes köstliche Doppelautograph, das Frage und Antwort auf blauem Briefpapier vereinigt.

172 Johannes Brahms   173 Eduard Hanslick

Die Gunst Richard Wagners hatte für Bruckner Folgen, er geriet zwischen zwei Fronten. Das musikalische Wien war damals in zwei Lager gespalten, die sich heftig bekämpften: hie Wagner und die „neue Musik" mit Liszt und seinen Schülern, hie Brahms mit den Verfechtern der klassischen Form. In Bruckner sah man einen Künstler der neuen Richtung, daher war man gegen ihn. Wie oft stehen im Hintergrund Zeitströmungen, Nationalismus und Deutschtum auf der einen, der Liberalismus auf der anderen Seite. Die Freunde Bruckners kamen aus den Reihen seiner Schüler und den Anhängern Wagners, so August Göllerich, der der letzte Privatsekretär Liszts werden sollte, oder August Stradal, ebenfalls einer der letzten Lisztschüler, mit Bruckner bis zu dessen Tode befreundet. Max v. Oberleithner, von Cosima Wagner an Mottl und von diesem an Bruckner empfohlen, kam im Herbst 1889 zu ihm und wurde ein richtiger Helfer bei der Drucklegung der VIII. Symphonie und der d-Moll-Messe. Im Jahr 1877 kam Josef Vockner als Privatschüler zu Bruckner, studierte bei ihm zwölf Jahre und übernahm 1890 als des Meisters Nachfolger die Orgelklasse. Das sind einige wenige Namen, denen noch manche andere hinzugefügt werden sollten. Die Gegner scharten sich um Johannes Brahms und Eduard Hanslick. Brahms hatte sich zwischen 1870 und 1880 mit einem abschätzigen Pauschalurteil gegen den Kompositions- und Theorieunterricht des Konservatoriums gestellt, damit waren Krenn und Bruckner gemeint. Er hat aber auch Bruckners Symphonien direkt abgelehnt, doch muß festgestellt werden, daß sich in ihm eine Wandlung vollzogen haben mußte, denn gegen Ende seines Lebens war er für Bruckner eingetreten und hatte dessen Werke zur Aufführung empfohlen. Anders war es bei Hanslick: Er hatte Bruckner zuerst gefördert, ihn von den siebziger Jahren an aber ununterbrochen mit Ablehnung, schlechten Kritiken, ja Haß verfolgt. Ihm, dem „Nur-Formalisten", war die neue, aus der Dynamik erfließende Symphonie völlig unverständlich. Vielleicht auch — wer mag das ergründen — war Bruckners Weigerung, Hanslicks Kusine zu heiraten, daran schuld. Zu- oder Abneigung haben manchmal die merkwürdigsten Ursachen.

175 Wien I, Alte Universität

Linke Seite: 174 A. Bruckner,
Rede bei der Antrittsvorlesung,
Schluß des Autographs

gebührlich auszunützen, und meiner
wohlwollend zu gedenken.

Habe ich mir als großen Wunsch gestattet sein lassen, für diese Gegenstän-
de an der Universität eine
Pflanzstätte zu schaffen, so bin ich
doch verpflichtet hier öffentlich
für die mir dabei zu Theil ge-
wordene Unterstützung von Seiten
des hochlöbl. Professoren-Collegiums
der philos. Facultät, so wie der
eines hohen Ministeriums für
Cultus u. Unterricht dankend zu
gedenken, wodurch die schon lange
von mir gehegte Idee endlich ist
zur That geworden.

Zum Schlusse erlaube ich mir, eine
Bitte an Ihre werthe Adresse,
meine Herren, zu richten:
Mögen Sie mit Ihrem jungen und
frischen Geiste Ihr mächtiges Schärf-
lein dazu bei, daß diese Gegen-
stände hier an der Alma Mater
in Hinsicht ihr gerechte Würdigung
finden mögen, daß diese wissenschaftliche

Wissenschaft an der nun geschollenen
Pflanzstätte: wachsen, blühen,
und gedeihen. Dixit.

Wien den 25. November
1875.   Anton Bruckner.

Einen Grund für Hanslicks Gegnerschaft wissen wir genau: es war Bruckners Wunsch, an der Wiener Universität unterrichten zu dürfen. Die vorhandenen Akten erlauben einen genauen Einblick in den Hergang. Von 1875 bis 1880 war Bruckner unbesoldeter Lektor für Harmonielehre und Kontrapunkt und hielt am 24. April 1876 seine Antrittsvorlesung im Gebäude der Alten Universität. Er betrachtete sein Gebiet als „musikalische Wissenschaft" und konnte sich rühmen, ihr einen Platz an der „Universitas litterarum" erobert zu haben. Bruckners Stoffbehandlung war an der Universität natürlich einfacher als am Konservatorium. Übereinstimmend erzählen verschiedene Berichte von einer packenden Lebendigkeit, die auch vor drastischen Vergleichen nicht zurückschreckte. So, wenn er sagte: „Die Sekund, wissen S', des is a armes Waserl, die steht immer geduckt und darf sich nicht rühren, aber die Septime, die ist ein Luder, der ist nicht zu trau'n, die kennt keinen Spaß und möcht immer nur hinaufsteigen." Die Begeisterung der akademischen Jugend, die ihm zu wiederholtenmalen entgegenschlug, besonders dann, wenn er aus seinen Werken vorspielte, war für ihn Lebenselexier, 18 Jahre hindurch, bis er, von Krankheit geplagt, 1894 seine Vorlesungen einstellen mußte.

Aus den Akten zur Zulassung Bruckners als Lektor gewinnt man 1875 den Eindruck, als ob von „oben her" ein Wink gekommen sei, den Widerstand gegen Bruckner nun endlich aufzugeben. Anders ist die plötzliche Sinnesänderung Hanslicks, der sich konsequent widersetzt hatte, nicht zu erklären. Das ist sehr wahrscheinlich, weil Unterrichtsminister Karl Edler von Stremayr dem Meister sehr gewogen war. Er kannte ihn seit der Uraufführung der f-Moll-Messe (1872) und hatte ihm schon zwei Jahre vorher ein Künstlerstipendium von 400 Gulden bewilligt. Die Erringung des Lektorats kann also sehr wohl auch von ihm den letzten entscheidenden Anstoß bekommen haben; die vorläufig unbesoldete Stelle brachte Bruckner ab 1880 eine jährliche Remuneration von 800 Gulden. Bei seinem Gönner bedankte er sich mit der Widmung der V. Symphonie, dem „kontrapunktischen Meisterstück". Er ließ von dem Werk, das am 4. Jänner 1878 endgültig fertig geworden war, eine Reinschrift anfertigen, sie mit dem prächtigen, von dem Linzer Kalligraphen J. M. Kaiser geschriebenen Widmungsblatt versehen und überreichte sie als Namenstagsgeschenk am 4. November 1878. Vor diesem Höhepunkt liegt ein Jahr, das für Bruckner sorgenvoll war, dem aber doch die IV. Symphonie entsprang, ein Zeichen ungebrochenen Schaffenswillens. Der Meister hatte sich beim oberösterreichischen Landtag um eine „lebenslängliche jährliche Dotation" beworben, „damit er sich mehr dem künstlerischen Schaffen widmen könne". Am 10. Jänner 1874 erging der abschlägige Bescheid. Im April übergab er dem Unterrichtsministerium ein neuerliches Gesuch um Schaffung einer „fixen Anstellung" für ihn als Lehrer der Musiktheorie an der k. k. Universität; es wurde ebenfalls abgewiesen.

177 Widmungsblatt zur V. Symphonie, Kalligraphie von J. M. Kaiser, Linz 1878

Da er im Vaterland die Wege zu einem gesicherten Einkommen versperrt sah, wandte er sich an den englischen Botschafter Baron Schwarz-Senborn um einen „jährlichen, ausgesprochenen, versicherten Betrag", den vielleicht Lord Dudley bereit wäre zu geben. Da kam überhaupt keine Antwort. Der härteste Schlag traf Bruckner mit dem Verlust der Lehrstelle bei St. Anna. Der obligate Klavierunterricht wurde in einen unobligaten umgewandelt, und an Bruckners Stelle Rudolf Weinwurm beschäftigt. Das bedeutete eine Verminderung seines jährlichen Einkommens um 1.000 Gulden (das Honorar und die aus diesem Unterricht sich ergebende Privatstunden). In diesen sorgenerfüllten Tagen entstand die 1. Fassung der IV. Symphonie, der „Romantischen", wie sie Bruckner selbst genannt hat. Er begann sie am 2. Jänner, also zwei Tage nach Vollendung der Dritten, und beschloß sie am 22. November 1874. Nach der trotzigen, stellenweise dämonischen Kraft der Wagner-Symphonie überrascht Bruckner in diesem Werk mit naturhafter, gelöster Stimmung, wenngleich es auch ihm an Bewegtheit und Kraft nicht fehlt. Die Symphonie besaß ein anderes Scherzo und ein anderes Finale. Er hat an ihr, wie an der Dritten, viel geändert, so daß es zwei Fassungen, vom Finale sogar vier Bearbeitungen gibt. Dem Musikfreund sind das „Jagd-Scherzo" der 2. Fassung, der „Vogel Zi-zi-be" (Seitenthema des 1. Satzes), der Serenadencharakter des Andantes, vor allem aber die beginnenden Hornrufe wohlvertraute Motive. Bruckner hat sich mit den freundlichen Motiven seiner Vierten über die Unbill des Jahres 1874 hinweggesetzt. Nach dieser lebensvollen, mit Schönheit erfüllten Symphonie befand sich Bruckner Anfang 1875 in gedrückter Stimmung, Briefe an Mayfeld verraten

178 A. Bruckner, V. Symphonie, Choraleinsatz im Finale, Autograph

seinen Kummer. Und dennoch: Am 14. Februar 1875 begann er mit dem Adagio eine neue Symphonie, die Fünfte. Am 7. November des gleichen Jahres war sie in erster Niederschrift vollendet. 1876, 1877 und 1878 hat er sie durchgearbeitet, es gibt aber keine 2. Fassung von ihr. Im Gegensatz zu ihrer Vorgängerin regieren in ihr Trauer und Trotz, menschliches Aufbäumen und sieghaftes Klingen. Schon die Einleitung verrät dies mit phantastisch wirkenden Streichern, aufzuckenden Rhythmen und strahlenden Bläserakkorden. Bemerkenswert ist die Übernahme des ersten Adagiogedankens in das Scherzo und seine Bereicherung durch ein neues Motiv in den Holzbläsern. Das Finale bringt im Ablauf seiner 635 Takte den Höhepunkt des ganzen Werkes in einer auch von Bruckner in seinen weiteren Werken nicht mehr überbotenen Meisterschaft. Erinnerungen an den 1. Satz, an das Adagio, leiten ein, und in einer grandiosen Verbindung von Sonaten- und Fugenform sowie dichter Themenverarbeitung führt das Finale zu seinen Schlußakten, die mit dem „Choral fff bis zum Ende" den Satz und damit die ganze Symphonie sieghaft triumphierend ausklingen lassen.

179 Wien I, Opernring 3 („Heinrichshof"), Photographie, um 1880

Die nächsten auf die Vollendung der V. Symphonie folgenden Ereignisse erlebte
Bruckner von seiner neuen Wohnung aus. Er war im Sommer 1876 in den Heinrichshof
gezogen und wohnte dort ganz hoch oben im Mittelteil zwischen den beiden Türmen
bis zum 15. November 1877. Vorerst arbeitete er an der V. Symphonie weiter und
fuhr im August 1876 nach Bayreuth zur ersten vollständigen Aufführung der Ring-
Tetralogie. Bei dieser Gelegenheit lernte Bruckner den Berliner Musikschriftsteller
Wilhelm Tappert kennen, auf dessen Anteilnahme er große Hoffnungen setzte. Im
Oktober begann er die 2. Fassung der Dritten und komponierte den achtstimmigen
Männerchor „Das Hohe Lied". Sein Ansuchen um die Kapellmeisterstelle an der Kirche
Am Hof wurde ebenso abgelehnt wie seine Dritte. Herbeck wollte die III. Symphonie
nun in einem Gesellschaftskonzert im Dezember 1877 dirigieren, doch Bruckner sollte
diese Freude nicht erleben; Herbeck starb am 28. Oktober. Dies war für Bruckner ein
schwerer Schlag. Man setzte die Symphonie zwar nicht ab, aber es fand sich kein
Dirigent, und so mußte Bruckner selber dirigieren (vgl. S. 188 f.).

Linke Seite: 180 Kremsmünster, Stiftskirche, Hochaltar
181 Kremsmünster, Stiftskirche, Musikchor

Seit seinen Jahren in St. Florian war Bruckner auch mit Stift Kremsmünster in Verbindung gestanden. 1849 schon hatte man dort sein Requiem aufgeführt, er war gern gesehener Gast, und so war er auch 1877 anläßlich des 1100jährigen Jubiläums der Festorganist beim Hochamt am 18. August. Durch die Freundschaft mit P. Oddo Loidol vertiefen sich die Beziehungen, weil der junge, früh verstorbene Pater Bruckner sehr anhing. Er hatte als Kleriker schon die Vorlesungen Bruckners an der Universität 1879/80 besucht und seither eine tiefe Zuneigung zum Meister gefaßt. So war Bruckner über Loidols Anregung von 1883 an fast jährlich Gast des Stiftes, worüber Loidol verschiedentlich bis ins einzelne gehende Tagebuchaufzeichnungen hinterließ. Bruckner erwiderte die Zuneigung und widmete Loidol die beiden Motetten „Christus factus est" (komp. 1884) und „Locus iste" (komp. 1869). Für Bruckner war der Aufenthalt in österreichischen Stiften, wie es Kremsmünster ist, eine Notwendigkeit, seit er in Wien weilte. Als Sängerknabe in solchen großen Räumen, in ihren Gottesdiensten herangewachsen, bedurfte er ihrer. Er mußte die Welt seiner Jugend um sich erleben.

182 *Stift Klosterneuburg, Aquarell von Vinzenz Havlicek 1897*

Sicher war es daher so, daß er nach seiner Übersiedlung in Wien Ausschau hielt nach einem Ersatz für sein geliebtes St. Florian. In der Stadt selbst ließ sich ein solcher Ort nicht finden, wohl aber in dem benachbarten Stift Klosterneuburg. Es ist die gleiche Ordensgemeinschaft der Augustiner-Chorherren, es zeigt baulich in seinen Maßen eine ähnliche Ausdehnung wie St. Florian und besitzt in seiner Stiftskirche eines der schönsten alten Orgelwerke Österreichs: die von dem Passauer Orgelmacher Johannes Freundt 1636—1642 erbaute große Orgel auf der rückwärtigen Empore. Die Bekanntschaft mit dem Stift soll Josef Hellmesberger sen. vermittelt haben. Er war, als Bruckner in den Lehrkörper des Konservatoriums eintrat, Direktor und wird Bruckner, für den man ja eigens die Orgelklasse eingerichtet hatte, auf die große Orgel und damit auch auf das Stift aufmerksam gemacht haben. Die musikalischen Verhältnisse lagen im Stift in der zweiten Hälfte des 19. Jahrhunderts leider sehr im argen, so daß Bruckner eine Förderung seiner eigenen kirchenmusikalischen Werke, die er sich im stillen erhoffte, hier nicht zuteil wurde. Seit 1869 war Bruckner an bestimmten Festen: Fronleichnam, Kaisers Namenstag, 4. Oktober, und am Fest des hl. Leopold, 15. November, fast alljährlich anwesend. Den Musikern des Stiftes galt er als ein ausgezeichneter Organist, Professor am Konservatorium, nicht aber als ein schaffender Künstler, der bereits drei große Messen und Symphonien komponiert hatte. Als solcher war er auch noch nicht genügend bekannt in Wien. Es verdroß den Meister, daß er nicht zur Tafel gerufen wurde, wie einst in St. Florian, sondern an dem Tisch

183 Josef Hellmesberger sen.

der Mitwirkenden seinen Platz hatte. Man muß diese Verärgerung Bruckners richtig auffassen: obwohl er von devoter Bescheidenheit sein konnte, wußte er ganz genau um die Größe seines künstlerischen Schaffens und forderte dafür Anerkennung. Seine Improvisationen ließen hier wie überall aufhorchen, und das führte dann mit der Zeit eine Besserung herbei. Bruckners Spiel galt natürlich zuerst dem Gottesdienst, dessen festgefügte Form aber für freies Phantasieren nicht viel Zeit ließ. Daher bat man ihn manches Mal, nachmittags für „geladene" Zuhörer zu spielen. Das tat er denn auch, in Hemdärmeln, da die alte mechanische Traktur der Orgel erhebliche körperliche Anstrengungen verursachte. Ein solches Spiel fand auch am 4. Oktober 1876 statt. Zwei seiner Universitätshörer, Anton Oelzelt-Nevin und ein Medizinstudent namens Boeck, veranlaßten Bruckner zu dieser Improvisation. Die Großartigkeit seines Spieles, der Meister phantasierte über das Siegfried-Thema und das „Gott erhalte", beeindruckte die Anwesenden zutiefst. Oelzelt beschloß darauf, Bruckner aus seiner engen Wohnung im Heinrichshof zu befreien und ihm eine geräumigere in einem der seiner Familie gehörenden Häuser anzubieten. Auf diese Weise kam Bruckners Umzug in die Heßgasse zustande. Das mag als ein Erfolg von Bruckners Spiel hier seinen verdienten Platz haben, weil es ein ganz seltenes Beispiel von Künstlerförderung darstellt. — Bruckner blieb Klosterneuburg verbunden bis 1894. In diesem Jahr spielte er zu Weihnachten, am Stephanitag, zum letzten Mal die große Orgel.

Linke Seite: 184 Klosterneuburg,
Stiftskirche, Hochaltar

185 Klosterneuburg, Stiftskirche,
Festorgel von 1642

186 Wien I, Großer Musikvereinssaal,
Photographie, 1870
187 Spieltisch der alten Orgel im Großen
Musikvereinssaal, Photographie, 1898

188 Wien I, Musikvereins-Gebäude, Photographie, nach 1870

In Wien war es die 1872 von Friedrich Ladegast neu erbaute Orgel im Großen Saal der Gesellschaft der Musikfreunde, die Bruckner des öfteren spielte. Am 15. November dieses Jahres erklang sie bei ihrer Einweihung zum ersten Mal unter seinen Händen, 1879, 1881 und 1882, als er in gleicher Weise in Konzerten des Akademischen Gesangvereins mitwirkte. Der Spieltisch stand damals noch nicht auf der Orgelgalerie, sondern unten in der Mitte, gleich oberhalb des Podiums. Der Saal sah auch sonst um einiges anders aus als heute nach dem Umbau von 1911. Dieser berühmte „Goldene Saal" hat aber nicht nur den Orgelvirtuosen Bruckner zu hören bekommen, sondern auch den Komponisten. Schon 1872 fand hier die Generalprobe für die am 16. Juni in der Augustinerkirche erstmals erklingende f-Moll-Messe statt. Hellmesberger war so begeistert von dem Werk, daß er nach dieser Probe zu Bruckner sagte, er kenne nur diese Messe und die Missa solemnis von Beethoven. Im gleichen Jahr, im Oktober vermutlich, wurde hier zum ersten Mal von den Wiener Philharmonikern eine Symphonie Bruckners geprobt, seine Zweite, jedoch abgelehnt, 1873 aber doch aufgeführt (vgl. S. 167). Bruckner konnte das Werk 1876 wiederholen und erlebte bei beiden Aufführungen einen Beifall, der die Gegenstimmen weitaus überwog.

189 *Gustav Mahler, Photographie, 1892*

Der Meister hatte zum ersten Mal im Großen Musikvereinssaal eine seiner Symphonien gehört und durfte der Meinung sein, daß der „Goldene Saal" ihm Erfolg beschere. Dem war aber nicht so. Am 16. Dezember 1877 erlitt er mit der III. Symphonie eine katastrophale Niederlage. Herbeck hatte noch beabsichtigt, sie zu dirigieren. Jetzt, wo er nicht mehr am Leben war, stand Bruckner ohne den Schutz seines Gönners da und mußte wieder selber dirigieren. Theodor Rättig schildert die Aufführung. „Es war für mich ein klägliches und empörendes Schauspiel zugleich. Die Späße der jüngeren Orchester-Mitglieder über die unbeholfene Direktionsweise des alten Herrn, der allerdings vom Dirigieren keine Ahnung hatte und sich auf Angabe der Tempi in der Manier eines Hampelmannes beschränken mußte, mitanzusehen. Um so imposanter erschien mir die Komposition selbst . . ." Bruckner benahm sich bei den Proben sehr bescheiden, konnte es aber nicht erreichen, daß die Musiker seine Bitte, eine Stelle noch einmal zu spielen, erfüllten, sie lachten einfach. Man kann sich Bruckners Nervosität und die daraus folgende Dirigierleistung leicht vorstellen. So entstand eine

190 G. Mahler, Brief an Anton Bruckner

verzerrte, durchaus unbefriedigende Aufführung, die dem Stil des Werkes in keiner Weise entsprach.

Trotzdem zollte das Publikum den ersten drei Sätzen Beifall, während des Finales aber verließ es scharenweise den Saal, so daß am Schluß nur an die 30 Personen übrig blieben. Am Ende stand Bruckner ganz allein am Podium, denn auch die Musiker hatten rasch das Weite gesucht. Traurig und verstört blickte er umher und wehrte die Glückwünsche ab, die ihm eine Schar junger Leute darbrachte. Unter ihnen befand sich Ernst Descey, Josef Schalk, Rudolf Krzyzanowsky, Eduard Kremser und Gustav Mahler. Der Letztgenannte war seit 1875 Klavierschüler Epsteins am Konservatorium, kannte daher Bruckner, fühlte sich von dessen Musik angezogen und kam ihm von 1877 an auch persönlich näher. Er ist nach seinen eigenen Worten „nie Schüler Bruckners gewesen". Da er aber bis 1883 in Wien war und eines freundschaftlichen Verhältnisses von seiten des Meisters gewürdigt wurde, erschlossen sich ihm tiefe Einsichten in Bruckners Kunst, so daß er sich in höherem Sinne als Schüler Bruckners betrachten durfte.

Meister RICHARD WAGNER in tiefster
Ehrfurcht gewidmet.

Symphonie

in

(D moll)

für grosses Orchester

componirt

von

Anton Bruckner.

Partitur Pr. Fl. 18. / Mk. 30. Stimmen Pr. Fl. 22.50 / Mk. 40.
Clavier-Auszug Vierhändig Pr. Fl. 7.20 / Mk. 12.

(Arr. v. Gustav Mahler.)

Eigenthum der Verleger für alle Länder. Eingetragen in's Vereins-Archiv.
Den Verträgen gemäfs deponirt.
— Verlag von —

TH. RÄTTIG
Musik Verlag & Sortiment
WIEN
I. Ballgasse 10

Jos Eberle & C.º

191 A. Bruckner, III. Symphonie, 4hdg. Klavierauszug von Gustav Mahler

Mahlers erste Tat für Bruckner war der vierhändige Klavierauszug der III. Symphonie.
Die ersten drei Sätze stammen von ihm, das Finale hat Rudolf Krzyzanowsky, ein
Freund Mahlers, gearbeitet. Als Kapellmeister ist Mahler dann seit seiner Hamburger
Zeit immer wieder für die Werke Bruckners eingetreten und hat ihnen große Erfolge
errungen. Es ist verständlich, daß das symphonische Genie Mahlers sich von der
neuen Musik Bruckners angesprochen fühlen mußte. Er zeigte seine Verbundenheit
auch noch auf andere Weise: 1910 schloß er einen Gesamtvertrag mit der Universal-
Edition Wien ab und bestimmte darin, daß aus den Erträgnissen auch die Druckkosten
einer Bruckner-Gesamtausgabe gedeckt werden sollten. Ein Mäzen, der bereit war,
Druckkosten zu bezahlen, hatte sich aber schon an jenem Abend des 16. Dezember 1877
gefunden, als die Dritte so schmählich durchfiel. Es war dies Theodor Rättig, ein
Wiener Musikverleger, der auf Bruckner zutrat, ihm seine Bewunderung über das eben
gehörte Werk aussprach und sich erbötig machte, diese Symphonie zu drucken. Das
mußte Bruckner nach diesem Mißerfolg wie ein Wunder erscheinen, Rättig aber
hielt Wort. Anfang 1880 lag die Partitur fertig vor, gleichzeitig erschien auch ein

192 *Theodor Rättig, Photographie, ca. 1880*

vierhändiger Klavierauszug, der auf seinem Titelblatt die Mitwirkung Gustav Mahlers dokumentarisch belegt. Das Werk sollte aber beiden Teilen viel Kummer und Rättig obendrein schwere finanzielle Verluste eintragen. Der erhoffte Absatz blieb aus, man riet dem Meister zu Umarbeitungen, die nach und nach neue 50 Seiten benötigten. Rättig ließ sie anfertigen, damit die Symphonie in neuer Ausgabe erscheinen könne. Inzwischen verursachte ein Besuch Mahlers im Sommer 1888 bei Bruckner wieder einen Umschwung: die Umarbeitung sei überflüssig. Die Brüder Schalk setzten aber die Umarbeitung doch durch, und so erschien 1890 der zweite Druck der III. Symphonie wieder bei Rättig. Die erste Ausgabe wurde dadurch unbrauchbar und mußte eingestampft werden. Den gesamten Verlust bezifferte Rättig auf mindestens 4.000 Gulden, so teuer war ihm sein Idealismus vom 16. Dezember 1877 zu stehen gekommen. Immerhin bleibt es sein Verdienst, als erster eine Symphonie Bruckners veröffentlicht und damit wesentlich zu ihrer Verbreitung beigetragen zu haben. Rättig hat dann 1885 noch das Te Deum gedruckt, die Kosten trug diesmal Friedrich Eckstein, und weiters noch die vier Graduale (1886) und den Chor „Träumen und Wachen" zur Grillparzerfeier (1891).

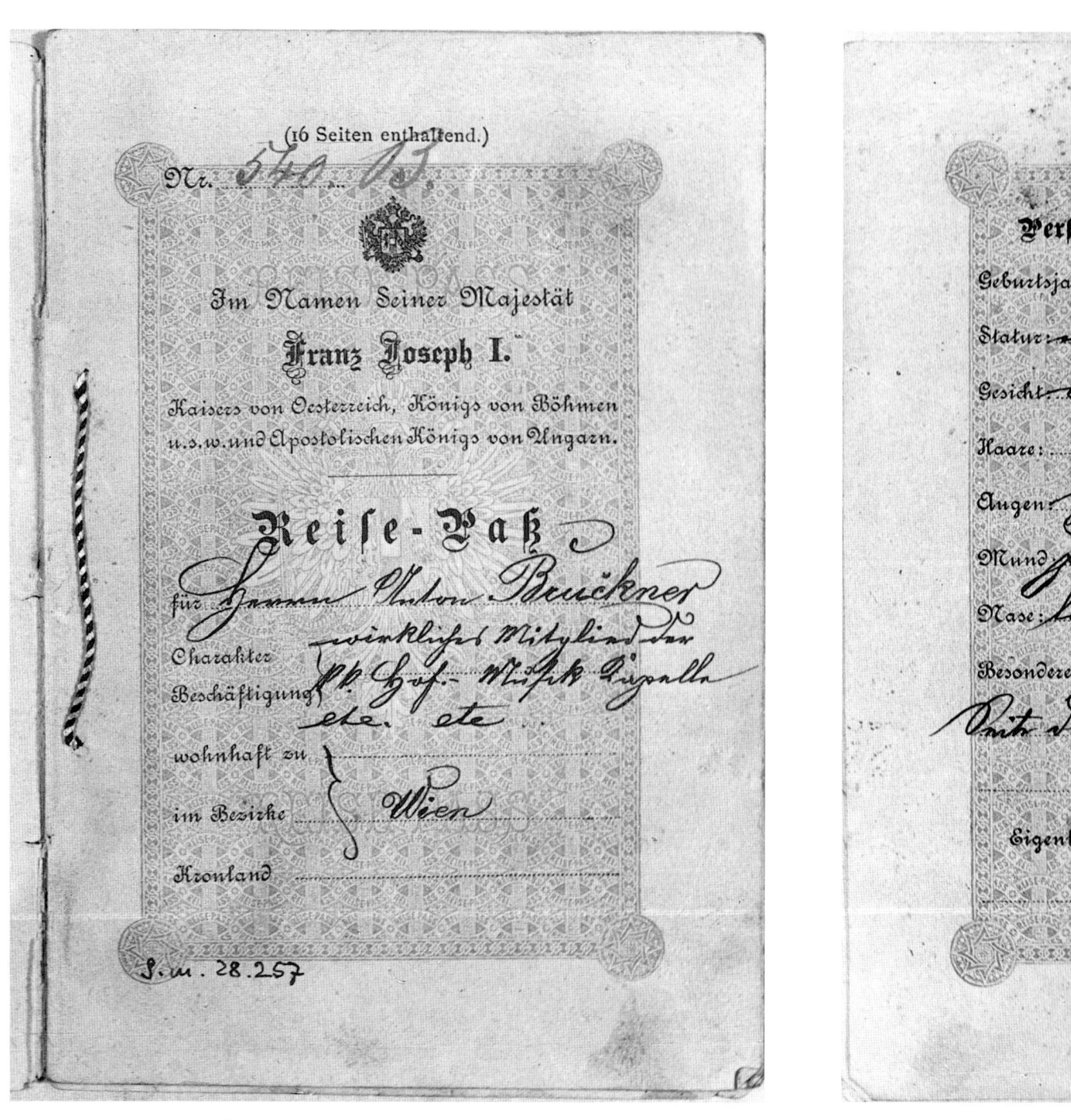

193—195 *Reisepaß A. Bruckners*

Die Schweizer Reise

1880

Man kann sich Anton Bruckner nicht gut als reisenden Orgelvirtuosen vorstellen, als Komponisten schon gar nicht. Dennoch aber verlief sein Leben nicht eintönig zwischen Linz und Wien, es hat einige Akzente aufzuweisen, die sich außerhalb Österreichs ereigneten und Name wie Können des Meisters der Welt bekannt machten. Einmal nur begab er sich zu seinem eigenen Vergnügen auf die Reise, 1880, in die Schweiz. Bruckner trug Verlangen, den höchsten Berg Europas zu sehen: es scheint so, als ob seine Größe im Geist der Größe in der Natur gegenüberstehen wollte.

196 *Oberammergau, Holzschnitt*

Wenn Bruckner eine Reise unternahm, dann hatte sie fast immer ein musikalisches Ziel: entweder war es eine Orgel oder die Aufführung eines Werkes. Er fuhr zu den Orgeln in Nancy und Paris (1869), zu jenen in der Albert Hall und im Kristall-Palast zu London (1871), zu einer Orgelkollaudierung in Prag (1884), hatte dabei zu improvisieren, Konzerte zu geben und zu begutachten. Zu wiederholten Malen rief ihn Richard Wagner zum „Tristan" (1865) und zu den „Meistersingern" (1868) nach München, dann nach Bayreuth. 1876 sah Bruckner den „Ring", 1882 den „Parsifal", 1883, 1884 und 1886 war er Gast bei den Festspielen, eine auch nach dem Tode Wagners mit Achtung empfangene Persönlichkeit, mit jener Achtung, die er sich selbst 1873 errungen, als er Wagner seine III. Symphonie vorlegte. Er hatte von Linz aus schon Musikfeste in Nürnberg (1861 als Chorleiter des „Frohsinn") und München (1863) besucht, war mit einer Abordnung des „Frohsinn" 1865 im August nach Budapest gefahren zur Uraufführung der „Hl. Elisabeth" von Liszt und hatte als Domorganist etliche Aufführungen in Wien gehört. Seine Reise nach Marienbad ausgenommen, sind alle übrigen im Interesse von Orgeln und Musik unternommen worden. Lediglich der im Sommer 1880 unternommenen Reise nach Oberammergau und in die Schweiz lagen persönliche Wünsche zugrunde; daß sie dennoch auch eine Orgelreise wurde, das lag in Bruckners Natur und Berufung, davon konnte er sich nicht befreien. Der Montblanc übte eine unwiderstehliche Anziehungskraft auf ihn aus. Damit wird eine eigenartig klingende Saite im Charakter Bruckners angeschlagen: er schwärmte für „Höhe". Türme, Berge, denen galt sein uneingeschränktes Interesse, er mußte hinauf, mußte sie besichtigen. Den Hausberg der Wiener, den 2.075 Meter hohen Schneeberg, hat er mehrmals bestiegen, den Großglockner merkte er sich schon in jungen Jahren auf einer Diözesankarte des Bistums Linz an, und nun machte er sich auf, den Montblanc zu sehen. Er konnte seine Erholungsreise erst in der

197 *Szene aus dem Passionsspiel in Oberammergau, Holzschnitt*

zweiten Augusthälfte antreten wegen des Dienstes in der Hofkapelle. Der am 9. August 1880 ausgestellte Paß verrät uns einiges von Bruckners äußerer Erscheinung. Der Meister fuhr von St. Florian, wo er sich eine Woche aufhielt, am 20. August zuerst nach Oberammergau. Hier sah er am 22. und 23. August das berühmte Passionsspiel mit seinen Hunderten Mitwirkenden. Auf das religiöse Gemüt Bruckners muß diese Darstellung des Leidens und Sterbens Christi starken Eindruck gemacht haben. Das können wir annehmen, müssen aber gleichzeitig erfahren, daß Bruckner in einer der an der Aufführung mitwirkenden „Töchter Jerusalems" wieder einmal ein junges Mädchen, Maria Bartl, gefunden hatte, dem er, der 56jährige, seine — wie immer plötzliche — Zuneigung schenkte. Als Bruckner nach Wien zurückgekehrt war, entspann sich ein kleiner Briefwechsel, er zog sich bis Juni 1881 hin und versiegte dann. Bruckner war bereits mit seiner VI. Symphonie beschäftigt, auch war Maria Bartl ja viel zu jung für ihn. Im August aber verließ er Oberammergau hochgestimmten Herzens, fuhr nach München zurück, er war von St. Florian über Salzburg nach München gekommen und von dort südwärst, dem Gebiet der Zug- und Kreuzspitze zu gefahren, wo das Passionsspieldorf in der Nähe des Klosters Ettal liegt. Am 25. August gelangte er von München nach Lindau, von dort mit dem Schiff über den Bodensee nach Romanshorn, von wo er mit der Bahn seinen Weg über Winterthur nach Schaffhausen fortsetzte. Hier bewunderte er den Rheinfall, mag sich an den tobenden Wassern nicht genug gesehen haben und mußte sich beeilen, um zum Zug zurückzukommen, der ihn abends nach Zürich brachte. Am 26. begab sich der Meister vermutlich mit der Bahn nach Rapperswil am Untersee, mußte daher in Pfäffikon aussteigen und zu Fuß auf der noch nicht lange bestehenden Brücke die dort schmalste Stelle des Zürichsees überqueren und so von der Seeseite her das verträumte Städtchen erreichen.

198 *Rapperswil, Photographie, 1879*
199 *Zürich, Großmünster*

Er besuchte die alte Schloßkirche, stieg in der Burg auf den Burgfried, den sogenannten „Hochwächterturm", und genoß von dort die schöne Aussicht über den See bis zu den Bergen. Nicht minder wird ihn auch das mittelalterliche Dachgewirre erfreut haben, so wie er auch am Turm das Habsburgische Wappen bemerkte. Der Organist des Kaisers von Österreich freute sich über jedes Zeichen, das ihn an das Haus Habsburg erinnerte. Rapperswil war im 14. und 15. Jahrhundert Habsburgischer Besitz. In der Burg hatte 1869 Graf Plater ein „polnisches Nationalmuseum" errichtet. Auch dieses führt Bruckner unter den von ihm besichtigten Sehenswürdigkeiten von Rapperswil an. Nachmittags gings „retour nach Zürich, am See per Dampfschiff". Dabei geriet er in einen „fürchterlichen Sturm", kam aber ohne Schaden genommen zu haben nach Zürich. Den 27. und 28. August benutzte er zur Besichtigung dieser Stadt. Wir wissen nicht genau, was alles Bruckner gesehen hat. Seine Notizen nennen nur die Universität und das Polytechnikum. Es zog ihn anscheinend zu den Naturwissenschaften, mit denen er ja auch in der Jugend, wenn auch nur kurz, Bekanntschaft geschlossen hatte (vgl. S. 70 f.). Sicher besichtigte er auch die Kirchen: Frauenmünster, Peters- und Predigerkirche. Am 28. spielte er die Orgel im Großmünster. Die Orgelbaufirma Kuhn im nahen Männerdorf hatte sie 1876 gebaut. Mit ihren 52 klingenden Stimmen war sie 1880 ein neues Werk, das sehr wohl geeignet war, Bruckner eine Vorstellung vom schweizerischen Orgelbau zu geben. Die hohe, gewölbte Pfeilerbasilika aus dem 12. und 13. Jahrhundert war Ausgangspunkt der Reform Zwinglis und bot dem an das österreichische Barock gewohnten Bruckner einen wesentlich anderen Anblick als St. Florian oder Klosterneuburg. Am 29. August verließ Bruckner Zürich und fuhr nach Genf. Er hatte es eilig, seinem Ziel, dem Montblanc, näherzukommen.

200 Die Habsburg
201 Genf, Kathedrale St. Pierre, Innenansicht

Auf der Fahrt von Zürich nach Genf sah Bruckner die Habsburg. Eine Woche später, als er in der Kathedrale von Lausanne steht, bei deren Einweihung 1275 durch Papst Gregor X. Rudolf v. Habsburg anwesend war, erinnert er sich daran und notiert: „... dessen Schloß ich auf der Fahrt von Zürich nach Genf links gesehen habe". In Genf war es die vom Bahnhof in die Stadt führende Rue de Montblanc, die mit ihrem Namen schon Bruckner die Nähe seines Zieles ankündigte. Er blieb vorerst gar nicht in Genf, sondern fuhr gleich am anderen Tag, dem 30. August, weiter nach Chamonix. Vom Bahnhof Eaux-Vives fuhr er das Arve-Tal aufwärts nach Chêne. Hier konnte er vom Zug aus den Montblanc schon sehen, gelangte weiter über die Hochebene nach La Roche und Bonneville. Jetzt verengt sich das Tal, hohe Berge schließen die Arve ein, an Cluses ging es vorbei nach Salanches, nach Les Houches und dann erreichte Bruckner am Ende der Fahrt Chamonix. Er war am Ziel, jetzt galt es nur, schönes Wetter zu haben, um von einem gut gelegenen Aussichtspunkt einen Blick auf die Montblanc-Kette tun zu können.

Man hatte Bruckner „La Fléchère" genannt, einen Bergvorsprung, der, als Ausläufer des Aiguille de la Floria (2.953 Meter) auf einer Höhe von 1.806 Metern dem Montblanc-Massiv gegenüberliegend, einen ob seiner umfassenden Weite sehr gerühmten Ausblick bietet. Ob Bruckner seinen Ausflug dorthin zu Fuß oder auf einem Pferd reitend vollzog, das wissen wir nicht, wohl aber, daß es regnete und Bruckner keine Aussicht hatte. Den nächsten Tag, den 1. September, an dem anscheinend auch schlechtes Wetter war, benutzte er zu einem Besuch der Gletschergrotte im Glacier des Bossons, der vom Montblanc du Tacul (4.249 Meter), herabkommt. Der 2. September brachte nun, endlich, schönes Wetter. Bruckner begab sich noch einmal nach La Fléchère, den langen Zickzackweg über kahle Geröllhalden hinan, dann durch einen kleinen Waldbestand an dem Chalet des Praz vorbei zum Gasthaus „Croix de la Fléchère". Um alles genug lange betrachten zu können, den Sonnenuntergang und -aufgang zu erleben, mietete der Meister ein Zimmer und blieb über Nacht heroben.

Sein Wunsch war erfüllt. Der höchste Berg Europas stand vor seinen Augen. Das Panorama zeigt von links nach rechts folgende Gipfel: Aiguille du Chardonnet

(3.823 Meter), Aiguille d'Argentière (3.001 Meter), Aiguille du Bochard (2.672 Meter, der dunkle Berg im Mittelgrund), Aiguille Verte (4.127 Meter), Aiguille du Dru (3.815 Meter, der dunkle spitze Kegel), Aiguille du Moine (3.418 Meter, ganz im Hintergrund, hinter dem dunklen Abfall von der Aiguille du Dru), von dort herauskommend das Mer de Glace, dem Gasthaus von La Fléchère gegenüber. Über dem Gletscheranfang Les Grandes Jorasses (4.206 Meter), der letzten Zacken davon Mont Mallet (3.938 Meter), Aiguille de Charmoz (3.442 Meter), Aiguille de Blaitière (3.533 Meter), Aiguille du Plan (3.673 Meter). Diesen drei Gipfeln folgt nach einem weißen Rücken die Aiguille du Midi (3.843 Meter) und rechts davon, etwas dahinterliegend, der Montblanc (4.810 Meter). Die Kette neigt sich abwärts zum Dôme du Gouter (4.331 Meter) und zur Aiguille du Gouter (3.873 Meter). Darunter befindet sich der Glacier des Bossons, der Ort Chamonix und die Arve. Wir dürfen mit Recht annehmen, daß Bruckner hoch befriedigt die Rückreise antrat. Hier vor dem Montblanc lag der Wendepunkt seiner Ferienreise. Ihr zweiter Teil sollte sich wieder zu einer Orgelreise entwickeln, nur einmal noch von einem anderen Bergerlebnis unterbrochen.

203 *Lausanne, Kathedrale Notre-Dame*

Zunächst fuhr Bruckner nach Genf zurück und besuchte gleich am selben Abend des 4. September ein Orgelkonzert des Domorganisten Anton Häring. Die Kathedrale St. Pierre besaß eine 1866 von Merklin-Schütze erbaute Orgel, die das Interesse Bruckners fand, weil er ja vor elf Jahren ein Werk der gleichen Orgelbaufirma in Nancy (siehe Seite 154) bei deren Einweihung gespielt hatte. In den Sommermonaten gab Häring jeden Abend eine Orgelvorführung. Er ersuchte nun Bruckner, diese für den nächsten Abend, Sonntag, den 5. September, zu übernehmen, was der Meister auch gerne tat. Er verwendete den Tag zur Besichtigung der Stadt, abends füllten die rauschenden Klänge seiner Improvisation die Wirkungsstätte Calvins. Eine vom österreichischen Barock genährte Künstlerseele breitete ihre Phantasien aus in der Strenge eines reformierten Gotteshauses. Tags darauf, am 6. September, überquerte Bruckner den Genfer See und gelangte nach Lausanne. In der Kathedrale befand sich damals noch jene große Orgel von Samson Scherrer, die dieser 1733 darin aufgestellt

204 Freiburg mit Münster und Grand pont suspendu

hatte. Sie zeigte einen hohen Prospekt mit Türmen, wie er in der Epoche Louis XV. üblich war. Ihre drei Manuale samt Pedal wiesen 33 klingende Stimmen auf, die von fünf keilförmigen Blasbälgen für die Manuale und zwei großen für das Pedal mit Wind versorgt wurden. Als Bruckner sie 1880 sehr wahrscheinlich in Gegenwart des Organisten Louis Daniel Delessert versuchte, war sie schon altersschwach. 1901 wurde sie so gründlich abgebrochen, daß von ihr nur sechs Pfeifen, vier aus Holz und zwei aus Metall, übrig geblieben.

Der Reiseweg führte Bruckner weiter nach Freiburg. Aus der Stadt Calvins, Genf, war er an den Wirkungs- und Sterbeort des Petrus Canisius gekommen. Er wird mit einigem Erstaunen die romantische, malerische Lage der Stadt im Flußbogen der Saane gesehen haben, den „Grand pont suspendu", errichtet 1834, vor allem aber die große Orgel in der gotischen St.-Nikolaus-Kirche, von der sogar der Baedecker von 1893 zu berichten weiß, daß sie „eine der merkwürdigsten Europas ist, 67 Register mit

205 J. Vogt, Lithographie

7.800 Pfeifen habe, darunter einige zehn Meter lang." Sie ist von Alois Moser († 1839) verfertigt worden. Diese Orgel war Mosers Lebenswerk, er hat sie von 1824 bis 1834 erbaut und ihr, dem Geschmack der Zeit folgend, auch einen Donner-, Regen- und Hagel-Registerzug eingebaut, so daß sie ihren Ruf auch lautmalerisch rechtfertigen konnte. Von besonderer Wirkung war das Register der Vox humana. Ihr Klang wurde durch einen gemauerten Kanal in die Vorhalle und von dort in die Kirche geleitet. Bruckner hörte den Domorganisten Johann Vogt die d-Moll-Toccata von Bach spielen, stellte aber sogleich kritisch fest, daß dieser das Pedal „nur bis C gebrauchte". Auch hier gab es, wie in Genf, abendliche Orgelvorführungen. Bruckner wartete aber eine solche nicht ab, sondern fuhr weiter nach Bern, wo er am selben Abend des 7. Septembers ankam.

Am 8. September begab er sich zum Münster, der Hauptkirche der Reformierten, und

206 Bern

machte die Bekanntschaft des dortigen Organisten Johann Jakob Mendel. Dieser war gleich Bruckner durch seine Improvisationen bekannt und freute sich, den berühmten Orgelvirtuosen kennenzulernen. Den Notizen Bruckners zufolge: „Reformierte Cathedralorgel gespielt und Dr. Mendel mir ebenfalls gespielt. Ring-Fuge" haben beide Orgelmeister einander zur Huldigung über Themen aus Wagners „Ring des Nibelungen" phantasiert. Mendel hatte bei Cherubini in Paris studiert, war 1830 als Münsterorganist und Musikdirektor nach Bern berufen worden, wo er 1849—1851 den Umbau der früheren Münsterorgel ins Werk setzte. Die Orgelbaufirma Haas in Luzern hatte sie auf 50 klingende Stimmen erweitert. Das Musikleben von Bern hat Mendel sehr viel zu danken. Er hat Bruckners Spiel mit folgenden Worten lobend beurteilt: „Ja, der Bruckner sollte dasitzen, der versteht das noch ganz anders, dem reichen wir alle nicht das Wasser."

Linke Seite: 207 Bern, Münster, Blick zur Orgel
208 Bern, Bundeshaus

Bern mußte durch seine Anlage auf einem Bergrücken in einer Flußschlinge der Aare Bruckner an Freiburg erinnern, auch seine noch mittelalterlichen, von Lauben begleiteten Gassen werden ihren Eindruck gemacht haben. Der Meister sah sich den Bärenzwinger an mit den lebenden Wappentieren der Stadt, er sah sie als tanzende Figuren wieder an der Kunstuhr des „Zeitglockenturmes" aus dem 15. Jahrhundert und wird sich besonders an den possierlichen Bewegungen ergötzt haben. Vorher hatte er das Bundespalais besichtigt. Im Jahr 1880 konnte Bruckner nur den Westbau des heute dreigliedrigen Gebäudekomplexes gesehen haben, der 1851—1857 erbaut wurde. An dessen linker Seite stand das Hotel „Bernerhof". Der kuppelüberkrönte Mittelteil entstand erst 1894—1902, der anschließende Ostbau, dem Westbau äußerlich gleichend, 1888—1892. Der Meister hat sicher noch andere Gebäude in Augenschein genommen, er fuhr aber schon am Nachmittag des 8. September weiter nach Luzern.

209 *Luzern, Lithographie*

Luzern, die Stadt am Vierwaldstätter See, bot Bruckner das allen Besuchern bekannte anziehende Bild von malerischen Häusern und Dächern, See und Bergen, die dem Ganzen eine abwechslungsreiche Umrahmung geben. Die auf einer Anhöhe, „Im Hof", liegende Stiftskirche St. Leodegar grüßte mit ihren zwei spitzen Türmen den Ankömmling und überraschte ihn mit ihrer großen Orgel. 1640—1651 hatte sie Hans Geißler aus Salzburg gebaut, 1859 fand ein Umbau statt, den der seit 1837 in Luzern ansässige Orgelbauer Friedrich Haas, einer der besten seines Faches, durchführte. Die Orgel wurde dabei erweitert und am 1. September 1862 nach dreijähriger Bauzeit der Benutzung übergeben. Von da an fanden regelmäßig Orgelkonzerte statt, die bei Bruckners Besuch P. Ambros Meier abhielt. Mit diesem wurde der österreichische Meister bekanntgemacht und spielte, wie er in seinem Notizbuch festhielt: „vor dem Domorganisten P. Ambros, was Orgelbauer Haas in Szene gesetzt hat". Ob Bruckner auch die Stadt besichtigte wie in Bern, ist nicht bekannt. Er wird sich mindestens die aus dem 14. Jahrhundert stammende Holzbrücke, die „Kapellbrücke", angesehen haben, mit ihrer alten Dachkonstruktion, den vielen Bildern und Wappen und dem in der Mitte aufgerichteten Wasserturm, der Leuchtturm, Gefängnis, Schatzkammer und Stadtarchiv gewesen ist.

210 Tell-Kapelle mit Vierwaldstätter See, Stahlstich

In dieser berg- und aussichtsreichen Umgebung hatte Bruckner nicht nur Sinn für Orgelklänge, sondern auch für die Bergspitzen. So fuhr er über den See und von Vitznau auf den Rigi. Er muß am 9. oder 10. September eine Rundfahrt auf dem See gemacht haben, denn man findet den Ort Küßnacht erwähnt und die „hohle Gasse" im nördlichen Zipfel des Sees, aber auch die Tell-Kapelle, die sich am südlichen Zipfel, dem Urner See, befindet. Bruckner hat 1880 noch die aus dem 16. Jahrhundert stammende alte Kapelle gesehen; sie wurde 1881 renoviert und mit Wandgemälden geschmückt. Die Kapelle bezeichnet bekanntlich jene Stelle, wo der Überlieferung zufolge Wilhelm Tell als Gefangener des Landvogtes Geßler während eines Sturmes den Sprung aus dem Schiff wagte und sich so in Sicherheit brachte. Es wäre eine dankbare und sehr aufschlußreiche Aufgabe, wenn man ergründen könnte, welche Gedanken in Bruckner bei all diesen Erlebnissen aufstiegen. Er war aber kein Musiker-Literat, der seine Eindrücke niedergeschrieben hätte, und so müssen wir uns mit dem Wissen begnügen, daß Bruckner überall dort war. Eines darf aber sicher gefolgert werden: er hat, wenn auch unausgesprochen und nur in der IV. und VI. Symphonie anklingend, eine bejahende Einstellung zur Natur gehabt. Mag auch für die ganze Schweizer Reise nur die Sehnsucht nach dem Montblanc der Anlaß gewesen sein, so ist doch der Entschluß mit allen daran hängenden Ortsbesuchen ein Beweis, daß Bruckner nicht naturscheu war. Daß die Musik, als die ihn beherrschende Kraft, ihn von vielem abzog, was andere Menschen als nur allzu selbstverständlich in die Schatzkammer ihrer Erlebnisse einschließen, das war Bruckners Schicksal. Genauso, wie ja ein großer Teil dieser Sommerreise den Orgeln galt und den erholungsbedürftigen Bruckner wieder in seine künstlerische „Gefangenschaft" zurückrief. Als letztes Naturereignis stand ihm noch die Aussicht vom Rigi bevor.

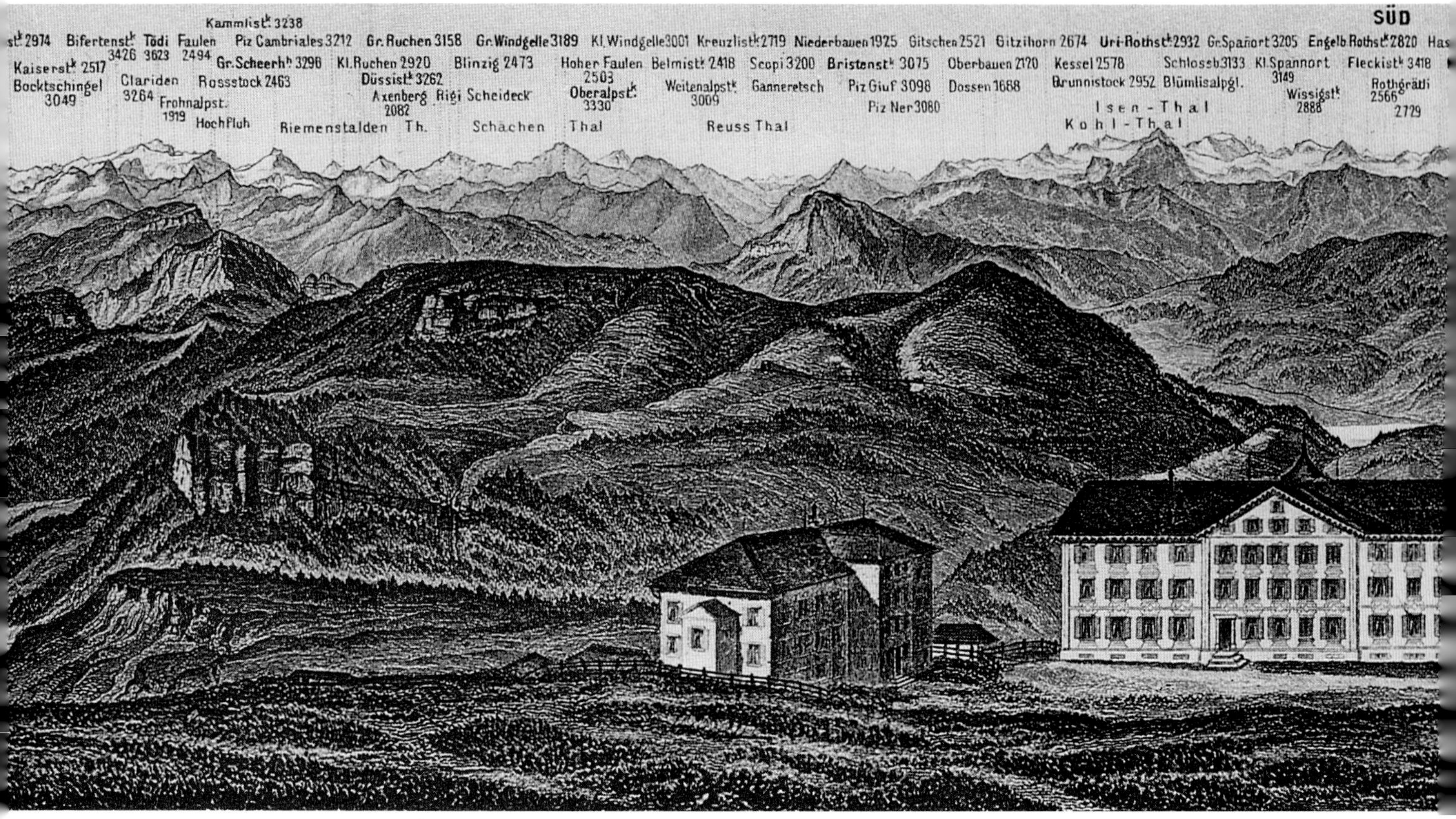

Kammlist. 3238

...st. 2974 Bifertenst. Tödi Faulen Piz Cambriales 3212 Gr. Ruchen 3158 Gr. Windgelle 3189 Kl. Windgelle 3001 Kreuzlist. 2719 Niederbauen 1925 Gitschen 2521 Gitzihorn 2674 Uri-Rothst. 2932 Gr. Spañort 3205 Engelb. Rothst. 2820 Has...
  3426 3623 2494
Kaiserst. 2517 Gr. Scheerh. 3298 Kl. Ruchen 2920 Blinzig 2473 Hoher Faulen Belmist. 2418 Scopi 3200 Bristenst. 3075 Oberbauen 2120 Kessel 2578 Schlossб. 3133 Kl. Spannort Fleckist. 3418
Bocktschingel Clariden Rossstock 2463 Düssist. 3262 2503 Weitenalpst. 3009 Ganneretsch Piz Giuf 3098 Dossen 1688 Brunnistock 2952 Blümlisalpgl. 3149 Rothgrätli
3049 3264 Frohnalpst. Axenberg Rigi Scheideck Oberalpst. Wissigst. 2566
  1919 Hochfluh 2082 3330 Piz Ner 3080 Isen-Thal 2888 2729
  Riemenstalden Th. Schächen Thal Reuss Thal Kohl-Thal

212 *Restaurant Rigi-Kulm,*
Photographie, 1897

211 Berner Alpen, Panorama vom Rigi-Kulm, Stich (Ausschnitt), 1893

Um auf den Rigi zu gelangen, der Volksmund sagt „die Rigi", benutzte Bruckner die erst von neun Jahren eröffnete Zahnradbahn, die erste ihrer Art in Europa. Mit maximal 28 Prozent Steigung überwindet die Bahn den Höhenunterschied von 1.300 m bis Rigi-Kulm, von wo aus man nur mehr 50 Meter bis zum Gipfel hat. Bruckner kam am 9. September nachmittag hinauf und blieb oben im Hotel über Nacht, um den Sonnenauf- und -untergang zu erleben. Der Abend war „sehr schön", der Sonnenuntergang „prachtvoll". Über den Sonnenaufgang notierte er: „Beim Aufgang herrschte etwas Nebel. Zur Morgenröte nach halb sechs Uhr aber war's ganz rein." Und weiter: „Beim Sonnenaufgang fiel wieder Nebel ein, doch stieg die Sonne etwas höher aus der Nebelschicht." Es bot sich ihm ein überwältigendes Panorama von Bergen und Seen vom Säntis bis zu den Viertausendern des Berner Oberlandes: Finsteraarhorn, Mönch, Eiger und Jungfrau. Der Pilatus zeigte ihm die Richtung, wohin er wieder zurück mußte. Sein Urteil lautete: „Die Berner Alpen waren prachtvoll". Köstlich in ihrer Naivität ist die anschließende Bemerkung: „NB. Man sieht über niedere oder schief stehende Bergspitzen auf andere ferne stehende; je entfernter die anderen, desto besser; desgleichen: je schiefer." Man muß es dem genialen Kontrapunktiker der V. Symphonie schon zugute halten, daß es ihm für perspektivische Erdbeschreibung an den geeigneten Ausdrücken mangelte. Aufschlußreich bleibt es jedenfalls, daß Bruckner das Phänomen der Fernsicht festzuhalten versuchte. Er war sicher auch beeindruckt davon, wie so viele vor und nach ihm. Die Darstellung des Rigi-Erlebnisses wäre nicht vollständig, wenn man nicht auch der für ihn nicht minder erfreulichen Begegnung mit der Tochter des Hoteliers, Babette Schreiber, Erwähnung täte. Die liebreizende Anmut dieser jungen Dame ließ sich für den Meister ohneweiters mit der Großartigkeit der Natur vereinen. Er konnte beides nicht lange genießen. Freitag, den 10. September, reiste er nachmittag von Luzern ab, kam am 11. September morgens um sieben Uhr in München an, fuhr um dreiviertel zehn Uhr nach Salzburg und weiter nach Linz. Die Heimat hatte ihn wieder, und all die schönen Berg- und Orgelerlebnisse lagen in seiner Erinnerung.

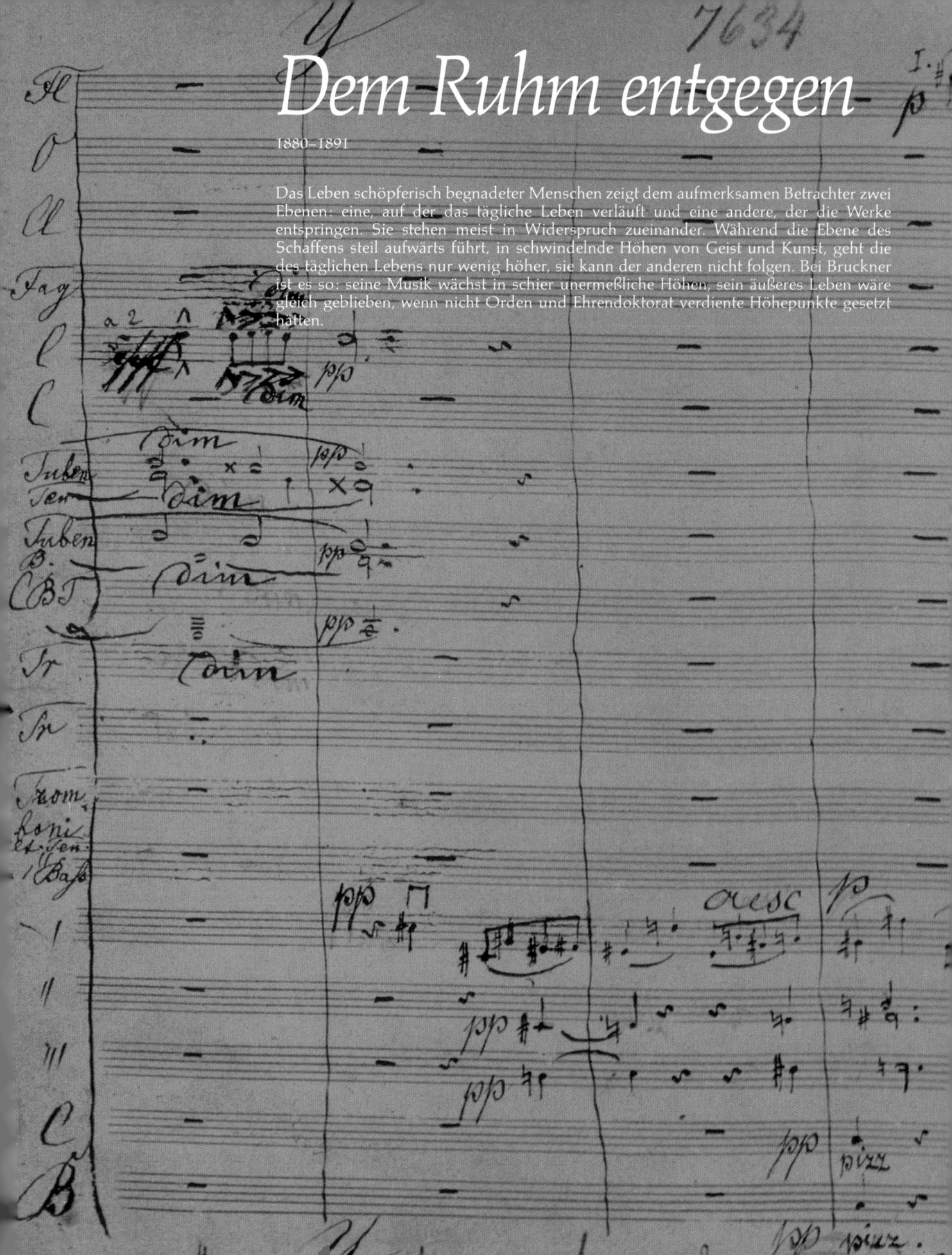

Dem Ruhm entgegen

1880–1891

Das Leben schöpferisch begnadeter Menschen zeigt dem aufmerksamen Betrachter zwei Ebenen: eine, auf der das tägliche Leben verläuft und eine andere, der die Werke entspringen. Sie stehen meist in Widerspruch zueinander. Während die Ebene des Schaffens steil aufwärts führt, in schwindelnde Höhen von Geist und Kunst, geht die des täglichen Lebens nur wenig höher, sie kann der anderen nicht folgen. Bei Bruckner ist es so: seine Musik wächst in schier unermeßliche Höhen, sein äußeres Leben wäre gleich geblieben, wenn nicht Orden und Ehrendoktorat verdiente Höhepunkte gesetzt hätten.

214 *Brand des Ringtheaters in Wien*

215 *A. Bruckner,*
Notiz über den Ringtheaterbrand

Bruckners sensitive, nervöse Natur ließ ihn zusammenschrecken bei Katastrophen, zwang ihn aber gleichzeitig, den makabren Ereignissen „ins Gesicht zu sehen". So wollte er unbedingt Kaiser Max von Mexiko sehen, war bei der Exhumierung von Beethoven und Schubert dabei, stieg in der Nürnberger Burg in die Verließe hinunter und war auch nicht abzuhalten, die Opfer der Katastrophe des Ringtheaterbrandes vom 8. Dezember 1881 anzusehen. Der Brand selbst hatte ihn ungeheuer aufgeregt, weil sein Wohnhaus unmittelbar gegenüber lag.

216 *Bayreuth, Festspielhaus, Holzschnitt*

Der äußere Lebensweg Bruckners führte uns mit der Schweizer Reise bis in den Sommer 1880 und zum Wiener Ringtheaterbrand 1881. Seit der V. Symphonie hat sich im Schaffen des Meisters inzwischen einiges ereignet und soll nun nachgeholt werden. Die Vollendung der V. Symphonie schließt den zweiten Schaffensbogen ab (vgl. S. 135). Ihr folgt ein „Tal" von Umarbeitungen. Es wird zuerst, 1875/76, die II. Symphonie umgearbeitet, danach, 1876/77, die Dritte. 1877 revidiert Bruckner die I. und II. Symphonie und nimmt in diesem Jahr auch die drei Messen vor, sie werden „rhythmisch" eingeteilt. Damit will Bruckner sagen, daß er ihren Periodenbau untersucht und etwaige „Unregelmäßigkeiten" auszumerzen bestrebt ist (vgl. Bild 113 mit der Stelle aus der e-Moll-Messe), 1877/78 kommt die V. Symphonie an die Reihe; es wird ihr die Baßtuba hinzugefügt, und auch sonst werden kleine Änderungen vorgenommen. Schließlich entsteht 1878—1880 die zweite Fassung der Vierten. Während dieser Arbeit schafft Bruckner aber ein neues Werk: das Streichquintett. Er beginnt es im Dezember 1878 und schließt die Partitur am 12. Juli 1879 ab. Neben dem als „Schulaufgabe" geschriebenen Streichquartett ist es sein einziges Kammermusikwerk. Man merkt an ihm einen Stil, den der Meister nur in diesem Werk schreibt und vermeint an so manchen Stellen Orchesterklänge herauszuhören, muß aber sofort wieder innewerden, daß es nur fünf Streichinstrumente sind. Am bekanntesten daraus ist wohl das Ges-Dur-Adagio. Nicht minder packend sind der erste Satz sowie das darauffolgende Scherzo. Es soll Hellmesberger zu kompliziert gewesen sein, daher schrieb Bruckner in etwas leichterer Art ein „Intermezzo" als Ersatz. Vollends neue Wege, harmonisch wie formal, geht das Finale. Aus dem Quintett kann festgestellt werden, daß Bruckners Stil einen deutlichen Prozeß des Reifens durchgemacht hatte. Dieser setzte sich fort in der nun beginnenden dritten Schaffensperiode von 1879—1887, von der VI. Symphonie über die VII. und das Te Deum bis zur VIII.

217 A. Bruckner,
Erinnerung an Bayreuth

Von Richard Wagner wird der Ausspruch überliefert: „Nur einen kenne ich, der an Beethoven hinanreicht — und der ist Bruckner". Die Wahrheit dieser Worte hat Bruckner in seinen Symphonien erwiesen, von denen nach der Schweizer Reise die Sechste 1881 vollendet vorlag. Sie fesselt vor allem durch ihre Rhythmen und deren Verbindung und läßt in so manchen ihrer „Gebilde" naturhafte Empfindungen mitschwingen, die sehr wohl ein ferner Nachklang der Reise sein können. 1881 entstand auch der erste Entwurf zum Te Deum. Gleichzeitig damit begann der Meister die VII. Symphonie. In ihrem Adagio steht jene Stelle, zwischen Buchstabe X und Y, die Bruckners Erschütterung wiedergibt, als er am 14. Februar 1883 vom tags zuvor eingetretenen Tod Wagners erfuhr. Das Hörnermotiv mit dem dreifachen Forte ist der Ausdruck tiefster Klage über den Verlust des Freundes (vgl. Bild 213). Er hatte Wagner das letzte Mal bei den Festspielen im Sommer 1882 gesehen und gesprochen, die Uraufführung des „Parsifal" am 26. Juli miterlebt und als ständiger Gast in „Wahnfried" noch so manches ihn beseligende Wort Wagners empfangen. So, wenn er Baron Hans von Wolzogen im Herbst 1884 brieflich in seiner unterwürfig klingenden Ausdrucksweise schreibt: „Anno 1882 sagte mir der damals schon leidende Meister indem er mich bei der Hand hielt: ‚Verlassen Sie sich, ich selbst werde die Sinfonie (die dritte war gemeint) und alle Ihre Werke aufführen.' Ich sagte: ‚O Meister!' Darauf erwiderte der Meister: ‚Waren Sie schon im Parsifal? Wie gefällt er Ihnen?' Weil mich Hochselber bei der Hand hielt, ließ ich mich auf die Knie, Hochseine Hand an meinen Mund drückend und küssend und sagte: ‚O Meister, ich bete Sie an!!!' Der Meister sagte hierauf: ‚Nur ruhig — Bruckner — Gute Nacht!!!' Dies war das letzte Wort des Meisters zu mir. Am anderen Tage erhielt ich noch eine Drohung vom Meister, hochwelcher im Parsifal hinter mir saß, weil ich so heftig applaudierte." Man muß den uns sehr devot anmutenden Stil Bruckners als eine seiner Eigenheiten hinnehmen, von denen er sein ganzes Leben hindurch nicht loskam. Seine Ausdrucksweise war gebunden an seine Jugendjahre, an seine Erziehung und nicht zuletzt an

218 Bayreuth, Haus Wahnfried, Zeichnung

ein ausgeprägtes Beharrungsvermögen in den verschiedensten Dingen des Lebens. Durch sein Äußeres war er den Bayreuthern als ständiger Besucher der Festspiele eine stadtbekannte Figur. Sein Zimmer hatte er seit 1882 beim Gastwirt Johann Gurt in der Ludwigstraße. Er benutzte seine Aufenthalte auch zu Ausflügen in die Umgebung. Hauptpunkte waren jedoch stets das Festspielhaus und das Haus Wahnfried, von 1883 an auch Wagners Grab im Garten der Villa Wahnfried, wo Bruckner stets zu beten pflegte und sich 1884 drei Efeublätter mitnahm. Wagner hatte Bruckner, seit er dessen Genie erkannt hatte, immer mit großer Aufmerksamkeit behandelt, und wenn er auch nicht dazu kam, Bruckners Symphonien aufzuführen, so war seine Teilnahme für Bruckner doch eine wirksame geistige Hilfe, die dieser innerhalb der Wiener Gegnerschaften gebrauchen konnte für seine eigene künstlerische Zuversicht. Bei seinem letzten Aufenthalt, 1886, damals wurde zum ersten Mal im Festspielhaus „Tristan und Isolde" aufgeführt, starb am 31. Juli in Bayreuth Franz Liszt. Bruckner und Göllerich waren beim Begräbnis, und am 4. August spielte Bruckner, einen Wunsch Cosima Wagners erfüllend, in der katholischen Stadtpfarrkirche beim Requiem die Orgel. Er improvisierte über den Verheißungsspruch und das Glaubensthema aus „Parsifal".

219 Prag, Stift Emaus

Ostern 1884 rief man Bruckner nach Prag. Die Böhmische Sparkasse hatte in dem von ihr errichteten Konzert- und Ausstellungsgebäude „Rudolfinum" auch eine Orgel bauen lassen. Universitätsmusikdirektor Langer aus Leipzig und Bruckner sollten die Kollaudierung vornehmen. Nach den Erinnerungen von Dr. Franz Marschner, einem Schüler Bruckners, spielte der Meister dabei auch Bruchstücke aus dem langsamen Satz eines Quintetts. Er kam mit Domkapellmeister Johann Nepomuk Skroup und Josef Förster zusammen und hatte im St.-Veits-Dom auf dem Hradschin am Oster-sonntag beim Hochamt gespielt. Am Ostermontag führte man ihn in das Kloster Emaus. Bruckner hörte dort Gregorianischen Choral und wohnte dem drei Stunden dauernden Gottesdienst andächtig bei. Man lud ihn auch zur Orgel des Prämonstratenserstiftes Strahow. Von Dr. Marschner erfahren wir, daß er wieder in einem ganz anderen Stil improvisierte wie im „Rudolfinum". Während bei dieser Improvisation der gewaltige Symphoniker zu spüren war, spielte er in Strahow mehr im Stile Händels. Diese Nachrichten bezeugen, daß Bruckners Phantasieren die verschiedensten Stile kannte und auch zur Darstellung brachte.

220 *Wien I, Schottenhof*

Im Jahre 1884 ergriff Bruckner wieder Gelegenheit, mit Liszt in Verbindung zu treten. Jetzt wollte er, nachdem seine III. Symphonie in Wagner eine Widmungspersönlichkeit gefunden hatte, auch für seine Zweite einen „guten Vater" finden. Er begab sich in den Schottenhof, in dem Liszt wohnte, und brachte seine Bitte vor. Liszt bedankte sich bei Bruckner am 29. Oktober, ließ aber die Partitur im Schottenhof liegen. Bruckner nahm die Partitur, als er davon erfuhr, verärgert an sich, und die Symphonie blieb als einzige von allen ohne Widmung. Ein zweiter, sicher bezeugter Besuch bei Liszt in diesem Hause fand im Mai 1885 statt. Der „Allgemeine Deutsche Musikverein", dessen Präsident Franz Liszt war, hatte für die Tonkünstlerversammlung in Karlsruhe das Adagio aus Bruckners Siebenter in das Programm aufgenommen. Liszt lud Bruckner ein, in dieser Angelegenheit zu ihm zu kommen. August Stradal beschreibt Bruckners äußere Erscheinung dabei: „Er kam in einem altmodischen Frack, den Chapeau claque in der Hand haltend. Die Toilette war nicht ganz zeitgemäß, da er zu dem Frack ein kurzes graues Beinkleid trug, aus welchem ganz mächtige Röhrenstiefel herauslugten."

Liszt, Weltmann durch und durch, weitgereister Virtuose, allen gesellschaftlichen Anforderungen souverän überlegen, konnte Bruckners unterwürfige Anrede „Euer Gnaden, Herr Kanonikus" nicht vertragen. Er verhielt sich ihm gegenüber sehr reserviert, wenn nicht abweisend, obwohl er Bruckners Musik nicht direkt ablehnend gegenüberstand. Seine bekannte Menschlichkeit, gepaart mit einem Gerechtigkeitssinn, der auch Andersgeartetes anzuerkennen bestrebt war, befähigten ihn, der Musik Bruckners wenigstens „höflich" gegenüberzutreten. Sein Brief vom Jahre 1880 bezieht sich auf die III. Symphonie, von der er den soeben erschienenen Erstdruck bestätigt. Auf die Widmungsbitte für die Zweite hat er ebenfalls in verbindlichem Ton geantwortet. Man darf mit Sicherheit daraus schließen, daß Liszt, wenn er schon die Brucknerische Tonsprache nicht gutheißen wollte, sich doch nicht zu den Gegnern des Meisters gesellte und daher Bruckner wenigstens nicht schadete.

223 *Hermann Levi, Radierung, 1894*

In der Mitte der achtziger Jahre begann Bruckners Ruf sich auszubreiten. Hatte er 1877 bei der Uraufführung der Dritten noch eine Niederlage hinnehmen müssen, so trat 1884/85 eine Wendung ein. Sie herbeigeführt zu haben, ist nicht zum Geringsten das Verdienst seiner Schüler, allen voran der Brüder Schalk und Ferdinand Löwes. Joseph Schalk hatte von der VII. Symphonie einen vierhändigen Klavierauszug hergestellt und trug das Werk auf zwei Klavieren am 27. Februar 1884 im Akademischen Wagner-Verein zusammen mit Löwe vor. Man suchte nach einem Dirigenten, der es wagen wollte, dieses Werk Bruckners aufzuführen. In Wien fand man niemand. Josef Schalk hatte in Leipzig zu tun und benutzte seine Anwesenheit in dieser Stadt, die VII. Symphonie Arthur Nikisch zu zeigen, der als Schüler des Wiener Konservatoriums von Bruckner wußte. Er war bereit, das Wagnis auf sich zu nehmen, aber als Konzert im Theater, da das Leipziger Gewandhaus für so „moderne" Musik nicht zu haben war. Die Aufführung fand am 30. Dezember 1884 statt, es war die Uraufführung und die zweite Aufführung einer Bruckner-Symphonie im Deutschen Reich. Dem Werk war großer Erfolg beschieden, und von diesem Tag an datiert Bruckners stets steigender Weltruhm. Bruckner war anwesend und konnte erfreut begeisterten Beifall und drei Lorbeerkränze entgegennehmen. Er hatte vor geladenen Gästen auch auf der Orgel im Gewandhaus improvisiert. Nikisch konnte die Siebente noch einmal, am 27. Jänner 1885, aufführen. Danach nahm ein anderer Dirigent sich Bruckners an und sollte einer seiner bedeutendsten Förderer werden: Hermann Levi. Er war der Dirigent der Parsifal-Aufführungen von 1882, und bei dieser Gelegenheit wurde Bruckner mit ihm bekannt. Er hatte ihm eine Symphonie, vermutlich die VI. zur Ansicht gegeben. Levi urteilte: „Es ist ein äußerst bedeutendes

224 H. Levi, Brief an A. Bruckner

Werk." Im Herbst 1884 übersandte ihm Bruckner durch Baron Fritz von Ostini die Siebente und erhielt von Levi den obenstehenden, äußerst aufschlußreichen Brief. Die Worte der Bewunderung sind uns ebenso verständlich, wie die Bedenken wegen des Publikums. Daß Levi mit dem Finale nicht zurechtgekommen ist, darf ebenfalls nicht überraschen, zeigt es doch eine aus den dynamischen Kräften erfließende Form, die den an die klassische Sonatenform gewohnten Dirigenten dieser Epoche befremden mußte. Wir wissen, daß Bruckner ihm den Aufbau erklärte, dann war Levi auch vom Finale begeistert und übertrug diese Begeisterung auf das Orchester, so daß die Aufführung vom 10. März 1885 im Odeonsaal zu München für Bruckner einen wahren Triumph bedeutete. Was Leipzig begonnen hatte, das setzte München in eine weltweite Wirkung um. Daher wird es für immer ein außerordentliches Verdienst Levis bleiben, die Aufführung unternommen zu haben. Sein Eintreten für die Siebente riß andere Dirigenten mit: so Friedrich Wüllner in Köln (1886), Dr. Carl Muck in Graz (1886) und im gleichen Jahr, nur eine Woche später, Hans Richter in Wien. Levi hatte sich auch sehr für die Drucklegung dieser Symphonie eingesetzt, die bereits im Dezember 1885 in Wien erschien. Es war also nur zu begreiflich, daß der Meister mit überschwänglicher Verehrung und Dankbarkeit Levi zugetan war. Jeder seiner Briefe an ihn gibt Zeugnis von diesen Empfindungen. Um so härter mußte es den Meister treffen, als Levi die VIII. Symphonie abwies, die er ihm 1887, gleich nach ihrer Fertigstellung, übersandte. Vielleicht war Levi dabei sozusagen eine „Macht des Schicksals", die Bruckner zur zweiten Fassung dieser Symphonie zwang. Trotz dieser herben Enttäuschung bezeugte der Meister ihm aber auch danach noch die gleiche Verehrung wie vorher.

223

Linke Seite: 225 A. Bruckner, Photographie, München, 1885
226 München, Odeonsaal, Photographie, um 1884

Der Münchner Aufenthalt 1885 bescherte Bruckner neben seinem Erfolg im Odeon-Saal aber auch noch andere freudige Ereignisse. Er wird es geradezu als Auszeichnung empfunden haben, daß er bei der Probe Gelegenheit hatte, die Tempi anzugeben. So kam das Werk bei der Aufführung ganz in seinem Sinn. Vom Adagio wird ein Zwischenfall berichtet: Als der Beckenschlag ertönte, ließ der Professor der Ästhetik, Riehl, ein lautes „Pfui" hören. Levi quittierte dies — sich umdrehend — mit einem „Pst". Das Konzert brachte im ersten Teil die Jagd-Ouvertüre von Mehul, das a-Moll-Violinkonzert von Viotti, Lieder von Schumann und Violinstücke von Fr. Sander. Dann folgte Bruckners Symphonie. Nach der Aufführung war großer Festabend zu Ehren Bruckners in der „Allotria", bei dem Levi Bruckner mit den Worten feierte: „Ich leere mein Glas auf den größten Symphoniker nach Beethovens Tod." Eine besondere musikalische Freude bereitete ihm Levi mit einer Aufführung der „Walküre" am 11. März. Sie wurde eigens für Bruckner angesetzt, es hätte eigentlich der „Trompeter von Säkkingen" sein sollen. Bruckner saß mit Eckstein, der ihn begleitete, auf Sesseln neben Levis Pult im Orchester. Nach der Aufführung, es war fast Mitternacht, hielt Levi an das Orchester folgende Ansprache: „Meine Herren! In diesem Hause haben wir schon oft vor dem König allein Meisterwerke gespielt. Wir haben einen Fürsten im Reich der Töne unter uns. Ich bitte Sie, für ihn noch einen Teil des Adagios seiner Symphonie zu spielen." So hörte Bruckner im leeren, abgedunkelten Hoftheater seine Trauer um Richard Wagner. (Vgl. Bild 213). Man spielte diese Stelle dreimal. Bei einer Matinee im Hause des Kunstschriftstellers Dr. Konrad Fiedler, der zu Bruckners begeisterten Freunden zählte, erlebte er auch eine eindrucksvolle Wiedergabe seines Streichquintetts.

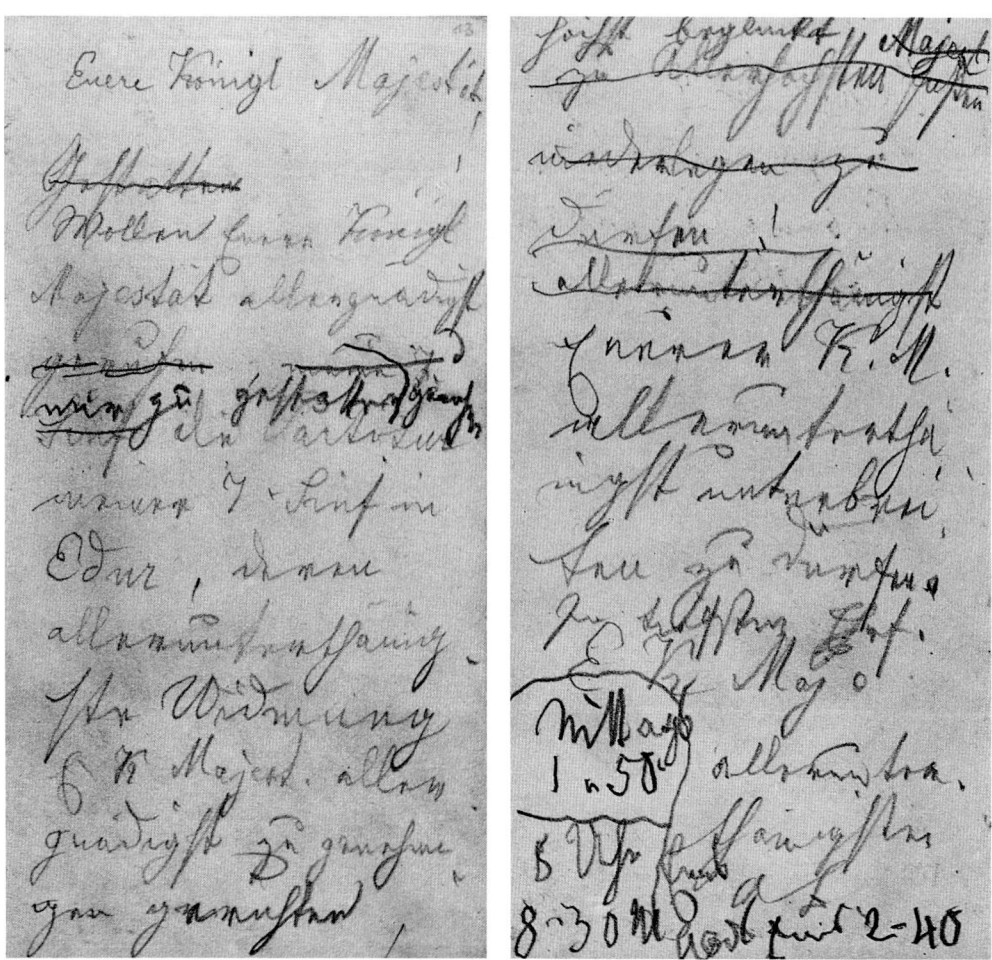

227 A. Bruckner, Briefkonzept an König Ludwig II., Autograph

Levi hatte die VII. Symphonie nicht nur aufgeführt, er sorgte sich auch um das fernere Schicksal des Werkes. Es sollte König Ludwig II. von Bayern gewidmet und gedruckt werden. Levis Bemühungen um die Widmung an den König hatten Erfolg. Bruckner konnte sich in einem Dankschreiben, Mitte Mai 1885, „unterthänigst" bedanken. Levi hatte ihm geraten, mit solchen Ausdrücken nicht zu sparen. Als im Dezember die Partitur gedruckt vorlag, übersandte Bruckner ein Exemplar an Ludwig II. Das oben abgebildete Begleitschreiben entwirft der Meister so: „Euere Königl. Majestät! Wollen Euere Königl. Majestät allergnädigst mir zu gestatten geruhen, die Partitur meiner 7. Sinf. in E-Dur, deren allerunterthänigste Widmung. E. K. Majest. allergnädigst zu genehmigen geruhten, höchst beglückt Euerer K. M. allerunterthänigst unterbreiten zu dürfen. In tiefster Ehrfurcht E. K. Majestät allerunterthänigster A. B." Von den durchgestrichenen Zeilen sind jene am Anfang der zweiten Seite für den Schwulst solcher Schreiben charakteristisch: „zu Allerhöchsten Füßen niederlegen zu dürfen!" Für die Drucklegung im Verlag Albert Gutmann, Wien, brachte Levi als Druckzuschuß 1.000 Gulden auf. Den Klavierauszug verfaßte der unermüdlich für Bruckner tätige Josef Schalk. Er las auch die Korrekturen der Partitur. So waren die Ereignisse in München für Bruckner ein großer Erfolg. Der Widerstand in Wien mußte nach und nach geringer werden, die Anerkennung seiner Werke ließ sich nicht mehr aufhalten.

228 Fritz v. Uhde, „Das Abendmahl", Gemälde

In München kam Bruckner aber nicht nur mit seiner Musik, sondern auch zum ersten Mal mit der bildenden Kunst in Berührung. Bei den der VII. Symphonie folgenden Abenden befanden sich unter den Gästen einige Maler. Das war für die Malerstadt München selbstverständlich. Es ist bekannt, daß neben den Dichtern Paul Heyse, Karl Stieler, auch Defregger, Uhde und Hermann Kaulbach anwesend waren. Kaulbach lud Bruckner ein, am kommenden Tag ihn in seinem Atelier zu besuchen, er möchte ihn porträtieren. Der Meister entsprach seinem Wunsch und kam in den Englischen Garten, wo Kaulbach seine Arbeitsstätte hatte. Die Überlieferung berichtet, daß Bruckner seine Nase zu groß gemalt fand und Kaulbach unausgesetzt bat, die Nase kleiner zu machen, er habe doch keine so fürchterliche Nase! So zog sich die Sitzung hinaus, Kaulbach wurde nervös, denn für ein Uhr wurden sie zu Hause erwartet. Eine große Gesellschaft hatte sich versammelt, der Bruckner aus dem ersten und zweiten Satz der Siebenten und aus dem Te Deum vorspielte. Das andere Porträt Bruckners aus München malte Fritz von Uhde in seinem berühmten „Abendmahl". Er wollte den Kopf des Meisters als Vorbild für einen der Apostel verwenden. Levi vermittelte diesen Wunsch über Bruckners Freund Almeroth an den Meister, der aber fragte mißtrauisch: „Zu was denn für ein Bild?" „Für ein Abendmahl Christi, er will einen der Apostel Deinen Kopf geben." Bruckner darauf ganz erstaunt: „Ja bin ich denn ein Jude? Ich bin ja gar nicht würdig, in der Gesellschaft der Apostel zu sitzen." Der Wunsch wurde abgeschlagen. Uhde aber fand während des Abends Gelegenheit, Bruckners Kopf zu skizzieren, und so ist er doch noch am Tischende ein Apostel Christi geworden. Als Bruckner später einmal das Bild in einer Wiener Ausstellung sah, war er sichtlich ergriffen. Außer den beiden Ölgemälden gibt es von diesem Aufenthalt auch Photographien von Hanfstaengl, die über Levis Betreiben zustandekamen.

Linke Seite: 229 Fritz v. Uhde, „Das Abendmahl" (Ausschnitt)
230 Steyr, Stadtpfarrhof

Während der Jahre, in denen Bruckner an der VII. und VIII. Symphonie arbeitete, hatte er im Sommer eine besondere Vorliebe für den Pfarrhof in Steyr. Aus seiner Jugendzeit mit Steyr und seinem Pfarrherrn bekannt, kam jetzt seit 1885 eine neuerliche Neigung für diesen Ort zum Durchbruch. Joh. Ev. Aichinger, der Stadtpfarrer, lud ihn immer wieder ein, und Bruckner fand im Pfarrhof nicht nur Erholung, sondern auch ungestörte Ruhe zum Arbeiten. Er benötigte sie vor allem dringend für die VIII. Symphonie, deren Skizze er am 10. August 1885 mit einem „Halleluja" abschloß, nachdem ihm die Vereinigung der vier Hauptthemen geglückt war. An ihr hat er bis zur Vollendung stets auch in Steyr gearbeitet. Man holte ihn auch zur Orgel, erfreut, ihn improvisieren zu hören. Mit dem Regenschori Franz Bayer war er freundschaftlich verbunden. Als dieser 1892 eine Aufführung des Requiems plante, sah Bruckner sein Jugendwerk durch und verbesserte es (vgl. S. 75).

231 *New York, Metropolitan Opera, Photographie, 1884*

Die Bemühungen der Schüler Bruckners zeitigten nach 1884 sichtbare Erfolge. Während von 1880 bis 1884 im ganzen nur vierzehn Aufführungen nachzuweisen sind, davon nur eine außerhalb Österreichs, beginnen sie sich nach der Uraufführung der VII. Symphonie, 1884, durch Nikisch in Leipzig, zu mehren. Das Jahr 1885, der Beginn von Bruckners Aufstieg, weist acht Aufführungen im Ausland auf, denen nur fünf in Österreich gegenüberstehen. Die Siebente beginnt ihren Siegeszug in die Welt: Leipzig, München (Levi), Karlsruhe (Mottl). Ihr steht in diesem Jahr zur Seite das Streichquintett (München und Köln), die d-Moll-Messe (Leipzig) und die III. Symphonie in Den Haag und New York. Sie ist das erste Werk von Bruckner, das in Amerika erklang. Der Dirigent war Anton Seidl, damals an der Metropolitan Opera tätig, einer der fähigsten und begabtesten Dirigenten seiner Zeit. Er stammte aus Budapest, hatte am Leipziger Konservatorium studiert und war von Hans Richter nach Bayreuth zu Richard Wagner empfohlen worden. 1875 engagierte ihn Angelo Neumann für die

232 *Anton Seidl, Holzschnitt*

Leipziger Oper. Dort lernte er durch Nikisch die VII. Symphonie von Bruckner kennen. Als er 1885 die Nachfolge von Damrosch in New York antrat, beschloß er, auch eine Symphonie Bruckners aufzuführen. Zu diesem Zeitpunkt war die VII. noch nicht erschienen, sondern nur die III. Diese brachte Anton Seidl nun am 16. Dezember 1885 in der Metropolitan Opera zur Aufführung. Die Symphonie wurde mit lebhaften Beifallsäußerungen gehört. „Man fand es bezeichnend, daß Bruckner in deutschen Ländern nicht gleich Anerkennung findet, obgleich dies die Symphonie eines Mannes ist, der als Musikgelehrter einen großen Ruf genießt." Seidl hat sich dann noch einmal für Bruckner in Amerika eingesetzt durch eine Aufführung der Vierten am 9. April 1888. Er fand in Theodor Thomas, dem ständigen Leiter der New Yorker Philharmonie, einen Nachahmer. Dieser ausgezeichnete Orchestererzieher dirigierte 1886 die VII. Symphonie in Boston und Chicago und 1892 in Cincinnati das Te Deum. Seit diesen Tagen hat sich in Amerika die Musik Anton Bruckners stetig verbreitet und mehr und mehr begeisterte Anhänger erworben.

Die Verbreitung der Musik Bruckners in Europa kann durch folgende Aufführungsdaten veranschaulicht werden. Auf die Siebente in München folgen 1885 Köln (Quintett), Karlsruhe (VII.), Leipzig (d-Moll-Messe), 1886 Sondershausen (IV.), Köln (VII.), Hamburg (VII.), München und Prag (Te Deum) und Amsterdam (VII.). Daran schließt sich eine Kette von Aufführungen der VII.: 1887 Berlin, Dresden (zweimal), Budapest, London, Köln und 1888 Prag, wo Muck die Siebente zweimal dirigiert. Die Welt begann hinzuhorchen auf Bruckners Musik. Wenn auch die Jahre 1889 und 1890 einen Rückgang brachten, so ließ sich der Siegeszug Bruckners doch nicht mehr aufhalten. Es ist das Verdienst jener jungen, begeisterten Menschen, die sich als Schüler

233 Friedrich Eckstein

234 A. Bruckner, Vollmacht für F. Eckstein

235 Dr. Karl Muck   236 Arthur Nikisch

um den Meister scharten. Einer der eigenartigsten, aber auch tatkräftigsten war Friedrich Eckstein. Bruckner, der seinen Getreuen gerne Spitznamen verlieh, nannte ihn „Samiel", nach der bekannten Gespensterfigur in Webers „Freischütz". Ecksteins Haartracht veranlaßte ihn dazu. „Samiel" half auch, wo immer er es vermochte. Er hatte chemische und mathematische Studien hinter sich und mußte nach dem frühen Tod seines Vaters die Leitung der chemischen Fabrik übernehmen. Hochgebildet, mit seltenen Geistesgaben ausgestattet, studierte er auch bei Josef Böhm und Cyrill Wolf Musiktheorie und Orgel. Philosophische und literarische Studien gehörten ebenfalls zu seinem Interessengebieten, wie Theosophie und die Sozialethik von Josef Popper-Lynkeus. 1881 kam er zu Bruckner, 1884 wurde er sein Privatschüler und bald sein Privatsekretär. Als solcher begleitete er ihn 1885 nach München, 1886 nach Graz, stets bemüht zu vermitteln und zu helfen. Er hat die Drucklegung des Te Deums bezahlt, auch die der vier Graduale und war um die Finanzierung des Bruckner-Konzertes vom 22. Jänner 1888 mit der IV. Symphonie unter Hans Richter besorgt. In dem von Max v. Oberleithner gegründeten „Oberösterreichischen Consortium", das dem Meister durch finanzielle Hilfe zu ungestörtem Arbeiten verhelfen wollte, war er gleichfalls mit einem namhaften Betrag vertreten. Am wichtigsten war er für Bruckner wohl durch seine Anwesenheit und seine Ratschläge.

237 *Hans Richter, Lithographie*

Wenn auch Persönlichkeiten wie Eckstein, Oberleithner, Theodor Hämmerle u. a. dem Meister sehr viel geholfen haben, so sind doch jene, die als Dirigenten Bruckners Werke zu klingendem Leben verhalfen, die wirklichen Verkünder seiner Musik geworden. Bei den in den achtziger Jahren herrschenden Gegenströmungen, vor allem in Wien, bedurfte es persönlichen Mutes, eine Bruckner-Symphonie aufzuführen. Man setzte sich der Gefahr aus, in der künstlerischen Laufbahn gehemmt zu werden. Von denen, die es wagten, seien als erste Felix Mottl und Arthur Nikisch genannt. Sie und Hermann Levi haben sich außerhalb Österreichs zuerst für Bruckner eingesetzt. In Wien fand sich 1881 Hans Richter bereit, die IV. Symphonie in einem vom Akademischen Wagner-Verein zugunsten des Deutschen Schulvereines veranstalteten Konzert zu dirigieren. In die von ihm geleiteten philharmonischen Konzerte wurde Bruckner vorläufig noch nicht zugelassen. Die Besorgnisse wegen der „Autoritäten" um Hanslick waren noch zu groß. Erst 1886 wagte man es, eine Symphonie Bruckners, die VII., auf das Programm eines philharmonischen Konzertes zu setzen, da war aber Dr. Karl Muck in Graz eine Woche zuvor mit einer Aufführung des gleichen Werkes vorangegangen. Das Eis war gebrochen, und Richter für die Musik Bruckners gewonnen. In seiner Ansprache beim Festabend danach betonte er: „Es hat sich ein radikaler Umschwung in der Meinung der gesamten philharmonischen Gesellschaft über Bruckner vollzogen. In den philharmonischen Konzerten soll und wird künftighin jede neue Bruckner-Symphonie zuerst aus den Partiturblättern in tönende Wirklichkeit übertreten." Mit den Aufführungen der IV. (1888), der III. (1890) und der VIII. (1892) hat Hans Richter dieses Wort in die Tat umgesetzt.

238 Ferdinand Löwe   239 Josef Schalk

Hans Richter war als Nachfolger Dessoffs (vgl. S. 157) von 1875 bis 1898 Kapellmeister an der Hofoper und Dirigent der philharmonischen Konzerte, zugleich auch Konzertdirigent der Gesellschaft der Musikfreunde. Er pflegte „machtvoll" zu dirigieren, dies auch im gesellschaftlichen Sinne, war dadurch aber auch gezwungen, Rücksichten zu nehmen. So mag er nicht immer zu Bruckner gestanden haben, wenn er auch dessen Genie anerkannte. Im Schatten dieser Größe des Wiener Opern- und Konzertlebens standen die heranwachsenden Schüler des Meisters, die Bruckner begeistert Gefolgschaft leisteten, allen voran Ferdinand Löwe und Josef Schalk. Löwe, 1865 in Wien geboren, besaß eine geradezu verblüffende Virtuosität im Partiturspiel und war allein oder mit Josef Schalk im Vierhändigspiel ein überzeugender Interpret Brucknerscher Symphonien. Auf solche Weise kam beispielsweise die Uraufführung des Te Deums (2. Mai 1885) zustande. Löwe hat nach 1897 als Dirigent sich die Pflege von Bruckners Werken besonders angelegen sein lassen. Er hat auch am 3. Februar 1903 die Uraufführung der IX. Symphonie in Wien dirigiert. Josef Schalk (geb. 1857) war Klavierlehrer am Konservatorium und stand ganz im Banne Bruckners und Hugo Wolfs. Gleich Löwe hat er viele Klavierauszüge von Werken Bruckners verfaßt und sich für den Meister auch literarisch eingesetzt. Er, sein Bruder Franz und Löwe haben jene Änderungen in den Symphonien Bruckners vorgenommen, vor allem in der IV., V. und IX., die man ihnen jetzt zum Vorwurf macht, aber zu Unrecht. Denn das Einrichten eines neu aufzuführenden Werkes war in dieser Zeit Kapellmeistergepflogenheit, und außerdem taten sie es nur aus „idealistischem, selbstlosen Streben", um die schwer verständliche Tonsprache Bruckners dem damaligen Publikum nahezubringen.

Euer Wohlgeborn,

hochschätzbarster Herr Professor !

Wir unterzeichneten Vertreter der Gemeinde
Ihres Geburtsortes Ansfelden nehmen es uns schon
lange zur größten Freude und Ehre an, daß
wir Sie, Herrn Professor, als einen unserer
Gemeinde-Angehörigen, als ein Kind Ansfeldens,
als unseren lieben Landsmann, betrachten und
schätzen können.

Nehmen Sie nun durch Ihr edles, talentvolles
und rühriges Wirken und Schaffen auf dem Gebiete
der Tonkunst einen europäischen Ruf sich annehmen,
fällt nothwendig, ein Widerschein Ihres Glanzes
und Ruhms auch auf jenen Ort, wo Ihr geschätzter
Herr Vater unermüdlich und rührig als Lehrer gewirkt,
wo Ihre Wiege gestanden, wo Sie die frohen
Tage Ihrer Jugend verlebt haben.

Nehmen Sie nun daneben, unsere Liebe, Bewunder-
nung und Verehrung für Sie, Herrn Professor,

240 Ehrenbürgerurkunde der Gemeinde Ansfelden

240

Ehrungen

1870, 1886, 1891

Für den schöpferisch tätigen Menschen ist das vollendete Werk selbst die erste unbedingte Anerkennung seines Könnens. Es wird ihn befriedigen und auszeichnen vor allen anderen Mitmenschen, denen es verwehrt ist, solches zu vollbringen. Damit aber steht er allein, ist auf sich gestellt und vermißt über kurz oder lang den Widerhall seiner Umwelt. Auch sollte die Mitwelt immer darauf bedacht sein, zu danken für solche Gaben, die ihr von den Künstlern aus der Schönheit des Geistes geschenkt werden. Das ist der Sinn äußerer Ehrungen, wie sie auch Bruckner zuteil wurden, ihm zur Gewißheit, daß er nicht umsonst geschaffen und gelitten hat.

241 *Wien I, Hofburg,*
Audienzzimmer

242 *Kaiser Franz Joseph I., Photographie, um 1890*

243 *Unterschrift des Kaisers*

9. Juli 886.

Lieber Freund!

[handwritten letter in Kurrentschrift]

244 *Rudolf Weinwurm, Brief an A. Bruckner*

Die kaiserliche Auszeichnung, zu der Weinwurm Bruckner beglückwünscht, war der Franz-Joseph-Orden. Er wurde dem Meister am 9. Juli 1886 vom Obersthofmeister Fürst Konstantin Hohenlohe in seiner Wohnung in der Heßgasse überreicht. Der Anreger dieser Würdigung war Hermann Levi. Nach der Te-Deum-Aufführung am 7. April 1886 hatte er sich in einem längeren Schreiben an die Herzogin Amalie von Bayern gewendet und sie gebeten, bei ihren kaiserlichen Verwandten in Wien ein gutes Wort für Bruckner einzulegen. „... Möchten doch Eure Königliche Hoheit gelegentlich Ihre Kaiserliche Kusine die Erzherzogin Valerie auf die Lage Bruckners aufmerksam machen." Dieser Hilferuf tat seine Wirkung. Die sehr musikliebende Herzogin — sie hatte das Te Deum gehört, und Brucknier war ihr vorgestellt worden— gab die Anregung weiter. Die Antwort lautete: „Der Kaiser wird sich der Sache annehmen, Bruckner würde einen Orden, eine Personalzulage und von Zeit zu Zeit Unterstützung vom Kaiser selbst bekommen." In der Audienz bei Kaiser Franz Joseph am 23. September 1886, als sich Bruckner dafür bedankte, tat der Meister die Bitte: „Verbietens allergnädigst dem Hanslick, daß er so schlecht schreibt über mich."

245 *A. Bruckner mit dem Franz-Josephs-Orden, Photographie, 1886*

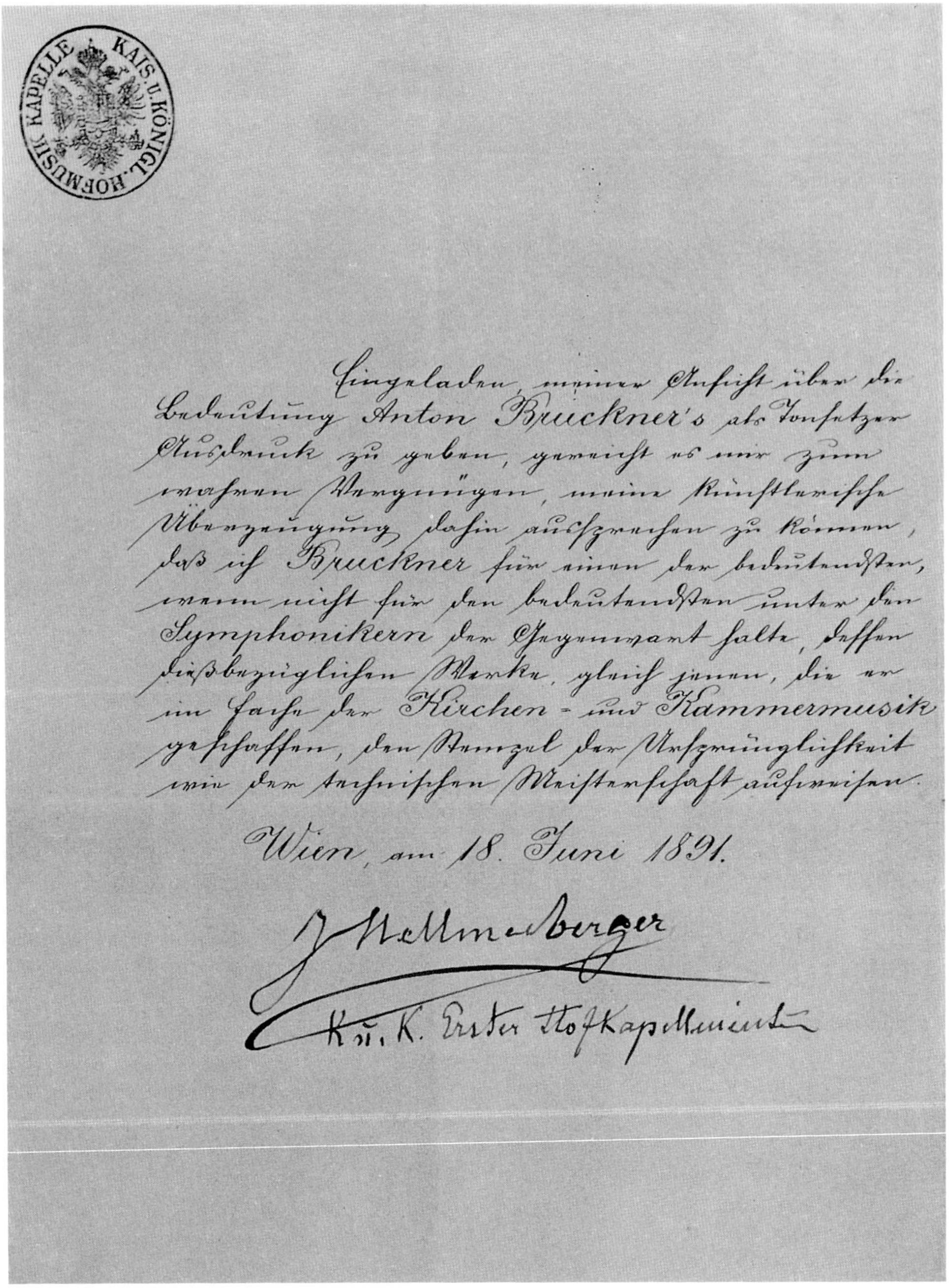

*Eingeladen, meiner Ansicht über die
Bedeutung Anton Bruckner's als Tonsetzer
Ausdruck zu geben, gereicht es mir zum
wahren Vergnügen, meine künstlerische
Überzeugung dahin aussprechen zu können,
daß ich Bruckner für einen der bedeutendsten,
wenn nicht für den bedeutendsten unter den
Symphonikern der Gegenwart halte, dessen
diesbezügliche Werke, gleich jenen, die er
im Fache der Kirchen- und Kammermusik
geschaffen, den Stempel der Ursprünglichkeit
von der tüchtigen Meisterschaft aufweisen.*

Wien, am 18. Juni 1891.

J. Hellmesberger

Kais. K. Erster Hofkapellmeister

246 *Josef Hellmesberger sen., Gutachten für A. Bruckner*

Als höchste Ehrung seines Wirkens schwebte Bruckner jedoch immer das Doktor-
diplom einer Universität vor. Brahms hatte bereits deren zwei bekommen: 1877
Cambridge (Dr. mus.) und 1879 Breslau (Dr. phil.). Es war nicht Titelsucht, die in
Bruckner diesen Wunsch wachrief, sondern vielmehr das Verlangen, seine Kunst,
die Musik, deren Gesetzmäßigkeit er so genau kannte, von der Hochschule in seiner
Person als Wissenschaft anerkannt zu finden (vgl. S. 175). Er hatte ihr gegen den
Willen und die Engstirnigkeit Hanslicks den Platz als Lehrfach an der Universität
erkämpft, er konnte eigentlich mit einer gewissen Berechtigung erwarten, daß man
ihn als den großen österreichischen Symphoniker auch so ehren würde. 1891 war
die Zeit reif dazu. Freunde hatten es unternommen, zur Einleitung des Verfahrens
Gutachten einzuholen. Hanslick, der Fachvertreter, lehnte aus begreiflichen Gründen
ab, Hellmesberger, der Bruckner gegenüber als dessen unmittelbarer Vorgesetzter
gelegentlich sehr ungnädig sein konnte, ließ es an Gerechtigkeit und Wohlwollen nicht
fehlen, wie sein Gutachten beweist. Von Levi kam ebenfalls ein sehr lobendes
Schreiben. So konnte der Physiker Univ.-Prof. Dr. Joseph Stefan in einer Sitzung

247 *Wien I, Neue Universität, Stich*

des Professorenkollegiums der philosophischen Fakultät den Antrag auf Verleihung
des philosophischen Doktorgrades honoris causa stellen; Hanslick war weggegangen.
Der Bericht an den Kaiser wurde infolge der Sommerferien erst am 29. September vom
Kaiser gelesen und genehmigt. Am 7. November fand die Promotion statt. Auf
Bruckners Wunsch waren dazu nur einige wenige Freunde geladen. Man versammelte
sich im Senatssitzungssaal der Neuen Universität. Rektor Exner hielt als erster eine
Ansprache an Bruckner. Nach ihm sprach als Promotor Professor Stefan. Dann versuchte
Bruckner zu danken, war aber zu ergriffen, als daß er seine Worte in zusammen-
hängende Sätze hätte fassen können. Schließlich fand er die Schlußworte: „So wie
ich möchte, kann ich Ihnen nicht danken; wäre eine Orgel hier, ich würde es Ihnen
schon sagen." Als Dank für diese Ehrung widmete er der Wiener Universität die 1890
abgeschlossene 2. Fassung seiner I. Symphonie. So hatte auch diese Schöpfung ihren
„Vater" (vgl. S. 219) bekommen, und von allen bisher entstandenen Symphonien
war nur die Zweite ohne Widmung geblieben. Bruckner hat dieses für ihn so
bedeutsame Ereignis in seinem Notizkalender von 1891 festgehalten. Genau notiert

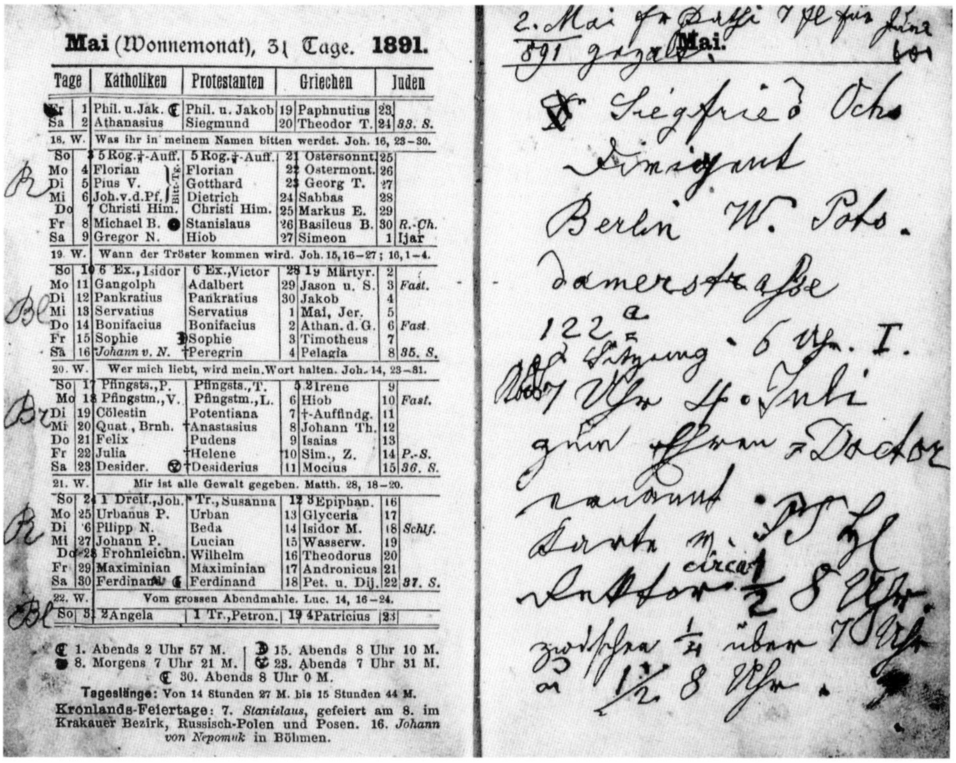

Mai (Wonnemonat), 31 Tage. **1891.**

Tage		Katholiken	Protestanten	Griechen	Juden
Fr	1	Phil. u. Jak. ☾	Phil. u. Jakob	19 Paphnutius	23
Sa	2	Athanasius	Siegmund	20 Theodor T.	24 33. S.
18. W.		Was ihr in meinem Namen bitten werdet. Joh. 16, 23–30.			
So	3	5 Rog.-Auff.	5 Rog.-Auff.	21 Ostersonnt.	25
Mo	4	Florian	Florian	22 Ostermont.	26
Di	5	Pius V.	Gotthard	23 Georg T.	27
Mi	6	Joh. v. d. Pf.	Dietrich	24 Sabbas	28
Do	7	Christi Him.	Christi Him.	25 Markus E.	29
Fr	8	Michael B. ●	Stanislaus	26 Basileus B.	30 R.-Ch.
Sa	9	Gregor N.	Hiob	27 Simeon	1 Ijar
19. W.		Wann der Tröster kommen wird. Joh. 15, 16–27; 16, 1–4.			
So	10	6 Ex., Isidor	6 Ex., Victor	28 19 Märtyr.	2
Mo	11	Gangolph	Adalbert	29 Jason u. S.	3 Fast.
Di	12	Pankratius	Pankratius	30 Jakob	4
Mi	13	Servatius	Servatius	1 Mai, Jer.	5
Do	14	Bonifacius	Bonifacius	2 Athan. d. G.	6 Fast.
Fr	15	Sophie	☽ Sophie	3 Timotheus	7
Sa	16	*Johann v. N.*	†Peregrin	4 Pelagia	8 35. S.
20. W.		Wer mich liebt, wird mein Wort halten. Joh. 14, 23–31.			
So	17	Pfingsts., P.	Pfingsts., T.	5 Irene	9
Mo	18	Pfingstm., V.	Pfingstm., L.	6 Hiob	10 Fast.
Di	19	Cölestin	Potentiana	7 †-Auffindg.	11
Mi	20	Quat., Brnh.	†Anastasius	8 Johann Th.	12
Do	21	Felix	Pudens	9 Isaias	13
Fr	22	Julia	†Helene	10 Sim., Z.	14 P.-S.
Sa	23	Desider.	†Desiderius	11 Mocius	15 36. S.
21. W.		Mir ist alle Gewalt gegeben. Matth. 28, 18–20.			
So	24	1 Dreif., Joh.	1 Tr., Susanna	12 3 Epiphan.	16
Mo	25	Urbanus P.	Urban	13 Glyceria	17
Di	26	Pilipp N.	Beda	14 Isidor M.	18 Schlf.
Mi	27	Johann P.	Lucian	15 Wasserw.	19
Do	28	Frohnleichn.	Wilhelm	16 Theodorus	20
Fr	29	Maximinian	Maximinian	17 Andronicus	21
Sa	30	Ferdinand	Ferdinand	18 Pet. u. Dij.	22 37. S.
22. W.		Vom grossen Abendmahle. Luc. 14, 16–24.			
So	31	2 Angela	1 Tr., Petron.	19 4 Patricius	23

☾ 1. Abends 2 Uhr 57 M. ☽ 15. Abends 8 Uhr 10 M.
● 8. Morgens 7 Uhr 21 M. 23. Abends 7 Uhr 31 M.
☾ 30. Abends 8 Uhr 0 M.
Tageslänge: Von 14 Stunden 27 M. bis 15 Stunden 44 M.
Kronlands-Feiertage: 7. *Stanislaus*, gefeiert am 8. im Krakauer Bezirk, Russisch-Polen und Posen. 16. *Johann von Nepomuk* in Böhmen.

2. Mai Dr Dalfi 7 fl für … 891 gezahlt.
Mai.
Dr Siegfried Ochs
Dirigent
Berlin W. Potsdamerstraße
122a
Sitzung 6 Uhr. I.
Abends 7 Uhr 4. Juli
zum Ehren-Doctor
ernannt. Karte v.
P T H
Rektor circa 1/2 8 Uhr.
zwischen 1/4 über 7 Uhr
u. 1/2 8 Uhr.

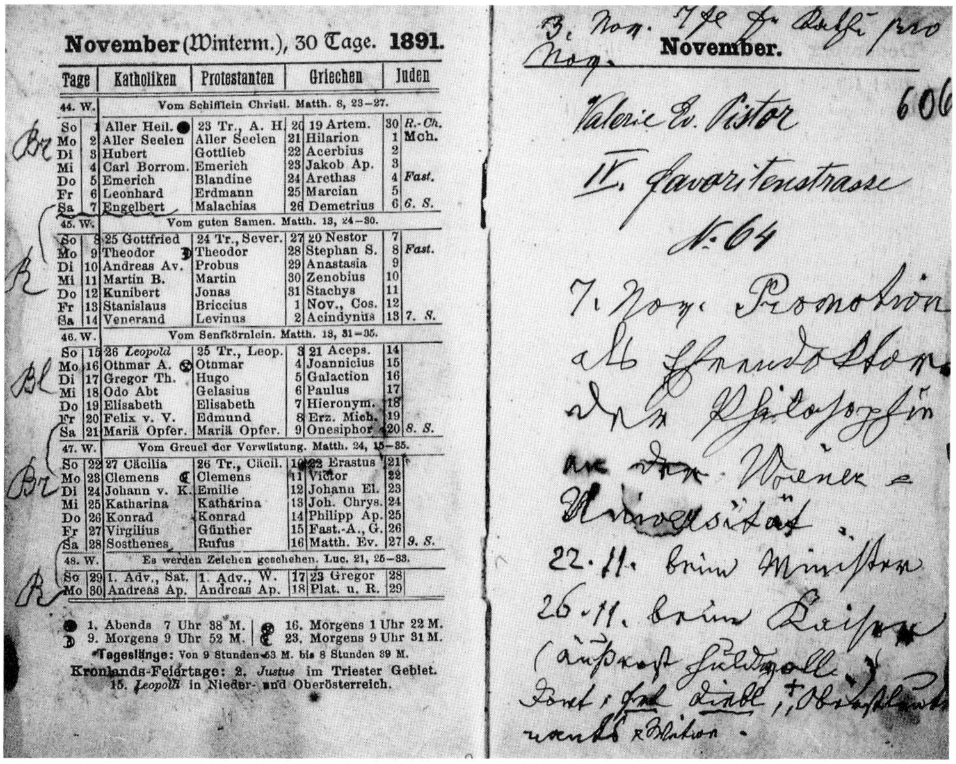

November (Winterm.), 30 Tage. **1891.**

Tage		Katholiken	Protestanten	Griechen	Juden
44. W.		Vom Schifflein Christi. Matth. 8, 23–27.			
So	1	Aller Heil. ●	23 Tr., A. H.	20 19 Artem.	30 R.-Ch.
Mo	2	Aller Seelen	Aller Seelen	21 Hilarion	1 Mch.
Di	3	Hubert	Gottlieb	22 Acerbius	2
Mi	4	Carl Borrom.	Emerich	23 Jakob Ap.	3
Do	5	Emerich	Blandine	24 Arethas	4 Fast.
Fr	6	Leonhard	Erdmann	25 Marcian	5
Sa	7	Engelbert	Malachias	26 Demetrius	6 6. S.
45. W.		Vom guten Samen. Matth. 13, 24–30.			
So	8	25 Gottfried	24 Tr., Sever.	27 20 Nestor	7
Mo	9	Theodor ☽	Theodor	28 Stephan S.	8 Fast.
Di	10	Andreas Av.	Probus	29 Anastasia	9
Mi	11	Martin B.	Martin	30 Zenobius	10
Do	12	Kunibert	Jonas	31 Stachys	11
Fr	13	Stanislaus	Briccius	1 Nov., Cos.	12
Sa	14	Venerand	Levinus	2 Acindynus	13 7. S.
46. W.		Vom Senfkörnlein. Matth. 13, 31–35.			
So	15	26 *Leopold*	25 Tr., Leop.	3 21 Aceps.	14
Mo	16	Othmar A.	Otmar	4 Joannicius	15
Di	17	Gregor Th.	Hugo	5 Galaction	16
Mi	18	Odo Abt	Gelasius	6 Paulus	17
Do	19	Elisabeth	Elisabeth	7 Hieronym.	18
Fr	20	Felix v. V.	Edmund	8 Erz. Mich.	19
Sa	21	Mariä Opfer.	Mariä Opfer.	9 Onesiphor	20 8. S.
47. W.		Vom Greuel der Verwüstung. Matth. 24, 15–35.			
So	22	27 Cäcilia	26 Tr., Cäcil.	10 22 Erastus	21
Mo	23	Clemens ☾	Clemens	11 Victor	22
Di	24	Johann v. K.	Emilie	12 Johann El.	23
Mi	25	Katharina	Katharina	13 Joh. Chrys.	24
Do	26	Konrad	Konrad	14 Philipp Ap.	25
Fr	27	Virgilius	Günther	15 Fast.-A., G.	26
Sa	28	Sosthenes	Rufus	16 Matth. Ev.	27 9. S.
48. W.		Es werden Zeichen geschehen. Luc. 21, 25–33.			
So	29	1. Adv., Sat.	1. Adv., W.	17 23 Gregor	28
Mo	30	Andreas Ap.	Andreas Ap.	18 Plat. u. R.	29

● 1. Abends 7 Uhr 38 M. 16. Morgens 1 Uhr 22 M.
☽ 9. Morgens 9 Uhr 52 M. ☾ 23. Morgens 9 Uhr 31 M.
Tageslänge: Von 9 Stunden 53 M. bis 8 Stunden 39 M.
Kronlands-Feiertage: 2. *Justus* im Triester Gebiet. 15. *Leopold* in Nieder- und Oberösterreich.

3. Nov. 7 fl Dr Dalfi pro Nov.
November.
Valerie Ev. Pistor 606
IV. Favoritenstrasse
N. 64
7. Nov. Promotion
als Ehrendoctor
der Philosophie
an der Wiener
Universität.
22. 11. beim Minister
26. 11. beim Kaiser
(äußerst huldvoll

248 Adolf Exner, Radierung von Ludwig Michalek, 1892

249/250 A. Bruckner, Eintragungen zur Ehrenpromotion

er den „4. Juli", daß er „Abends 7 Uhr zum Ehren-Doctor ernannt" wurde, genauer gesagt: daß der Antrag gestellt wurde. Rektor Exner muß ihm unmittelbar nach der Sitzung eine Karte geschrieben haben, denn es heißt: „Karte von P T H Rektor circa 1/2 8 Uhr, zwischen 1/4 über 7 Uhr und 1/2 8 Uhr." Exner war Bruckner wohlgesinnt und wollte ihn nicht lange aufgeregt warten lassen. Im November setzt Bruckner fort: „7. Nov. Promotion als Ehrendoktor der Philosophie an der Wiener Universität. 22. 11. beim Minister. 26. 11. beim Kaiser (äußerst huldvoll)." Unterrichtsminister war damals Paul Freiherr von Frankenthurn.

251 *Viktor Tilgner, Photographie, 1891*
252 *Viktor Tilgner, Modell seiner Büste A. Bruckners*

Für den Abend des Promotionstages hatten die Freunde Bruckners zu einem Souper in das Hotel Sacher geladen. Die Zwischenzeit benützte Carl Almeroth, um dem Bildhauer Viktor Tilgner Gelegenheit zu geben, eine Büste zu modellieren. Des Meisters Abneigung gegen solche Belästigungen war bekannt. Almeroth nutzte die festliche Stimmung Bruckners, machte ihm gleich nach der Feier den Vorschlag, sich von Tilgner porträtieren zu lassen, denn „das sei er jetzt der Universität schuldig". So fuhr man direkt von der Universität zum Schwarzenberg-Garten, in Tilgners Atelier. Bruckner betrachtete die vorbereitete haubenstockartige Tonform und meinte: „Also das werd' ich?!" Nach einer Stunde waren die Bruckner kennzeichnenden Linien schon herausgearbeitet. Nach mehreren Sitzungen erkannte Tilgner, daß es hier mit dem Kopf allein nicht genug sei. „Ich will den ganzen Mann haben", meinte er. So entstand die bekannte Büste, die als Halbfigur auch Oberkörper und Hand in die Darstellung einbezieht. Zuerst wurde die Tilgnersche Büste 1898 für das Bruckner-Denkmal in Steyr verwendet, 1899 folgte Wien.

253—255 A. Bruckner, Visitenkarten und Konzept dazu

Mit der Verleihung des Ehrendoktorates war eine langjährige Sehnsucht Bruckners erfüllt worden. Bei seinen Versuchen, es zu erlangen, fiel er einem skrupellosen Schwindler, einem Mr. Vincent, in die Hände. 1882 dachte Bruckner an die Universität Cambridge, 1885 an Philadelphia. Mit Hilfe Mr. Vincents, dem er viel Geld dafür bezahlte, richtete er ein diesbezügliches Ansuchen an die Universitäten dieser Städte. Nach einiger Zeit brachte der Schwindler Gesuch und Beilagen zurück, die er wahrscheinlich nie abgeschickt hatte, und erklärte, es sei derzeit keine Möglichkeit. Nun wurde der Versuch mit Cincinnati wiederholt, natürlich mit dem gleichen Ergebnis. Bruckner mußte nun doch einsehen, daß es bei diesem Mr. Vincent nicht mit rechten Dingen zugehe und begrub seine Hoffnungen. Wien hat sie ihm 1891 erfüllt, und die Visitenkarten wird Bruckner mit großer Genugtuung bestellt und gelesen haben.

256 A. Bruckner, Entwurf zur Dankrede beim Festkommers, Autograph

Die Promotion Bruckners war in aller Stille vor sich gegangen. Der Akademische Gesangsverein bereitete dem Meister nun in einem Festkommers die eigentliche Feier zu seiner hohen Ehrung. Unter mannigfachen Schwierigkeiten kam dieser „Bruckner-Kommers" am 11. Dezember 1891 in den Sophiensälen zustande. Bruckner war überrascht und zutiefst bewegt, als er bei seinem Eintritt die 3.000 Menschen gewahrte, die sich zu seiner Ehre zusammengefunden hatten. Nach der Festrede Franz Schaumanns dankte er. Anschließend ergriff Rektor Exner das Wort und schloß mit den berühmt-gewordenen Sätzen: „Wo die Wissenschaft halt machen muß, wo ihr unübersteigbare Schranken gesetzt sind, dort beginnt das Reich der Kunst, welche das auszudrücken vermag, was allem Wissen verschlossen bleibt. Ich, der Rector magnificus der Wiener Universität, beuge mich vor dem ehemaligen Unterlehrer von Windhaag!"

257 *Bad Ischl, Tuschzeichnung von Emil Jakob Schindler, 1886*

Außer den Orten, an denen Bruckner in Oberösterreich Lehrer gewesen war, gibt es noch eine ziemliche Anzahl anderer in seiner engeren Heimat, die er besuchte. Neben den Stiften St. Florian und Kremsmünster waren ihm auch Wilhering und Schlierbach bekannt. Die Orte in der Umgebung von Ansfelden hat er schon als Kind erlebt. Im Mühlviertel kam er nach Neufelden, wo Josefine Lang als verehelichte Weilnböck lebte. Vöcklabruck sah den Meister öfter, weil hier seine Schwester Rosalie verheiratet war, auch Schwanenstadt, der Aufenthaltsort des Mayfeld-Paares. An verschiedenen Sängerfahrten des „Frohsinn" hat Bruckner sicher auch teilgenommen. Südlich der Donau führten ihn seine Sommerreisen in das Kremstal, wo Alt- und Neu-Pernstein besichtigt wurden und ihn seine Fahrt bis nach Pießling führte. Er kam auch in das Salzkammergut, an den Attersee und weiter in die Berge bis Goisern, an den Hallstätter See, nach Gosaumühle. In Bad Ischl war Bruckner einige Tage, als er bei der Hochzeit der Kaisertochter Erzherzogin Marie Valerie mit Erzherzog Franz Salvator am 31. Juli 1890 Orgel zu spielen hatte. Es war der Wunsch der Braut, die Bruckner schon seit seiner Auszeichnung mit dem Franz-Josephs-Orden kannte.

258 Bad Ischl, Stadtpfarrkirche

Die Trauung fand in der Stadtpfarrkirche statt. Einer Vorschrift entsprechend, mußte Bruckner dem Obersthofmeisteramt bekanntgeben, was er zu spielen beabsichtigte. Diesem Umstand haben wir es zu verdanken, daß ein schriftliches Dokument von Bruckners Hand über eine seiner Improvisationen vorhanden ist. Er hätte sich seine Sache leichtmachen können, indem er irgend ein bekanntes Stück der Orgelliteratur, ein Präludium von J. S. Bach oder einen Sonatensatz von Mendelssohn, angegeben hätte. Er wäre aber nicht „der Bruckner" gewesen, wenn er nicht auch bei dieser Gelegenheit frei improvisiert hätte. So schrieb er auf, was er beabsichtigte, und reichte die zwei Blätter ein. Die Musik wurde als „nicht passend" zurückgewiesen, möglicherweise befragte der Obersthofmeister Hellmesberger, dann hätte dieser abgeraten. Auch der Vorschlag einer Improvisation über das Kaiserlied fand keine Zustimmung. Das würde den Kaiser „langweilen". Dabei muß man wissen, daß Kaiser Franz Joseph leider musikalisch nicht sehr interessiert war. Bruckner nahm die Abweisung zur Kenntnis und spielte dann über das Halleluja aus Händels „Messias" und verknüpfte es mit dem „Gott erhalte".

259

Wie Bruckner nachträglich erfuhr, hat das Spiel auf den Kaiser und die Hochzeitsgäste doch Eindruck gemacht. Die Majestät sprach bei der Tafel wiederholt davon und bemerkte zu Fürst Hohenlohe, der darauf hinwies, daß Bruckner der erste lebende Symphoniker sei, „er wisse das von München und habe selbst eine Sinfonie erhalten". Hier spielte der Kaiser auf die ihm von der Erzherzogin Marie Valerie übermittelten Anregungen aus München an, die zur Ordensverleihung an Bruckner geführt hatten, und auf die Widmung der VIII. Symphonie, deren Druckkosten er bezahlt hatte. Bruckner nahm an einem Diner teil, das im Hotel Post für 60 Ehrengäste stattfand, und empfing ein Ehrengeschenk von 100 Dukaten. Die beiden Seiten der Niederschrift zeigen, wie sich Bruckner das Vor- und Nachspiel dachte. Im Original schließt daran noch eine dritte Seite, die einen anderen Entwurf für das „Post festum" zeigt. Er ist weitaus dürftiger ausgeführt und benutzt, wie oben genannt, das Halleluja aus dem „Messias". Für den Anfang dachte sich Bruckner ein langsam und feierlich erklingendes C-Dur, das Motiv ist der Finale-Hauptgedanke seiner I. Symphonie und hat für die Hochzeit eine sehr charakteristische Wandlung durchgemacht. In der Symphonie erklingt das Motiv in Moll und außerdem „bewegt, feurig". Bruckner hat also seinen eigenen Einfall für diesen freundlichen Anlaß vollkommen geändert und ihm die drängende Wildheit genommen. Vom dritten Takt des zweiten Systems an merkt man, wie er das Motiv verwendet. Er setzt es in Gegenbewegung und führt es genau wie in der ersten Phrase in die Dominante. Den scharf punktierten Rhythmus läßt er weiter-

252

259/260 A. Bruckner, Ischler Improvisation, Autograph

arbeiten und erreicht mit ihm nach verschiedenen chromatischen Zusammenklängen wieder das monumentale C-Dur des Anfangs („Vom Anfang"). Das „Gott erhalte" sollte vermutlich anschließen, daher „Volkshymne". Das Motiv des „Post festum" stammt ebenfalls aus dem Finale der I. Symphonie, es ist der Seitensatz (Takt 40 ff.). Diese zweite Seite enthält drei Vorschläge: 1. Halleluja von Händel oder Kaiserlied-Improvisation; 2. eine Improvisation, die beide Themen „vermischt", und 3. eine Improvisation, die „alle drei Themen vermischen" soll. Verschiedene Versuche, Gedanken, Verknüpfungen stehen links und rechts auf der unteren Hälfte der Seite mit Bleistift hingeschrieben: links ein Motiv aus dem Kaiserlied, rechts unten das auf der ersten Zeile geschriebene Seitensatzmotiv, aber im Baßschlüssel für das Pedal. Warum Bruckner zu diesen Motiven griff, ist leicht erklärt. Er hatte anfangs 1890 begonnen, seine I. Symphonie umzuarbeiten, und diese Arbeit mit dem Finale in Angriff genommen. Vom 12. März bis 29. Juni war er damit beschäftigt. So trug er die Gedanken dieser Symphonie mit sich herum. Als nun vom Obersthofmeisteramt die Aufforderung kam, bekannt zu geben, was er spielen werde, benutzte er sie in veränderter Form. Das „kecke Beserl" verwandelte sich unter seinen Händen in eine feierliche Hochzeitsgratulation. Er konnte sie jedoch nicht vorbringen, weil es ihm nicht erlaubt wurde. Aber ein kostbares Zeugnis Brucknerscher Gedankenarbeit ist uns davon erhalten geblieben.

»Non confundar...«

Wien, 1892-1896

Langsam, stetig war Bruckner im Leben hinangestiegen in die Höhen seiner Musik. Den einfachen, armen Lehrer hatte diese Musik aus der Pflicht des Unterrichts in die Berufung des Musizierens und Musikschaffens geführt. Er hatte ihre Gesetze ergründet in jahrelanger mühevoller Hingebung. Sie eröffnete sich ihm nicht nur als Kunst, sondern auch als „Wissenschaft". Er wurde darob mit Krankheit geschlagen, aber sein Genius erlöste ihn daraus und gab ihm die Kraft weiter zu gehen. Ganz in die Klänge der Symphonie gerufen, mußte er gleichwohl wieder die Fron des Lehrers auf sich nehmen; nun in der Musik, aber dennoch quälend, weil Hohes in ihm zur Vollendung drängte. Bitternis und Enttäuschung waren seine Begleiter, von Menschen aufgeschürt, die ihn mit Haß verfolgten. Langsam nur brach die Sonne durch die Wolken, er konnte sich verstanden fühlen, durfte denken, er habe nicht umsonst gelebt. So fügte er die Summe seines Lebens in die Töne der IX. Symphonie demütig und hoffend: „Non confundar".

PHILHARMONISCHER CHOR
Dirigent: **Siegfried Ochs.**

Berlin 1893/94.

II. CONCERT

am 8. Januar 1894, Abends 8 Uhr im Saale der Philharmonie.

MITWIRKENDE:

Fräulein **Jeanette de Jong** (Sopran)	Herr Hofopernsänger **Georg Ritter**
Fräulein **Anna Corver** (Mezzosopran)	Herr **B. Lurgenstein** (Bass). (Tenor)
Fräulein **Marie Snyders** (Alt)	Herr **Dr. Heinrich Reimann** (Orgel und Clavierbegleitung).

Das Philharmonische Orchester.

PROGRAMM.

1. **Toccata** (D-moll) für Orgel . . . . *Joh. Seb. Bach.*
   Herr **Dr. Reimann.**

2. **Der Mensch und das Leben** . . . . *Eugen d'Albert.*
   Für sechsstimmigen Chor und Orchester (Manuscript, zum 1. Mal, unter Leitung des Componisten).

3. **Vier Stücke** von . . . . *Hugo Wolf.*
   (Sämmtlich Manuscript, zum 1. Mal.)
   I. Zwei Gesänge für eine Singstimme mit Orchesterbegleitung.

   a. Orchestervorspiel und **Margit's Gesang** aus: „Das Fest auf Solhaug" von *H. Ibsen.*
   Frl. Anna Corver.

   b. **Anakreon's Grab.**
   Herr Georg Ritter.

   II. c. **Elfenlied.** Für Sopransolo, Frauenchor und kleines Orchester.
   Frl. Jeanette de Jong.

   d. **Der Feuerreiter.** Ballade für gemischten Chor und grosses Orchester.

4. **Zwei Terzette.**
   a) Canon aus „La cosa rara" . . . . *V. Martin.*
   b) Terzett aus „Blanche de Provence" . . . . *L. Cherubini.*

10 Minuten Pause.

5. **Tedeum** . . . . *Anton Bruckner.*
   Für vier Solostimmen, Chor, Orgel und Orchester.
   Soli: Die Damen de Jong und Snyders, die Herren Ritter und Lurgenstein.

Concertflügel: Blüthner.

Linke Seite: 262 Hugo Wolf
263 Konzertprogramm, Berlin, 1894

Es ist ein merkwürdiger Zufall in der Musikgeschichte des 19. Jahrhunderts, daß an seinem Beginn dem großen Symphoniker Beethoven der nicht minder große „Liederfürst" Franz Schubert zur Seite steht. Bruckner und Hugo Wolf bilden am Ende dieser Epoche ein ähnliches Paar. Die Charaktere waren allerdings zu verschieden, als daß es zu einer nahen persönlichen Freundschaft kommen konnte. Aber so wie Bruckner Hugo Wolf für den „talentvollsten der jungen neudeutschen Schule" hielt, so war auch Wolf die Größe des Brucknerschen symphonischen Schaffens bewußt. Er hatte sich zu dieser Einstellung allerdings erst durchringen müssen. Anfänglich warf er Bruckner „Mangel an Intelligenz" und „Zerfahrenheit" vor. Die Freunde Bruckners bemühten sich, ihn umzustimmen. Das gelang auch, und nach einem persönlichen Zusammentreffen in Klosterneuburg zu Fronleichnam 1885 war Wolf für Bruckner gewonnen. Sie waren dann auch 1894 in Berlin in einem Konzert vielbejubelte Nachbarn.

eater in Graz.

Heinrich Gottinger.

Theater am Stadtpark

Montag den 9. April 1894, halb 8 Uhr Abends:

Symphonie-Concert

unter Leitung des Capellmeisters Herrn Franz Schalk

und unter Mitwirkung des Herrn Richard Epstein.

Programm:

1. L. v. Beethoven: Ouverture, op. 124 („Die Weihe des Hauses").
2. Dr. Anton Bruckner: V. Symphonie in B-dur, für großes Orchester. (Erste Aufführung überhaupt) I. Adagio-Allegro. II. Adagio. III. Scherzo. IV. Finale.
3. Franz Liszt: Concert für Clavier mit Orchester in Es-dur. Clavier: Herr R. Epstein.
4. R. Wagner: Vorspiel zu: „Die Meistersinger von Nürnberg".

Der Concertflügel von Bösendorfer ist aus dem Etablissement des Herrn A. Fiedler

Preise der Plätze:

Loge für vier Personen 7 fl., jede weitere Person 1 fl. 50 kr. — Logensitz 2 fl. 50 kr. — Ein Fremdenlogensitz 2 fl. 50 kr. — Sperrsitz im Parterre 1 fl. 50 kr. — Ein Cercle- oder Balkonsitz 2 fl. — Eintritt ins Parterre 50 kr. — Erste Galerie 35 kr. — Zweite Galerie 20 kr. — Garnisonsbillets und Studentenkarten für das Stehparterre à 20 kr. sind giltig. Gesichts-Entrée ist gänzlich aufgehoben. Ermäßigte Karten für Sperrsitze haben Giltigkeit. Verkaufte Billets werden von den Cassieren an der Casse nicht mehr zurückgenommen. — Ohne Karte ist Niemandem der Eintritt gestattet. Die Tagescasse ist von 9 bis 1 Uhr Vormittags und von 3—4 Uhr Nachmittags geöffnet.

Cassa-Eröffnung 7 Uhr.   **Anfang halb 8 Uhr.**

Morgen Dienstag den 10. April im Theater am Stadtpark:

Wohlthätigkeits-Vorstellung zu Gunsten der Grazer Stadtarmen.

Ein armes Mädel

Posse mit Gesang in 3 Acten (6 Bildern) von Leopold Krenn und Carl Lindau. Musik von Leopold Kuhn.

In Vorbereitung: **Der Obersteiger**

Operette in 3 Aufzügen von M. West und L. Held. Musik von C. Zeller.

264 Plakat, Graz 1894
265 Franz Schalk

Jeder dieser Schüler und Freunde hat sein gerütteltes Maß von Verdiensten um Anton Bruckner. Wenn Franz Schalk hier im besonderen genannt wird, so deshalb, weil er mit Bruckner und seinen Werken in der Zeit ihrer Entstehung in tiefgehendem Zusammenhang steht. Er hat bei der Umarbeitung der III. wie der VIII. Symphonie entscheidenden Einfluß auf Bruckner genommen. Der Meister nannte ihn „Francisce" und brachte ihm großes Vertrauen entgegen. Schalk war nach Beendigung der Studien am Wiener Konservatorium, 1881, Kapellmeister in Czernowitz und Reichenberg, 1890—1895 wirkte er als Opern- und Konzertdirigent in Graz. Hier veranstaltete er die Uraufführung der V. Symphonie Bruckners, der aber der Meister krankheitshalber nicht beiwohnen konnte. Für die Aufführung erhielt er von Bruckner die Erlaubnis, den am Schluß einsetzenden Choral, gesondert postiert, von einer eigenen Bläsergruppe vortragen zu lassen. Seine hervorragenden Dirigentenfähigkeiten führten ihn von Graz über Covent-Garden, die Metropolitan Opera und die königliche Oper in Berlin 1900 an die Wiener Hofoper, der er von 1918 bis 1929 als Direktor vorstand. Franz

258

Graz. 10.IV. 94

Verehrtester Meister!

Sie werden gewiss schon mündlichen Bericht haben über die ungeheure Wirkung, die Ihre große herrliche „V" hier hervorrief.

Ich kann hier nur betheuern dass der Abend für die Zeit

[rechte Spalte:] meines Le... ... en Erinne... deren ich je... ...konnte... in die Gefil... wandeln... Von der viert... des Finals... eine Vorstell... nicht gehö...

Schalk besaß ein außerordentlich hohes Maß an Musikalität und Intelligenz, gepaart mit umfassender Organisationsgabe. So war er schon in jungen Jahren ein sehr kritischer Beobachter und fügte sich mit seinem Bruder Josef und Ferdinand Löwe zu einem Triumvirat zusammen, das Bruckner sicher manchmal auch mit seinen „Kapellmeister"-Vorschlägen bedrängt und nicht erfreut haben wird. Wir wissen, daß dahinter der begeisterte Wille dieser werdenden Dirigenten stand, der von ihnen in ihrem Wert vollkommen erkannten Brucknerschen Musik zum Durchbruch zu verhelfen. Bruckner mochte dies auch einsehen, denn sonst hätte er nicht gerade Franz Schalk zu den Umarbeitungen herangezogen. Sowohl vom Finale der Dritten wie der Achten gibt es Partiturabschriften von der Hand Franz Schalks, mit den von ihm vorgeschlagenen Kürzungen und Instrumentationsabänderungen.

266 F. Schalk, Brief an A. Bruckner

Im Falle der Dritten hat Bruckner beispielsweise zwei der drei Kürzungsvorschläge nicht angenommen, wohl aber den dritten, so daß nun zwei von Schalk „verfaßte" Überleitungstakte (Takt 391/392) in Bruckners Partitur stehen. Berühmter noch ist der von den Schülern angeratene Pianissimo-Schluß des 1. Satzes der VIII. Symphonie. Auch hier gibt es den schriftlichen Nachweis für die Mitwirkung Franz Schalks. Seine unbegrenzte Verehrung für Bruckner machte aus ihm einen „Bruckner-Apostel", der, wie Ferdinand Löwe, als Zweiter im Bunde, in zahllosen Aufführungen der Welt immer wieder gezeigt hat, daß Bruckner zu den größten Komponisten zählt.

Linke Seite: 267 A. Bruckner, Photographie, 1894
268 Lehnsessel Bruckners

Die Uraufführung der V. Symphonie in Graz war wohl das bedeutendste Geschenk, das Bruckner im Jahre seines 70. Geburtstages empfing. Begonnen hatte es triumphal in Berlin am 6., 8. und 11. Jänner mit der VII. Symphonie, dem Streichquintett und dem Te Deum, die Vollendung empfing es mit dem 30. November. An diesem Tag schrieb Bruckner die letzten Noten des Adagios seiner IX. Symphonie. Hierin steht schon sein „Abschied vom Leben". Am 5. November nahm er auch Abschied von seinen geliebten „Gaudeamus", als er die letzte Vorlesung in der Universität hielt. Am Vortag hatte er noch die erste konzertmäßige Aufführung seiner f-Moll-Messe im großen Musikvereinssaal gehört. Bei der Nennung dieses großen Werkes, groß an Geist, Können und Gefühl, sollte man nicht vergessen, daß ihr Schöpfer in kaum begreiflicher Einfachheit lebte. Die sehr wahrscheinlich 1894 angefertigten Aufnahmen des 70jährigen Bruckner zeigen seine Wohnung in der Heßgasse 7 und lassen die Bedürfnislosigkeit des Meisters ahnen. Für ihn stellte der bequeme gepolsterte Lehnsessel und das ihm von seinen „Gaudeamus" verehrte große Messingbett (vgl. Bild 284) den einzigen Luxus dar.

269 Bruckners Arbeitstisch
270 A. Bruckner, IX. Symphonie, Hauptthema des 1. Satzes, Autograph

An „Schmuck" besaßen die zwei Zimmer nur die Büste Richard Wagners von Kietz, die Bilder Beethovens und Wagners sowie eines „Mozart an der Orgel". Ein Porträt Bruckners, 1882 von Ebeling gemalt, hing in einem Zimmer, im anderen eine der Aufnahmen von Hanfstaengl. Ein Marienhilfbild und ein Madonnenrelief aus Wachs waren vorhanden, dazu die Photographie seiner Mutter auf dem Totenbett (s. Bild 83). In der Mitte des ersten Zimmers stand der alte Bösendorferflügel und das Arbeitstischchen, an dem der Meister schrieb, aber auch seine Privatstunden abhielt. Der Schüler saß dabei an der Schmalseite des Tisches. Bruckner arbeitete beim Licht zweier Kerzen, die er sorgfältig mit den nassen Fingerspitzen zu löschen pflegte. Seit dem Ringtheaterbrand hatte er große Angst vor Feuer. Auf dem Notenpult des Klaviers lagen die Partiturseiten des jeweils in Arbeit befindlichen Werkes, die unvermeidliche Schnupftabakdose stand an der Seite. Im übrigen war der Flügel mit Noten, Handschriften und einem Teil der Garderobe des Meisters bedeckt. In solcher Umgebung entstanden die Partituren Bruckners in seiner feinen, klaren Handschrift, wie sie das Hauptthema der IX. Symphonie zeigt.

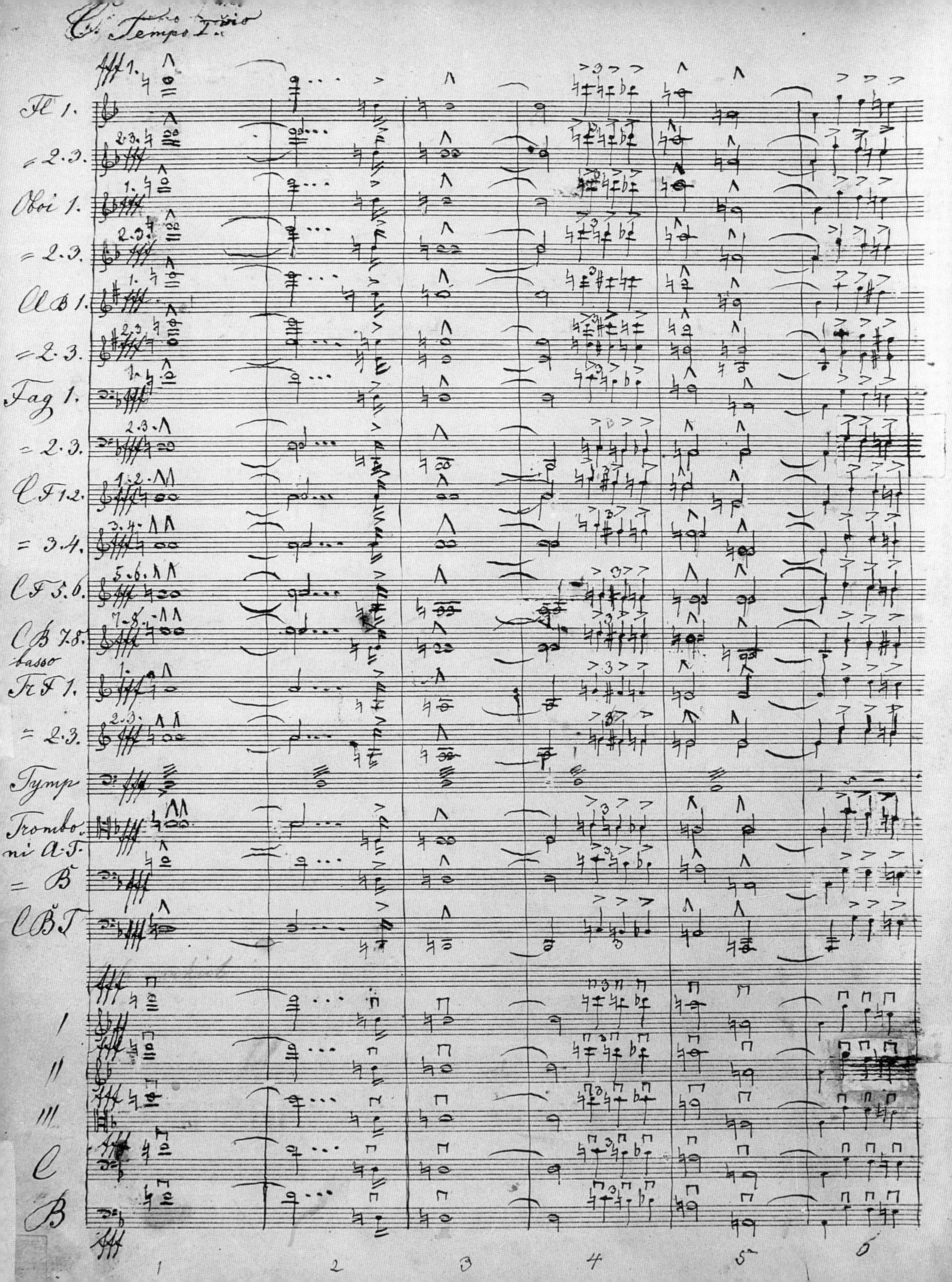

Tempo I.
Fl 1.
Oboi 1.
Fag 1.
Tymp
Trombo-
ni A.T.

271 A. Bruckners Klavier
272 A. Bruckner, Photographie, 1894

Wesentliche Hilfe bei der kompositorischen Arbeit war Bruckner sein Bösendorfer (vgl. auch Bild 65). Er pflegte seine Klangvorstellungen auf dem Klavier nachzuprüfen, und so hat dieses Instrument alle Werke miterlebt, die Bruckner seit 1849, dem Requiem, geschrieben hat. In der Wohnung Heßgasse 7 sind die Schöpfungen nach der V. Symphonie entstanden. Diese Jahre, vom November 1877 bis Juli 1895, umfassen demnach einen Teil der auf Seite 215 angeführten Änderungsarbeiten und, an sie anschließend, die dritte große Schaffensperiode mit dem Quintett (1878/79), der VI., VII. und VIII. Symphonie (1879—1887) und dem 1881 entworfenen und 1884 vollendeten Te Deum. Weiters hat Bruckner in diesem Zeitraum des „Ecce sacerdos" (1885) und die Motetten „Tota pulchra", „Os justi", „Christus factus est" (zwei Vertonungen), „Virga Jesse" und „Vexilla regis" geschrieben und der Männerchorliteratur acht Werke geschenkt, darunter die bekannten „Um Mitternacht" (2. Komposition), „Träumen und Wachen" (1890, für die Grillparzerfeier) und den symphonischen Chor „Helgoland" (1893, zum 50jährigen Jubiläum des Wiener Männergesangvereins). Die Internationale Ausstellung für Musik- und Theaterwesen gab Bruckner 1892 die Anregung zum 150. Psalm. Das in St. Florian niedergeschriebene C-Dur-Präludium für Harmonium darf nicht vergessen werden, weil es, August 1884 entstanden, die Nähe der VII. Symphonie nicht verleugnen kann. Bruckner hat in diesen Werken einen erstaunlich weiten Weg zurückgelegt. Man vergleiche daraufhin nur die technisch gekonnten Fugen der b-Moll-Messe mit der Fuge „In te Domine speravi" im Te Deum. Auch die Motetten zeigen einen ganz anderen Bruckner als das Tantum ergo von 1846. Bruckner ist in der Wiener Zeit ausschließlich Symphoniker und verändert mit einer Stärke von seltener Mächtigkeit die Form der Symphonie. Die geistigen Gewalten nehmen immer mehr zu, aber die körperlichen Kräfte lassen nach. Krankheit plagt den Meister, und die vier Stöcke in der Heßgasse ersteigt er schon schwer. Die Ärzte raten dringend zu einer ebenerdigen Wohnung.

Linke Seite: 273 Klosterneuburg, Große Festorgel, Spieltisch
274 Marie Valerie, Erzherzogin von Österreich, Photographie, 1896

Bruckner soll nicht mehr Orgel spielen, es strengt ihn zu sehr an. Dennoch tut er es wieder. Von schwerer Krankheit genesen, ist er zu Weihnachen 1894, wie schon öfter, in Klosterneuburg und sitzt an der großen Festorgel der Stiftskirche inmitten der altertümlichen Registerzüge aus dem 17. Jahrhundert. Das Nachspiel endet mit einer Dissonanz: sein Fuß bleibt auf einer unrichtigen Pedaltaste, er merkt es nicht. Da der Zustand sich so verschlechterte, daß Bruckner in einem Sessel die vier Stockwerke hinauf- bzw. hinuntergetragen werden mußte, war eine andere Wohnung dringend notwendig. Er wandte sich zuerst an Fürst Johann Liechtenstein, ob nicht in seinen Besitzungen eine nicht zu hoch gelegene Wohnung verfügbar wäre; leider war nichts frei. Anton Meißner, in diesen letzten Jahren Schüler, Freund und Sekretär, schlug das Belvedere vor. Das Gesuch nahm folgenden Weg: der Beichtvater Bruckners, P. Graf, übermittelte es an den bekannten Prediger P. Abel. Dieser reichte es weiter an Erzherzogin Marie Valerie, die wieder ihrerseits, wie schon einmal, bei ihrem kaiserlichen Vater für Bruckner eintrat. Die Bitte wurde erfüllt, da zufällig im Kustoden-stöckl des Belvederes eine Wohnung leer stand. Am 4. Juli 1895 übersiedelte Bruckner.

Das von Johann Lukas von Hildebrandt 1722 für Prinz Eugen fertiggestellte „Obere Belvedere" hat gegen Süden auf beiden Seiten niedrige Gebäudetrakte. In dem östlich gelegenen sogenannten „Kustodenstöckl" bezog Bruckner eine aus neun Räumen bestehende Wohnung, die ihm kostenfrei überlassen wurde. Das größte und schönste Zimmer, an der Ecke dem Schloß zu gelegen, wurde sein Arbeits- und Schlafraum. Es hatte drei Fenster auf jeder Seite, denn die mittleren Fenster waren 1895 noch nicht zugemauert. An der Teichhofseite ist dort jetzt die Bruckner-Gedenktafel angebracht. Vor dem mittleren Fenster der anderen Seite stand sein Arbeitstisch und der große Lehnsessel dabei. Hier hat Bruckner am Finale seiner IX. Symphonie gearbeitet. Im anstoßenden Raum hielt sich die Wirtschafterin, Frau Kathi Kachelmayer, untertags auf. Bruckner benutzte ihn als Ankleide- und Waschraum. Das folgende schmale Vorzimmer hatte bei seiner Türe außen einen kleinen Vorbau, der jetzt nicht mehr vorhanden ist (siehe Bild 281). Daran schlossen sich zwei Wohnräume für Frau Kathi an. In der der Ansicht abgekehrten Seite befand sich das „Künstlerzimmer", darin wurden die Schleifen und Kränze aufbewahrt. Für den Umzug mußte Meißner im Beisein Bruckners auch die zahlreichen Manuskripte durchsehen und jene, die Bruckner der Mitnahme nicht wert hielt, verbrennen. Bei dieser „Säuberung" sind viele Niederschriften Bruckners zugrundegegangen, die uns sicher wertvolle Einblicke in des Meisters Entwicklung und die Entstehung einzelner Werke gegeben hätten. Nun, da sich Bruckner in neuer Umgebung befand, lebte er auf, war frisch und ließ nichts von Krankheit spüren.

275 Wien IV, Schloß Belvedere

276 Schloß Belvedere, Kustodenstöckl

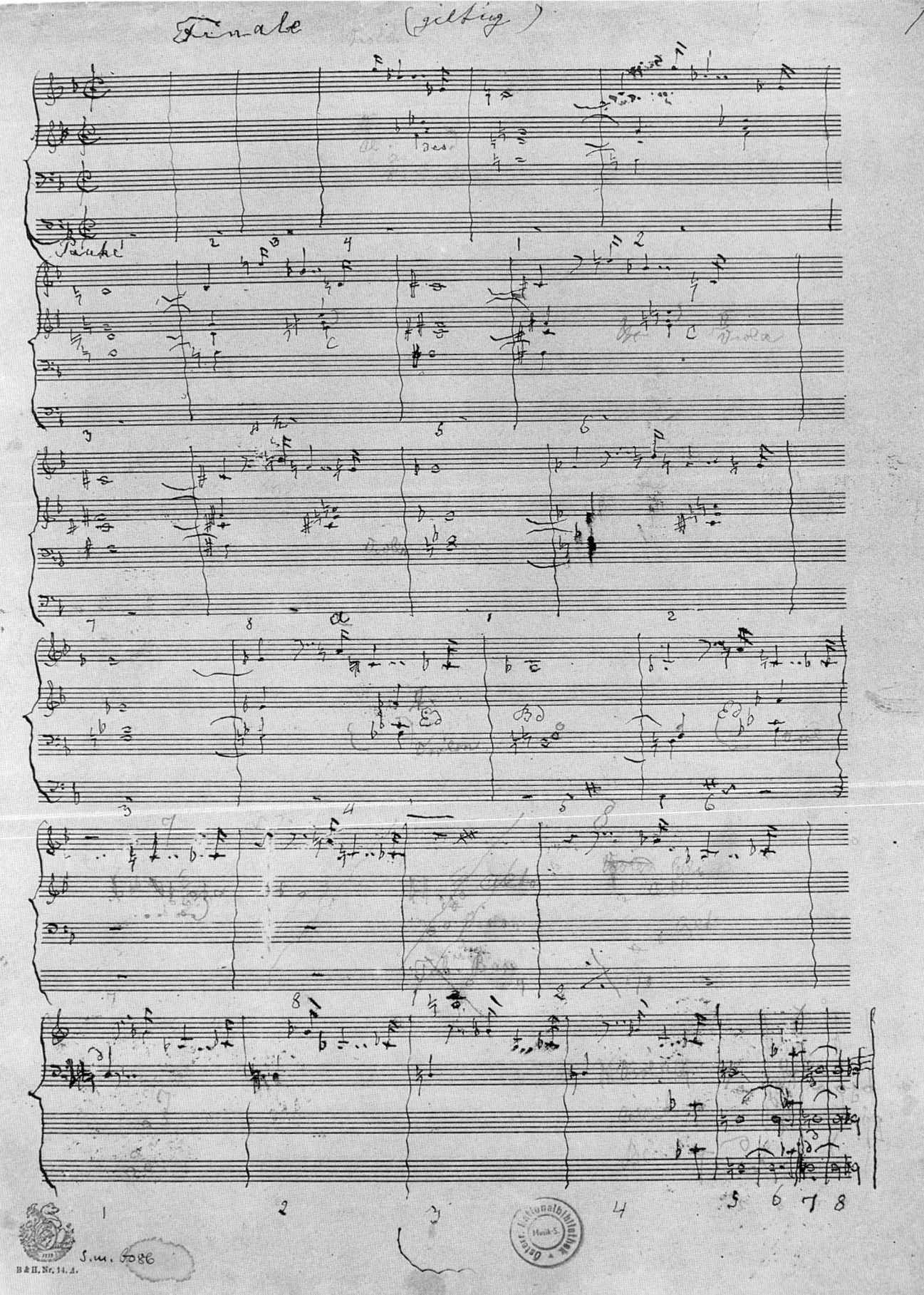

279 Belvedere, Schloßkapelle

Vorherige Seiten:

277 A. Bruckner,
IX. Symphonie,
Skizzen zum Finale

278 A. Bruckner im Alter,
Heliogravure

Der Wohnung Bruckners schräg gegenüber befindet sich in dem südöstlichen der vier kuppelüberkrönten Ecktürme die Schloßkapelle. In ihr wurde vom Kaplan des Thronfolgers Erzherzog Franz Ferdinand, der das Belvedere seit 1894 bewohnte, täglich Gottesdienst gefeiert, den Bruckner sonntags besuchte. Die nächste Umgebung seiner Wohnung bot ihm geruhsames Sitzen auf einer der Bänke um den Teich, aber auch, an der Nordseite des Schlosses, jenen augenfreuenden Fernblick auf Wien, der weltberühmt ist. So war, wenn auch sehr spät, kaiserlicher Dank in seinem Leben wirksam geworden und hatte ihm ein ruhiges Refugium bereitet. Die Sorge des alternden und stetig kränker werdenden Meisters galt seiner IX. Symphonie, die er noch beenden wollte. Unablässig arbeitete Bruckner an dem Finale. Die Einfälle stellten sich ein, trotzig im Unisono abfallende Sexten sollten den Hauptgedanken abgeben, sich aber in der Durchführung auch fugiert gebrauchen lassen. Das von Resignation überschattete Gesangsthema führt zu einem mächtigen, aus überraschenden Akkordverbindungen gefügten Choral. Seine Geigenumspielungen erinnern an die Streicherfigur im Te Deum, die in der Durchführung notengetreu zitiert und verarbeitet wird.

274

280 A. Bruckner, Gebetsaufzeichnungen, Autograph

Bruckners Leben und Schaffen war von tiefer, echter Frömmigkeit durchdrungen. Er hat ununterbrochen gebetet, und so sind wir geradezu gezwungen, bei Bruckner nicht nur von einem Lehrer, einem Orgelvirtuosen und einem Komponisten, sondern auch von einem „Beter" zu sprechen. Es gibt dafür schriftliche Zeugen, die wahrscheinlich auf die als krankhaft zu bezeichnende „Zählmanie" zurückgehen. Bruckner hat sie von seiner Nervenkrankheit 1867 mitbekommen und nie mehr verloren. Er hat seine täglichen Gebete aufgeschrieben. Auf den abgebildeten Seiten, die vom 25. Juli bis 5. August 1896 reichen, bedeuten die einzelnen Buchstaben: R (in altertümlicher Kurrentschreibung, alle anderen Buchstaben sind Lateinschrift) = Rosenkranz, V = Vater unser, A = Ave Maria, S = Salve Regina (die beiden Mariengebete „Gegrüßet seist Du Maria" und „Gegrüßet seist Du Königin"). Der Strich mit den drei Querstrichen könnte für die Doxologie („Ehre sei dem Vater . . .") stehen, als ganz sicher erwiesen gilt dies aber noch nicht. Ebenso ist die Bedeutung der Unterstreichungen noch nicht klar, sie können Wiederholungen der betreffenden Gebete bedeuten. Unter dem 28. Juli steht deutlich „Ab", das heißt „Abendgebet". Beim 29. liest man: „Mitt"(woch) „Morg"(engebet) oder auch nur „Abend" bzw. „Morgen". Am Ende der ersten Zeile bei „30. Juli" steht: „Lit."(anei), das wiederholt sich beim 1. und 4. August. Diese „Gebetslisten" findet man auf sehr vielen Seiten seiner Notizkalender. Wenn sie auch nicht bis ins einzelne zu entziffern sind, so beweisen sie doch mit ihren immer wiederkehrenden Eintragungen Bruckners unablässiges Beten. Nur aus diesem Verhalten ist zu verstehen, daß die Widmung der IX. Symphonie „An den lieben Gott" nicht symbolhaft, sondern in ihrer ganzen Wirklichkeitsbedeutung gemeint ist.

281 A. Bruckner vor seiner Wohnung

Bruckners Nervenkrankheit war 1867 und 1868 geheilt worden, zurück blieb nur die Zählmanie und eine Neigung zu hochgradiger Nervosität. Von Jugend auf plagte ihn auch Kopfweh (Migräne), über das er in den achtziger Jahren besonders klagte. 1891 kam es zu einem Magenleiden, dem chronische Katarrhe von Rachen und Kehlkopf vorangegangen waren. Das führte 1890 zu einem einjährigen Krankenurlaub vom Konservatorium, dem 1891 die Pensionierung folgte. Dieser Schritt war ihm durch die Gründung der drei „Consortien" ermöglicht worden, deren finanzieller Zuschuß ihm das Aufgeben des Unterrichts am Konservatorium erlaubte. Den „Consortien" ist es zu danken, daß Bruckner die letzten Werke noch schreiben konnte. Die Zeit wurde knapp, denn 1892 machten sich die Krankheiten schon störend bemerkbar und hinderten den Meister am Schaffen. Sie ließen sich 1893 als ein Herzleiden und Wassersucht erkennen und mit ihnen im Gefolge starke Atemnot. „Er konnte auf einmal nicht gehen, die Füße waren wie gelähmt." Bruckner befragte Univ.-Prof. Dr. Leopold Schrötter, der mit seinem Assistenten Dr. Alexander Ritter von Weissmayr die Behandlung übernahm. Der Meister mußte eine strenge Milchdiät über sich ergehen lassen und einige Wochen im Bett bleiben. Der Zustand besserte sich, er durfte wieder ausgehen. Im April wurde er aber rückfällig und mußte neuerdings liegen. In diesen Wochen der Bettruhe entstand der Symphonische Chor „Helgoland". Bruckner erholte sich, suchte Mitte August sein geliebtes Steyr auf, wurde aber auch dort bald wieder von der Krankheit ergriffen, so daß er gar nicht wie gewohnt nach St. Florian fuhr. Das Auf und Ab in Bruckners Zustand erlaubte ihm, bei der Uraufführung von „Helgoland" am 8. Oktober anwesend zu sein, aber schon im November plagte ihn so schwere Atemnot, daß er sein Testament machte.

282 Dr. Richard Heller, Zeugnis für A. Bruckner

Im Dezember 1893 trat überraschend eine Besserung ein, er konnte nach Berlin fahren, wo seine VII. Symphonie, das Quintett und das Te Deum aufgeführt wurden (vgl. S. 257). Die Reise hatten den Meister aber doch sehr angestrengt, neuerliche Rückfälle traten auf, die so stark wurden, daß er am 8. Dezember 1894 von den Ärzten aufgegeben wurde und die Sterbesakramente empfing. Von diesem Zeitpunkt an übernahm ein anderer Assistent Schrötters, Dr. Richard Heller, die täglichen Visiten. Schrötter kam nur dann, wenn Gefahr drohte. Bruckner erkannte das bald, und erschrak, wenn er Schrötter erblickte. Er erholte sich aber merkwürdigerweise so gut, daß ihm ein Weihnachtsbesuch in Klosterneuburg, sein letzter, gestattet werden konnte (vgl. S. 296). Danach aber warf ihn eine Rippenfellentzündung aufs Lager. Bruder Ignaz wurde telegraphisch nach Wien berufen, um Frau Kathi bei der Krankenpflege zu helfen. Aber auch diesen Anfall überwand der Meister. Bedrückt von seinen wechselnden Gesundheitszuständen hatte er dennoch das Adagio seiner IX. Symphonie am 30. November 1894 vollendet. Dabei sollte es bleiben. Das Finale wurde zwar in Angriff genommen, aber nicht mehr vollendet. Der Wohnungswechsel wirkte sich einige Zeit günstig aus, konnte aber den langsamen Verfall nicht aufhalten. Sicherstes Zeichen dafür war Bruckners Interesselosigkeit seinen eigenen Werken gegenüber, die aber sofort schwand, wenn es ihm besser ging. Auch die Nerven machten ihn zu schaffen. Aus Furcht, man könnte ihn in seiner Bewegungsfreiheit hindern, ließ er sich von Dr. Heller obige Zusicherung ausstellen: „Nachdem Herr Professor Dr. Anton Bruckner sich bis in sein hohes Alter um die Kunst stets hochverdient gemacht hat, so soll er immer seine volle Freiheit (sobald er gesund ist) haben und überhaupt sein ganzes Leben voll und voll genießen."

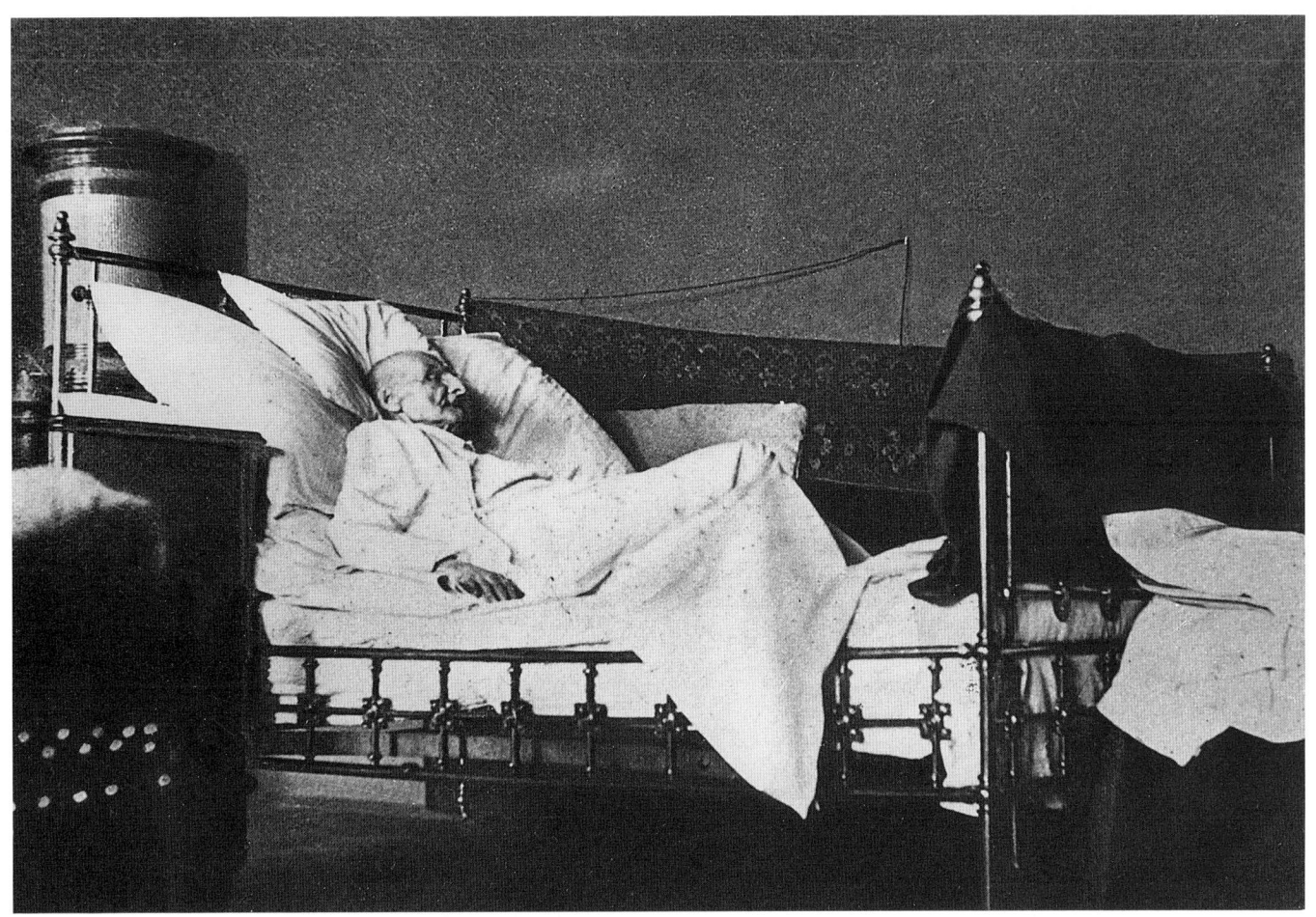

Linke Seite: 283 Ignaz Bruckner
284 A. Bruckner, letzte Photographie

Professor Schrötter und Dr. Heller sind die Urheber der beiden letzten Photographien von Bruckner. Es ist begreiflich, daß ihnen mehr Dokumentar- als Bildwert zukommt, aber in ihrer Bedeutung als „letzte" sind sie für Bruckners Lebensbeschreibung wichtig. Zu dem Gruppenbild (Bild 281) erklärt Schrötter: „Bruckner ließ sich trotz alles Zuredens nie nehmen, mich, wie er eben war, zur Tür bis in den Hof hinaus zu begleiten. Da sieht man ihn denn, da sich Ehrbar mit dem kleineren Apparat zu meinem Wagen geflüchtet hatte, in Hemdärmeln, nur dürftig bekleidet, von seiner Wärterin (Frau Kathi) und seinem Bruder begleitet, wie er sich von mir verabschiedet. Auffallend tritt auf diesem Bild die Ähnlichkeit seines Bruders mit Bruckner hervor." Nachdem der Meister sich über Zureden Dr. Hellers zu Bett gelegt hatte, gelang Fritz Ehrbar durch die Türe auch die andere Aufnahme: Bruckner auf dem Krankenbett. Das war am 17. Juli 1896. Bruckner erholte sich wieder, war außer Bett, arbeitete auch am Finale und empfing Besuche: Karl Almeroth, Adalbert von Goldschmidt, Otto Kitzler u. a. Die Personen wurden aber ausgewählt, Bruckner wollte nicht jeden sehen. Hugo Wolf zum Beispiel wurde nicht vorgelassen, weil Bruckner einige Zeit auf den Wagner-Verein verstimmt war. Dergestalt gab es Schwierigkeiten, die Frau Kathi mit Klugheit überwinden mußte. Am 11. August 1896 schrieb er noch einen bekümmerten Brief an den Stiftsorganisten von St. Florian, Josef Gruber, ob denn Ignaz auf ihn böse sei. Und am 7. Oktober seinen letzten, an Ignaz und Karl Aigner, mit den schon vom Tod gezeichneten Buchstaben und den erschütternden „Lebe wohl!" Die Zerstörung des Todes hatte Hand an ihn gelegt, er sollte ihr nicht mehr lang widerstehen. Sonntag, den 1. Oktober fühlte er sich wohl, saß beim Klavier und arbeitete noch am Finale, als ihn — es war drei Uhr nachmittags — fröstelte und er sich ins Bett begab. Frau Kathi ging, um Tee zu bereiten, sie kam noch zurecht, daß Bruckner davon nippen konnte; dann neigte er sich in die Kissen zurück und verschied.

Hohenfurter Hand
College,

Schon drei Briefe schrieb ich
an Ignaz ohne ein Wort
von zu bekommen
Sie und ich mich an
inständig Sie wollen nur
werde Bitte erfüllen und nur
sagen ist Ignaz krank
oder habe aus mich wo
zu ich gar nicht genug
Grund hätte mir zu ...
Zum zuzuziehen ...
gar Monate werden
ja doch nicht für mir

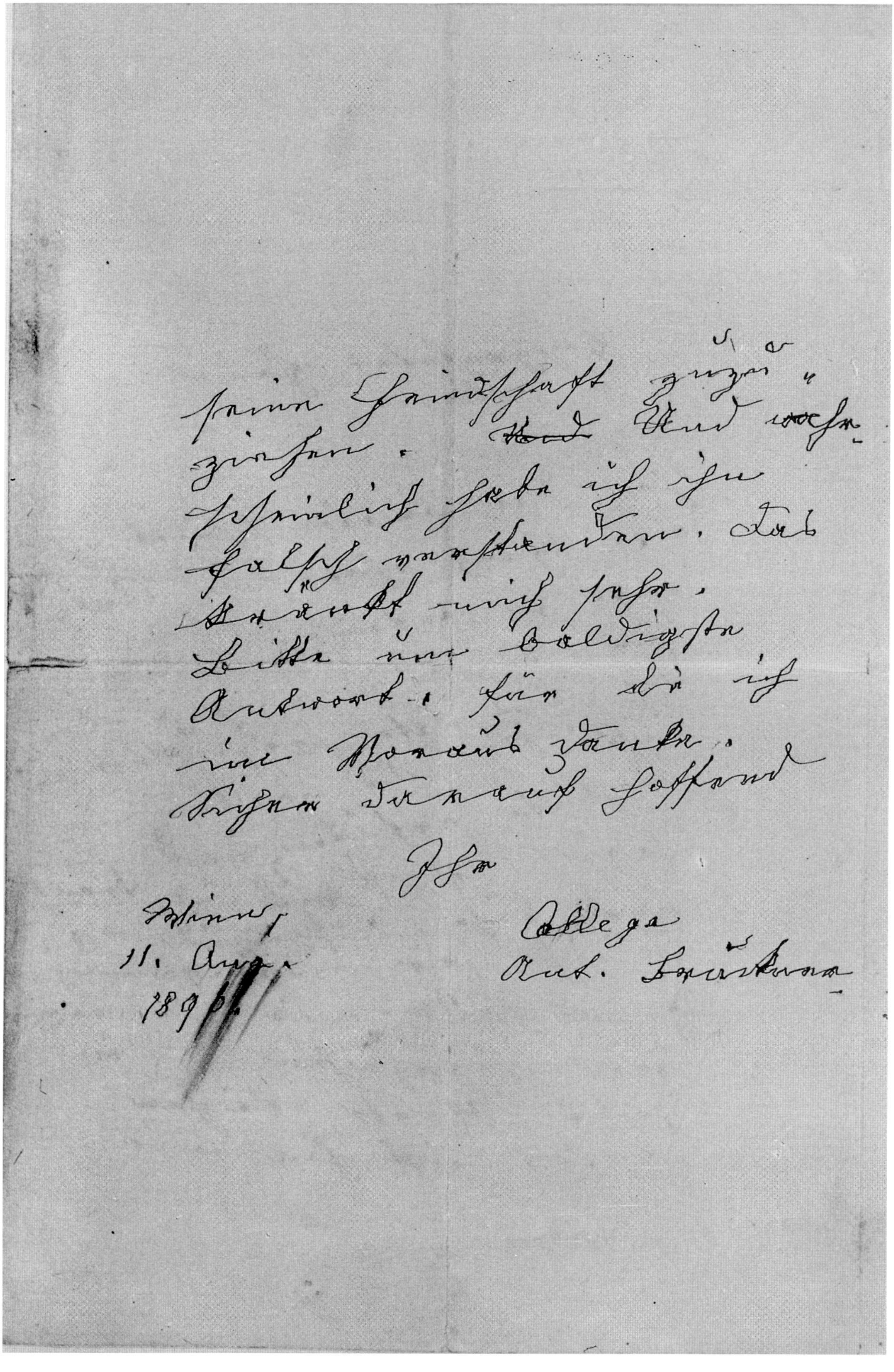

seiner Freundschaft gezogen
ziehen. — Und wesʃ-
schmerzlich habe ich ihn
falsch verstanden. Das
kränkt mich sehr.
Bitte um baldigste
Antwort, für die ich
im Vorhinein danke.
Ihnen treu ergeben

Ihr

Wien,   Collega
11. Aug.   Kak. Leirkhreo
189[?]

285
A. Bruckner,
Brief an
Josef
Gruber

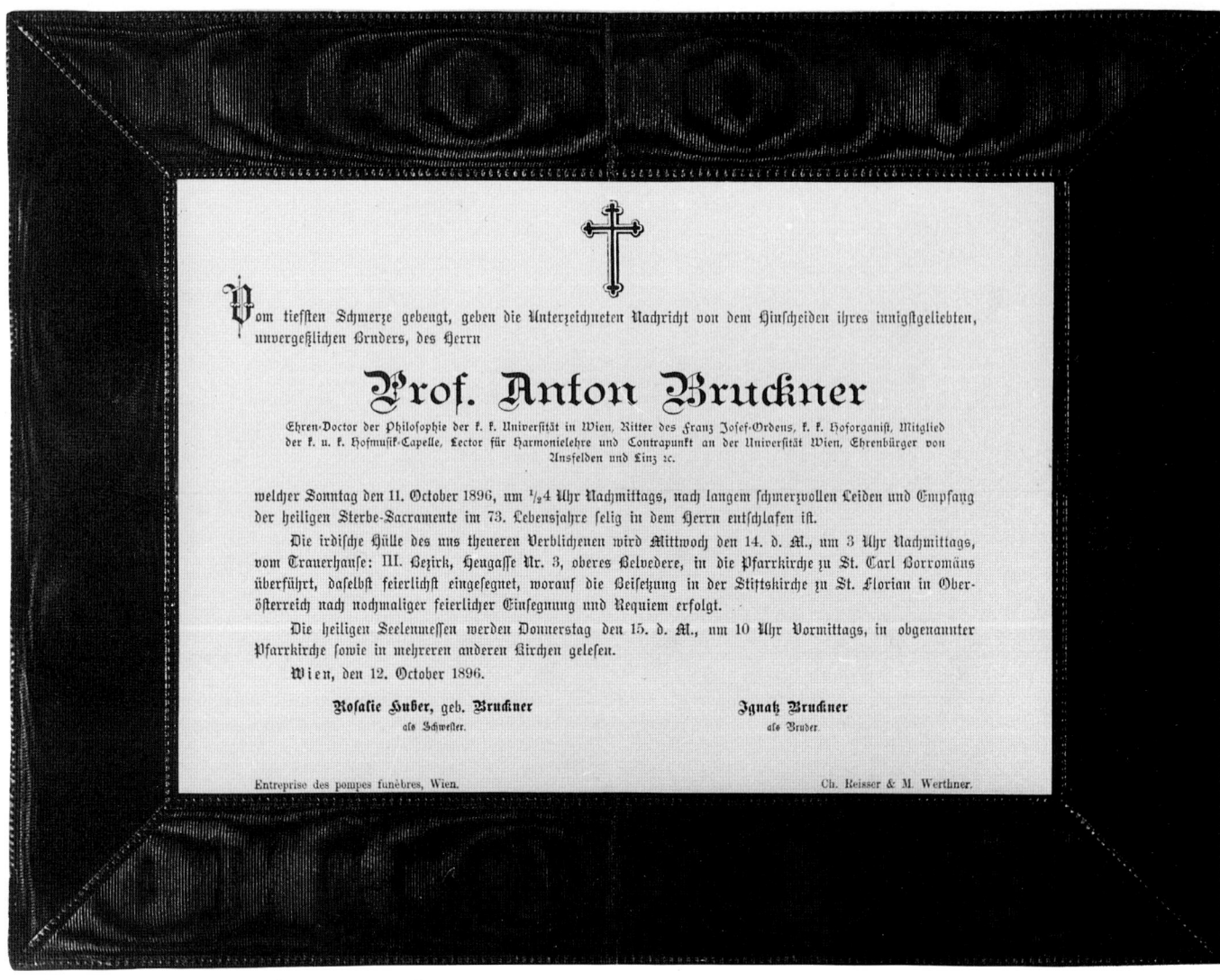

Vom tiefsten Schmerze gebeugt, geben die Unterzeichneten Nachricht von dem Hinscheiden ihres innigstgeliebten, unvergeßlichen Bruders, des Herrn

Prof. Anton Bruckner

Ehren-Doctor der Philosophie der k. k. Universität in Wien, Ritter des Franz Josef-Ordens, k. k. Hoforganist, Mitglied der k. u. k. Hofmusik-Capelle, Lector für Harmonielehre und Contrapunkt an der Universität Wien, Ehrenbürger von Ansfelden und Linz ꝛc.

welcher Sonntag den 11. October 1896, um ¼4 Uhr Nachmittags, nach langem schmerzvollen Leiden und Empfang der heiligen Sterbe-Sacramente im 73. Lebensjahre selig in dem Herrn entschlafen ist.

Die irdische Hülle des uns theueren Verblichenen wird Mittwoch den 14. d. M., um 3 Uhr Nachmittags, vom Trauerhause: III. Bezirk, Heugasse Nr. 3, oberes Belvedere, in die Pfarrkirche zu St. Carl Borromäus überführt, daselbst feierlichst eingesegnet, worauf die Beisetzung in der Stiftskirche zu St. Florian in Oberösterreich nach nochmaliger feierlicher Einsegnung und Requiem erfolgt.

Die heiligen Seelenmessen werden Donnerstag den 15. d. M., um 10 Uhr Vormittags, in obgenannter Pfarrkirche sowie in mehreren anderen Kirchen gelesen.

Wien, den 12. October 1896.

Rosalie Huber, geb. Bruckner
als Schwester.

Ignatz Bruckner
als Bruder.

Entreprise des pompes funèbres, Wien.

Ch. Reisser & M. Werthner.

Vorherige Seite: 286 A. Bruckner, Totenmaske
287 Parte der Familie
288 Wien IV, Karlskirche

Einem Wunsche Bruckners folgend, wurde der Leichnam von Prof. Paltauf „injiziert" und in einem Metallsarg gebettet; eine große Glasscheibe ließ die ganze Gestalt sehen. Der Wiener Gemeinderat hatte die Kosten des Begräbnisses übernommen und eine eigene Parte ausgegeben. Den Beginn der Trauerfeierlichkeiten am 14. Oktober 1896 bildete der Mittelsatz aus Bruckners „Germanenzug", „In Odins Hallen ist es licht" (siehe Bild 98), gesungen vom Akademischen Gesangsverein. Der Zug bewegte sich sodann zur Karlskirche: voran die Chargierten der nationalen Verbindungen mit dem Banner der Universität an der Spitze, danach der Akademische Gesangsverein und der Schubert-Bund, andere Vereine, Freunde und Schüler. Dem sechsspännigen Gala-Leichenwagen folgten zwei Wagen mit den Verwandten und dem Bürgermeister von Wien, Dr. Strobach. — Der barocke, kuppelüberkrönte Raum der Karlskirche nahm den Sarg auf zur Einsegnung; er konnte die große Zahl der Trauergäste kaum fassen. Das Libera von Herbeck erklang, Schuberts Litanei „Am Tage Allerseelen" folgte; der Wiener Männergesangsverein und der Singverein der Gesellschaft der Musikfreunde boten dem toten Meister letzte Ehren. Er selbst sang sich den Abschied: die Trauer um Richard Wagner aus dem Adagio seiner VII. Symphonie. Ferdinand Löwe hatte es eingerichtet, die Bläser der Hofoper spielten, Hans Richter dirigierte. Letzte Worte sprach ein Mitglied des Akademischen Gesangsvereines an den Stufen der Kirche, bevor der wieder in den Wagen gehobene Sarg seine Fahrt zum Westbahnhof antrat. Tausende standen Spalier, unter ihnen auch, so wird berichtet, Johannes Brahms, der, selbst schon schwer krank, den Eintritt in die Kirche abgewehrt hatte, und Hugo Wolf: Die Polizei ließ ihn nicht ein, weil er sich nicht als Mitglied eines der mitwirkenden Vereine ausweisen konnte.

289 Ferdinand Moser, 1872—1901 Propst von St. Florian, Lithographie, 1873
290 St. Florian, Sarkophag

Tags darauf, den 15. Oktober 1896, traf der Zug um sechs Uhr früh in Asten ein. Dechant Mayr nahm hier die Einsegnung vor, dann führte man den Sarkophag nach St. Florian, wo er in der Kirche des Krankenhauses aufgebahrt wurde. Nach neuerlicher Einsegnung um drei Uhr nachmittags setzte sich der lange Leichenzug zur Stiftskirche in Bewegung. Prälat Moser hielt mit zahlreicher Assistenz die feierlichen Exequien, zu denen Bruckners „Libera" in f-Moll vom Stiftschor und Mendelssohn „Beati mortui" von der Liedertafel „Frohsinn" erklangen. An der großen Orgel improvisierte Josef Gruber über Motive aus Wagners „Parsifal". Dann wurde der Sarkophag in der Gruft beigesetzt. Prälat Moser hatte sein Bruckner gegebenes Versprechen eingelöst. Der Meister, nun verblichen, war den Weg, den er vor einem halben Jahrhundert als Lehrer und Organist so oft zurückgelegt hatte, wieder heraufgekommen, aber nicht mehr bis zur Orgel, sondern genau unter sie, in die Krypta:
Der junge angehende Hilfslehrer, der in freudigem Studienstolz seine Unterschrift in jenen Jahren einmal mit lateinischem Vornamen in eines seiner Bücher schrieb, war als Meister, als Genie der Musik an diesen Ort zurückgekehrt. Über ihm wachen die silberglänzenden Pfeifen der Großen Orgel, damit nichts Unheiliges sein Andenken trübe.

291 St. Florian, Große Orgel
292 A. Bruckner, Unterschrift

293 Brucknerbüste im Donaupark Linz von Prof. Heinrich Strahammer, Bronze 1974

294 *Die weitgeschwungene, 103 Meter lange Glasfassade des Brucknerhauses*

Anton Bruckner in Oberösterreich

INSTITUTIONEN

Brucknerhaus Linz, 4020 Linz, Untere Donaulände 7
In den Jahren 1969–1973 als Konzert- und Veranstaltungshaus errichtet nach Plänen des finnischen Architektenpaares Heiki und Kaija Siren

Linzer Veranstaltungsgesellschaft (LIVA)
Im September/Oktober jährliches „Internationales Brucknerfest" mit Orchestern von Weltrang und Spitzeninterpreten

Anton-Bruckner-Institut (ABIL)
Gegründet mit dem Ziel der objektiven Erforschung von Persönlichkeit und Werk Anton Bruckners und seiner Umwelt

an der Ernst-Koref-Promenade bestimmt markant das Linzer Donauufer

Bruckner-Konservatorium des Landes Oberösterreich
4040 Linz, Wildbergstraße 18
Gegründet 1932, 1968–1970 Neubau nach Plänen von Heinz Hattinger
Brucknerbüste von Franz Forster (Marmor 1923), Gedenktafel von Renate Scholz

Bruckner-Orchester
4020 Linz, Landestheater, Promenade 39

Brucknerchor Linz
4020 Linz, Honauerstraße 24. Gegründet 1945

Brucknerbund für Oberösterreich
4020 Linz, Landeskulturzentrum Ursulinenhof, Landstraße 31. Gegründet 1926
Ortsgruppen in Ansfelden, Attnang-Puchheim, Bad Ischl, Gmunden, Kremsmünster, Ried im Innkreis, St. Florian bei Linz, Schärding, Vöcklabruck, Wels und Windhaag bei Freistadt

GEDENKSTÄTTEN

Ansfelden: Anton-Bruckner-Gedenkstätte des Landes Oberösterreich (Geburtshaus), Augustinerstraße 3 (Gedenktafel 1895)

Bad Goisern: Gedenktafel Haus Goisern 34 (1971)

Bad Ischl: Stadtpfarrkirche, Gedenktafel mit Bronzerelief, Franz Forster (1960)
Gasthof Attwenger, Lehárkai 12, Brucknerstube, Gedenktafel

Bad Kreuzen: Brucknerquelle, Gedenktafel (1927), Erinnerung an Kuraufenthalt

Enns: Wohnhaus Zenettis mit Gedenktafel, Kirchenplatz 5

Hörsching: Altes Schulhaus mit Gedenktafel (1931)

Kronstorf: Brucknerstube (Schulgehilfe), Gedenktafel (1913)

Leonding: „Jäger im Kürnberg" Bergham, Forsthausstraße 72 (Gedenktafel)

Linz: Alter Dom (Ignatiuskirche), Gedenktafel mit Relief, Franz Plany (1922)
Stadtpfarrkirche, Pfarrplatz, Gedenktafel, Relief, Adolf Wagner von der Mühl (1936)
Präparandie, Hofgasse 23, Gedenktafel
Brucknerbüste im Donaupark, Prof. Heinrich Strahammer (1974)

St. Florian bei Linz: Gedenkzimmer im Stift
Altes Schulhaus mit Gedenktafel (1900)
Brucknerorgel in der Stiftskirche
Sarkophag in der Krypta (Gedenkstein in der Kirche)

Steyr: Pfarrhof mit Gedenktafel (1908)
Mesnerhaus mit „Brucknerstiege"
Denkmal am Brucknerplatz (1898), Viktor Tilgner/Fritz Zerritsch

Vöcklabruck: Heimathaus: Bruckner-Ecke mit Erinnerungsstücken
Haus Stadtplatz, Gedenktafel (1900)

Wels: Gedenktafel an der Musikschule (1925)

Windhaag bei Freistadt: Altes Schulhaus mit Gedenkraum und Gedenktafel (1897)

Nachwort

Hat der Leser die Bilder an sich vorüberziehen lassen, so tat sich vor ihm an einigen der wichtigsten Orte, Persönlichkeiten und Dokumenten Bruckners Leben auf. Die Gesamtheit der Biographie suchte der Verfasser dadurch zu erreichen, daß eine ausführliche Lebens- und Werktafel die zeitliche Aufeinanderfolge von Bruckners Leben und Schaffen darstellt. Sie entspricht dem neuesten Stand der Forschung im Rahmen der vom Verfasser geleiteten Bruckner-Gesamtausgabe. Der unter den Bildern das Leben Bruckners begleitende Text erfährt durch Anmerkungen und Ergänzungen die Weiterführung in einzelnes. Diese Angaben geben dem interessierten Leser Auskunft, was noch zu wissen notwendig ist. Sie weisen auch auf die Quellen, Originale wie Schrifttum, hin, aus denen der Verfasser sein Wissen schöpfte. Dabei erwies sich eine Wiedergabe der in Kurrentschrift geschriebenen Dokumente als wünschenswert.

Aus den angegebenen Literaturstellen wird man merken, wieviel dieses Buch, wie übrigens jede Lebensbeschreibung des Florianer Meisters, der großen neunbändigen Bruckner-Biographie von Göllerich — Auer verdankt. Mag auch so manche Stelle dieses monumentalen Werkes durch neuere Forschungen überholt sein, es birgt für alle Zeiten eine Fülle von Mitteilungen, die man heute nicht mehr erlangen könnte. Daher stehen die beiden Namen, zusammen mit dem dritten im Bunde, Franz Gräflinger, vor dem Beginn dieses Buches. Ihrer zu gedenken ist eine ebenso selbstverständliche wie willkommene Pflicht.

Dank schuldet dieses Werk ferner allen jenen, die dem Verfasser freundliche Helfer gewesen sind: beim Aufspüren der Bilder, bei der Anfertigung der Photographien, bei so manchen Textproblemen, die eines klärenden Hinweises bedurften. Voran stehen die Eigentümer der Originale, wie sie das Register verzeichnet: die Österreichische Nationalbibliothek, im besonderen deren Bildarchiv und Musiksammlung, die Wiener Stadtbibliothek, die Bibliothek der Gesellschaft der Musikfreunde in Wien, das Bundesdenkmalamt und die Internationale Brucknergesellschaft. Das Heimatland des Meisters ist durch Stift St. Florian vertreten, durch das OÖ. Landesmuseum, das Landesarchiv, die Sammlungen der Stadt Linz, das Archiv des „Frohsinn" und den Brucknerbund für Oberösterreich. Aus Ansfelden stammen ebenfalls wichtige Ansichten. Dem Musée Historique Lorrain (Nancy) und der Bibliothèque Nationale zu Paris sind Belege für des Meisters Aufenthalt in Frankreich zu danken; die für England vermittelte das Österreichische Kulturinstitut in London. Von den Photographen müssen zwei hervorgehoben werden: Max Eiersebner, Linz, und Alfred Janderka, Wien. Sie haben bereitwilligst alle Wünsche des Verfassers erfüllt. Der Trauner Verlag hatte gleichfalls stets ein offenes Ohr für alle Anliegen, die im Interesse des Buches vorgebracht wurden. Er hat dem Buch ein typographisch wie künstlerisch einwandfreies Äußeres verliehen, das Lob und Dank verdient. Herrn Direktor Raimund Schmidtmayr danke ich für das Mitlesen der Korrekturen.

Zuletzt, nur der Zeile, aber nicht dem Range nach, dankt der Verfasser seiner Frau, die diesem Buch seit Beginn der Niederschrift eine stets hilfreiche Begleiterin war, ohne deren Anteilnahme es nicht das geworden wäre, als das es sich jetzt darbietet: ein Geburtstagsgeschenk für Anton Bruckner.

Leopold Nowak

Leben und Werk Anton Bruckners

Nicht genau bekannte Daten, Jahreszahlen etc. stehen in Klammern. Aufführungen ohne Ortsangabe haben in Wien stattgefunden. Bei Kompositionen: Großbuchstaben Dur-, Kleinbuchstaben Moll-Tonart, Daten geben die Vollendung an.

1824 September 4
Bruckner in Ansfelden geboren

1833 Juni 7
Firmung in Linz, Firmpate ist Joh. Bapt. Weiß

1835—1836
Bei J. B. Weiß in Hörsching, Ausbildung in Generalbaß und Orgelspiel
(1836): Pange lingua C f. gem. Chor — 5 Präludien (Kadenzen) f. Orgel

1837 Juni 7
Bruckners Vater stirbt in Ansfelden

1837—1840
Sängerknabe im Stift St. Florian

1840—1841
Ausbildung zum Schulgehilfen in der Präparandie in Linz
Unterricht in Harmonielehre und Orgelspiel bei Joh. Aug. Dürrnberger

1841—1843
Schulgehilfe in Windhaag
(1842): Messe C f. Alt-Solo, 2 Hörner u. Orgel („Windhaager Messe")

1843—1845
Schulgehilfe in Kronstorf
(1843): Libera F f. gem. Chor u. Orgel — Tantum ergo D f. gem. Chor — Tafellied f. Männerchor
1844: Choral-Messe f. d. Gründonnerstag, f. gem. Chor
(1844): Messe ohne Gloria d f. gem. Chor — Asperges F f. gem. Chor — Litanei, Salve Regina (beide verschollen)
1845: Vergißmeinnicht (Kantate), f. Soli, 8st. Chor u. Klavier
Kyrie und Gloria zur Choral-Messe (verschollen)

1845—1855
Lehrer in St. Florian
(1845): Zwei Asperges f. gem. Chor u. Orgel — Herz-Jesu-Lied f. gem Chor u. Orgel — O du liebes Jesukind, f. Ges. u. Orgel — Ständchen, Männerchor — Das Lied vom deutschen Vaterland, Männerchor — Requiem f. Männerchor u. Orgel (verschollen)
1846 Februar: Tantum ergo D f. 5st. gem. Chor u. Orgel
(1846): Vier Tantum ergo f. gem. Chor — Zwei Stücke d f. Orgel
1847 Jänner 15: Vorspiel u. Fuge c f. Orgel
(1847): Dir, Herr, dir will ich mich ergeben (Choral), f. gem. Chor — Der Lehrerstand, Männerchor — 2 Aequale f. 3 Posaunen
(1848): Sternschnuppen, Männerchor — In jener letzten der Nächte (geistl. Lied), f. Ges. u. Orgel
1849 März 14: Requiem d f. Soli, Chor, Orch. u. Orgel
(1849): Tantum ergo A f. gem. Chor u. Orgel

1849 Oktober 12
Privatlehrer der Sängerknaben

1850 Februar 28
Provisorischer Stiftsorganist

1850—1851
Bruckner besucht als Externer zwei Klassen Unterrealschule in Linz
(1850): Lancier-Quadrille f. Klavier — Steiermärker f. Klavier
1851: 2 Motti f. Männerchor — Frühlingslied, Ges. u. Klavier
(1851): Entsagen (Kantate), f. Solo, gem. Chor u. Orch. — Das edle Herz, Männerchor (1. Vertonung)

1852 Jänner
Besuch bei Ignaz Aßmayr in Wien
Magnificat f. Soli, gem. Chor u. Orchester — 114. Psalm f. 5 st. gem. Chor u. 3 Posaunen — Die Geburt, Männerchor — Auf, Brüder, auf, zur frohen Feier (Kantate), f. Soli, 6st. gem. Chor u. Blasorchester — 2 Totenlieder f. gem. Chor
(1852): 22. Psalm f. gem. Chor u. Klavier

1854 Oktober 9
Orgelprüfung bei Ignaz Aßmayr in Wien

Libera f f. 5st. gem. Chor, 3 Posaunen, Bässe u. Orgel — Vor Arneths Grab,
Männerchor mit 3 Posaunen — Missa solemnis b-Moll f. Soli, Chor, Orchester
u. Orgel — 3 Stücke f. Klavier zu 4 Händen: 1852, 1853, 1854
(1854): Tantum ergo B f. gem. Chor u. Orchester — Quadrille f. Klavier zu
4 Händen

1855 Jänner 25 und 26
Hauptschullehrerprüfung abgelegt

Juli 1: Auf Brüder, auf, und die Saiten zur Hand (Kantate), f. Männer-Solo-
Quartett, Männerchor, gem. Chor u. Blasorchester

Juli
Bei Simon Sechter in Wien, wird sein Schüler in Musiktheorie

Sommer
Bewerbung um die Domorganistenstelle in Olmütz

November 13
Probespiel in Linz zur Besetzung der Domorganistenstelle
Bruckner wird provisorischer Dom- und Stadtpfarrorganist

Dezember 6: Festgesang (Kantate f. Jodok Stülz), f. Solo, gem. Chor u. Klavier

Dezember 8
Bruckner spielt zum ersten Mal beim Hochamt im Alten Dom zu Linz

Dezember 24
Bruckner bezieht seine Dienstwohnung im „Mesnerhäusl" am Pfarrplatz

(1855): Des Dankes Wort sei mir vergönnt, Männerchor mit Tenor- u. Baßsolo

1856 Jänner 25
Konkursspiel im Alten Dom. Bruckner wird definitiv angestellt

März
Mitglied der Liedertafel „Frohsinn"

Juli 24: Ave Maria F f. gem. Chor u. Orgel

September 6—9
Mit dem „Frohsinn" in Salzburg, Wettspiel mit Robert Führer auf der
Domorgel (nicht ganz sicher verbürgt)

(1856): Klavierstück Es

1858—1861
Jährliche Reisen zu Sechter nach Wien, Studium von Harmonielehre,
Kontrapunkt, Kanon und Fuge

1858 Juni/Juli
Einen Monat bei Sechter in Wien

Juli 10
Zeugnis Sechters über den Generalbaß

Juli 12
Prüfung im Orgelspiel an der Orgel der Piaristenkirche, Zeugnis Sechters
darüber

Litanei (verloren) — Amaranths Waldeslieder, f. Ges. u. Klavier

1859 Juni 1
Heimatrecht in Linz

Juli/August
Bei Sechter in Wien

Juli 12
Zeugnis Sechters über den einfachen Kontrapunkt und den strengen
Kirchensatz

1860 Februar—April
Bei Sechter in Wien

April 3
Zeugnis Sechters über den doppelten, drei- und vierfachen Kontrapunkt

(Juli): Psalm 146 f. Soli, gem. Chor u. Orchester

November 7
Zum 1. Chormeister des „Frohsinn" gewählt

1860   November 11
Die Mutter, Therese Bruckner, stirbt in Ebelsberg
(1860): Das edle Herz, gem. Chor (2. Vertonung) — Volkslied, Männerchor

1861

(Februar): Am Grabe, Männerchor (Umarbeitung von: Vor Arneths Grab)
Februar/März
Letzter Studienaufenthalt bei Sechter
März 26
Zeugnis Sechters über Kanon und Fuge
(Mai) Ave Maria f. 7st. gem. Chor
Juni 29—30
Der „Frohsinn" beim Sängerfest in Krems
Juli 19—24
Der „Frohsinn" beim Sängerfest in Nürnberg
(September)
Erfolglose Bewerbung Bruckners um die Direktorenstelle am
Dommusikverein und Mozarteum in Salzburg
Oktober
Austritt aus dem „Frohsinn"
November 7: Fuge d f. Orgel — Afferentur f. gem. Chor u. 3 Posaunen
November 19
Prüfung am Konservatorium der Gesellschaft der Musikfreunde in Wien
November 21
Abschluß der Prüfung an der Orgel der Piaristenkirche
November 22
Zeugnis über diese Prüfung
Dezember: Du bist wie eine Blume, f. Soloquartett

1861—1863
Bruckner studiert bei Otto Kitzler Formenlehre, Instrumentation und
Komposition

1862

Jänner: Der Abendhimmel, Männerchor (1. Vertonung)
April 25: Festkantate zur Grundsteinlegung des Neuen Domes in Linz,
f. Männerchor, Bariton-Solo u. Blasorchester
August 7: Streichquartett c

September
Bruckner denkt daran, an die Hofmusikkapelle nach Wien kommen zu
können

Oktober 12: Marsch d f. Orchester
November 16: Drei Orchesterstücke
(1862): Apollo-Marsch f. Militärmusik

1863

Jänner 22: Ouvertüre g-Moll
Mai 26: f-Moll-Symphonie
Juli 5: 112. Psalm f. Doppelchor u. Orchester

Juli 10
Bruckner feiert mit Kitzler beim Jäger am Kürnberg seinen „Freispruch"
vom Studium

September 1: Germanenzug, f. Männerchor u. Blasorchester

September 27—29
Beim Musikfest in München

Oktober 10: Stille Betrachtung an einem Herbstabend, f. Klavier
Oktober 12
Der Linzer Musikverein bietet Bruckner die Leitung an

(1863): Zigeunerwaldlied (verschollen)
1863—1864: Symphonie d („Nullte"), zwischen Germanenzug und d-Moll-Messe
entstanden

1864

(März): Herbstlied f. 2 Sopran-Soli, Männerchor u. Klavier
April 12: Um Mitternacht, Männerchor mit Alt-Solo u. Klavier (1. Vertonung)

Sommer
Der Germanenzug erscheint als erste gedruckte Komposition Bruckners bei
Josef Kränzl, Ried im Innkreis

September 22: d-Moll-Messe

November 20
Uraufführung der d-Moll-Messe im Alten Dom zu Linz

1865

Jänner 8: Trauungslied, Männerchor mit Orgel

Mai 14—19
Bruckner in München, Begegnung mit Richard Wagner

Juni 4—6
Sängerfest des Oberösterreichisch-Salzburgischen Sängerbundes in Linz

Juni 5
Uraufführung des Germanenzuges, Bruckner erhält den 2. Preis

Juni 19
Bei der 3. Aufführung von „Tristan und Isolde" in München

August 12: Militärmarsch Es

August 25
In Budapest bei der Uraufführung des Oratoriums „Die hl. Elisabeth"
von Franz Liszt

1866

April 14: I. Symphonie (1. „Linzer" Fassung)
Juni 7: Abendklänge, f. Violine u. Klavier
November 25: e-Moll-Messe
(November): Vaterländisches Weinlied, O könnt' ich dich beglücken,
Männerchöre
Dezember 6: Der Abendhimmel, Männerchor (2. Vertonung)

Dezember 16
Berlioz dirigiert in Wien seine „Fausts Verdammung", Bruckner dabei
anwesend

1867 Februar 10
Herbeck führt in der Hofburgkapelle die d-Moll-Messe auf. Erste
Aufführung eines Werkes von Bruckner in Wien

Mai 8 bis August 8
Aufenthalt in Bad Kreuzen

September 10
Simon Sechter stirbt in Wien

Oktober 14
Gesuch um Aufnahme in die Hofmusikkapelle

November 2
Gesuch an die philosophische Fakultät der Universität Wien: Bruckner
möchte Lehrer für musikalische Komposition an der Universität werden

(1867/68): Drei Lieder f. Gesang u. Klavier: Im April, Mein Herz und deine
Stimme, Herbstkummer — Motto f. d. Liedertafel Sierning, Männerchor

1868 Jänner 15
Zum zweiten Mal Chorleiter des „Frohsinn", R. Wagner zum
Ehrenmitglied ernannt

Jänner 31: Pange lingua (phrygisch), f. gem. Chor

April 2
Zweite erfolglose Bewerbung um die Stelle des Domkapellmeisters und
Direktors des Mozarteums in Salzburg, Ernennung zum Ehrenmitglied

April 4
Im Gründungskonzert des „Frohsinn" dirigiert Bruckner die Uraufführung
des Schlußchores der „Meistersinger" von R. Wagner

April 21: Inveni David, Männerchor u. 3 Posaunen

Mai 9
Uraufführung der I. Symphonie im Redoutensaal in Linz
Mai 12: Motto „Das Frauenherz", f. d. „Frohsinn", f. gem. Chor
Mai 24
Herbeck kommt nach Linz, Bruckner soll Nachfolger Sechters werden
Juni 21
In München bei der Uraufführung der „Meistersinger"
Juni 28
Bruckner ist bereit, die Stelle am Wiener Konservatorium anzunehmen
Juli 6
Anstellungsdekret als Professor für Harmonielehre, Kontrapunkt und
Orgelspiel
Juli 23
Endgültige Zusage
August/September
Noch einmal in Bad Kreuzen
September 4
Ernennung zum „exspectierenden k. k. Hoforganisten"
September 9: f-Moll-Messe
September 10: Fantasie G f. Klavier
September (16)
Ehrenmitglied des „Frohsinn"
Oktober 1
Bruckner beginnt seinen Unterricht am Konservatorium
(1868): In S. Angelum Custodem, Hymnus f. gem. Chor — Erinnerung f. Klav.

1869   April 27—29
Kollaudierung und Einweihung der neuen Orgel von St. Epvre in Nancy
Mai 1
Improvisationen an der großen Orgel zu Notre-Dame in Paris und bei
Merklin-Schütze
Mai 3
Noch einmal in der Orgelbaufirma Merklin-Schütze
September 29
Uraufführung der e-Moll-Messe bei der Einweihung der Votivkapelle des
Neuen Domes zu Linz
Oktober: Locus iste, f. gem. Chor
Oktober 28: Böhmerwald-Motto, f. Männerchor
Oktober 29 u. 31: Entwürfe zu einer B-Dur-Symphonie

1870
(April): Mitternacht, f. Tenor-Solo, Männerchor u. Klavier
Oktober 18
Hilfslehrer für Klavier an der Lehrerinnenbildungsanstalt / St. Anna, Wien
November 22
Ehrenbürger von Ansfelden

1871   Juli 29 bis August 29
In London zu Konzerten auf der neuen Orgel in der Albert-Hall und im
Kristall-Palast

1872   Juni 16
Uraufführung der f-Moll-Messe in der Augustinerkirche
September 11: II. Symphonie

1873   August
Reise nach Karlsbad und Marienbad
September
Weiterreise nach Bayreuth zu Richard Wagner, Widmung der
III. Symphonie
Oktober 26
Uraufführung der II. Symphonie
Dezember 31: III. Symphonie (1. Fassung)

1874 April 18
Gesuch an das Ministerium für Kultus und Unterricht um eine fixe
Anstellung an der Universität als Lehrer für Musiktheorie
Juni 22
Gesuch an den englischen Botschafter Baron Schwarz-Senborn um ein
gesichertes Jahreseinkommen
November 22: IV. Symphonie (1. Fassung)

1875 Juni 10
Vizearchivar und substituierender Gesangslehrer der Hofsängerknaben
November 18
Lehrerlaubnis als unbesoldeter Lektor an der Universität Wien für
Harmonielehre und Kontrapunkt
November 25
Konzept der Rede für die Antrittsvorlesung

1876 April 24
Antrittsvorlesung
Mai 16: V. Symphonie
Juli 26
Gesuch an den Obersthofmeister Fürst Konstantin Hohenlohe um
Erlangung einer außerordentlichen Professur für Harmonielehre und
Kontrapunkt an der Universität; Bruckner bittet um Fürsprache beim
Kaiser
August
In Bayreuth bei der Uraufführung des „Ring des Nibelungen"
Sommer
Wohnungswechsel von der Währinger Straße 41 in den Heinrichshof
(Opernring 3)
Dezember 31: Das hohe Lied, 8st. Männerchor mit zwei Tenor- u. Bariton-Soli

1877 Jänner 7
Gesuch an die k. k. Statthalterei um Verleihung der Kapellmeisterstelle an
der Kirche „Am Hof"
April 28: III. Symphonie (2. Fassung)
Oktober 19: Nachruf (= Trösterin Musik), f. Männerchor u. Orgel
Oktober 28
Tod Herbecks
November 15/16
Übersiedlung vom Heinrichshof in die Heßgasse 7
Dezember 16
Uraufführung der III. Symphonie (Fassung 1877), Mißerfolg

1878
Jänner 4: V. Symphonie (Ergänzungen)
Jänner 13: Abendzauber, Männerchor mit Brummstimmen, Bariton-Solo,
3 Jodlerstimmen u. 4 Hörner
Jänner 19
Wirkliches Mitglied der k. k. Hofmusikkapelle
März 30: Tota pulchra, f. Tenor-Solo, gem. Chor u. Orgel
November 27: Zur Vermählungsfeier („Zwei Herzen haben sich gefunden"),
Männerchor
Dezember: IV. Symphonie (2. Fassung mit neuem Scherzo)

1879
Juli 12: Streichquintett
Juli 18: Os justi, f. gem. Chor
Juli 28: Inveni David zum Os justi
Dezember 21: Intermezzo zum Streichquintett
(1879): Christus factus est, f. 8st. gem. Chor, Streicher u. 3 Posaunen

1880
Juli 5: IV. Symphonie, neues Finale
August 9
Bewerbung um die 2. Chormeister-Stelle beim Wiener
Männergesang-Verein

Reise in die Schweiz:

1880 August 22/23
Bei den Passionsspielen in Oberammergau

August 25
Fahrt von Lindau nach Zürich

August 26
In Rapperswil

August 27/28
In Zürich

August 29
Fahrt von Zürich nach Genf

August 30
Nach Chamonix

August 31
Ausflug nach La Flégère (bei Regen)

September 1
Besuch der Eisgrotte beim Glacier des Bossons

September 2/3
Zweiter Ausflug nach La Flégère, Aussicht auf die Montblanc-Kette

September 4/5
In Genf

September 6
Von Genf nach Lausanne

September 7
Nach Freiburg und nach Bern

September 7/8
In Bern und Weiterreise nach Luzern

September 9/10
Fahrt auf dem Vierwaldstätter See und auf den Rigi-Kulm

September 10
Von Luzern nach München

September 11
Von München nach Linz

November 28
Bewilligung einer Jahresremuneration (800 Gulden) für die Vorlesungen an der Universität

1881
Mai 17: Tedeum (nicht ausgeführter 1. Entwurf)
September 3: VI. Symphonie

Dezember 8
Brand des Wiener Ringtheaters

1882 Jänner 12
Bewerbung um die Doktorwürde der Universität Cambridge

Februar 3: Sängerbund, Männerchor
Februar 5: Ave Maria, f. Alt u. Harmonium

Juli 26
Bei der Uraufführung des „Parsifal" in Bayreuth

1883 Februar 13
Richard Wagner stirbt in Venedig

Juli
In Bayreuth

September 5: VII. Symphonie

1884 Jänner 22
Ehrenmitglied des Wiener Akademischen Wagner-Vereines

März 7: Tedeum (2. Fassung)

1884 Ostern
In Prag zur Kollaudierung der neuen Orgel im Rudolfinum.
Ostersonntag, 13. April, spielt Bruckner im Veits-Dom, am 14. besucht er
Stift Emaus

Mai 28: Christus factus est, f. gem. Chor

Juli
In Bayreuth

August 15: Präludium C f. Harmonium (Perger-Präludium)

September 4
In Vöcklabruck Feier des 60. Geburtstages

November 14: Salvum fac populum f. gem. Chor

Dezember 30
Uraufführung der VII. Symphonie in Leipzig, Dirigent: Arthur Nikisch

1885 März 10
Aufführung der VII. Symphonie in München durch Hermann Levi in
Anwesenheit Bruckners

März 11
Hermann Kaulbach porträtiert Bruckner

März 24
Gesuch um das Ehrendoktorat der Universität Philadelphia, wird später
für Cincinnati wiederholt; Bruckner sitzt einem Schwindler auf

April 28: Ecce sacerdos, f. 8st. gem. Chor, 3 Posaunen u. Orgel

Mai 2
Uraufführung des Tedeums in Wien, statt des Orchesters mit 2 Klavieren,
Bruckner dirigiert

September 3: Virga Jesse, f. gem. Chor

Dezember 6
Aufführung der III. Symphonie durch Anton Seidl in New York
(Metropolitan Opera). Das erste Mal ein Werk Bruckners in Amerika

1886
Februar 11: Um Mitternacht, f. Tenor-Solo u. Männerchor (2. Vertonung)

April 7
Bruckner bei der Aufführung seines Tedeums in München

Jänner 10
Erstaufführung des Tedeums mit Orchester durch Hans Richter

Juni 13
Tod König Ludwigs II. von Bayern

Juli 8
Kaiser Franz Joseph verleiht Bruckner das Ritterkreuz des
Franz-Joseph-Ordens und eine Personalzulage

(Juli)
In Bayreuth

Juli 31
Franz Liszt stirbt in Bayreuth

August 4
Bruckner spielt beim Requiem für Franz Liszt in der katholischen
Stadtpfarrkirche von Bayreuth

September 23
Audienz beim Kaiser, Dank für den Orden

(1886): Ave regina coelorum, Veni creator spiritus, Harmonisierung d.
greg. Chorals

1887 Juni 10
Korrespondierendes Mitglied der Maatschappij tot bevordering van
Toonkunst in Amsterdam

August 10: VIII. Symphonie (1. Fassung)
(September 21): Beginn der Arbeit an der IX. Symphonie

September 30
H. Levi schickt die VIII. Symphonie zurück

Oktober 18
Die Umarbeitung der VIII. Symphonie schon begonnen

1888 Jänner 22
Bruckner-Konzert des Akademischen Wagner-Vereins. Hans Richter
dirigiert die IV. Symphonie
Februar 18
Mit der Durchsicht der von Ferdinand Löwe bearbeiteten Fassung der
IV. Symphonie (Erstdruck) fertig
Juli
In Bayreuth
Dezember 22
Uraufführung der Erstdruckfassung der IV. Symphonie durch Hans Richter

1889
März 4: III. Symphonie (3. Fassung)
August
In Bayreuth
(Dezember)
Bewerbung um die Kapellmeisterstelle am Wiener Burgtheater

1890
März 10: VIII. Symphonie (2. Fassung)
Juli 12
Vom Konservatorium Krankenurlaub auf ein Jahr
Juli 31
Orgelspiel bei der Hochzeit der Erzherzogin Marie Valerie in Ischl
Oktober 30
Der oberösterreichische Landtag bewilligt Bruckner eine jährliche
Ehrengabe von 400 Gulden
Dezember 5: Träumen und Wachen, f. Tenor-Solo u. Männerchor
Dezember 21
Uraufführung der III. Symphonie (2. Druckfassung)

1891 Jänner 15
Ende des Unterrichts am Konservatorium, Pensionierung und Ernennung
zum Ehrenmitglied der Gesellschaft der Musikfreunde
April 18: I. Symphonie (2. „Wiener" Fassung)
Mai 31
Aufführung des Tedeums in Berlin (Siegfried Ochs), Bruckner anwesend
Juli 15—17
Beim IV. Musikfest der Internationalen Stiftung Mozarteum in Salzburg
(Juli)
In Bayreuth
November 7
Promotion zum Ehrendoktor der Universität Wien. Am gleichen Tag bei
Bildhauer Viktor Tilgner, der seine Bruckner-Büste beginnt
Dezember 11
Bruckner-Kommers der deutschen Studentenschaft, veranstaltet vom
Akademischen Gesangverein in den Sofiensälen
Dezember 13
Uraufführung der I. Symphonie (Wiener Fassung) durch Hans Richter

1892
Bruckners Leiden: Herzschaden, Wassersucht, Atemnot machen sich in
gesteigertem Maß bemerkbar
Februar 9: Vexilla regis, f. 7st. gem. Chor
April 29: Das deutsche Lied, f. Männerchor u. Blechblasinstrumente
Juni 29: Der 150. Psalm, f. Sopran-Solo, gem. Chor u. Orchester
Juli
Das letzte Mal in Bayreuth
Oktober 28
Vom Dienst in der Hofmusikkapelle enthoben
November 30
Uraufführung des 150. Psalms

1892 Dezember 12
Uraufführung der VIII. Symphonie (2. Fassung), Hans Richter dirigiert

1893

Im Laufe des Jahres Zunahme der Krankheiten
August 7: Helgoland, f. Männerchor u. großes Orchester
September 22
Ehrenmitglied des Wiener Männergesang-Vereines
Oktober 8
Uraufführung von „Helgoland", Dirigent: Eduard Kremser
November 10
Testament
Dezember
Plötzliche Besserung der Gesundheit
Dezember 23: 1. Satz der IX. Symphonie vollendet

1894 Jänner
Reise nach Berlin zur Aufführung der VII. Symphonie (6.), des
Tedeums (8.) und des Streichquintetts (11.). Im Konzert vom 8. auch vier
Kompositionen von Hugo Wolf, darunter „Elfenlied" und
„Der Feuerreiter", in Anwesenheit des Komponisten
Februar 15: Scherzo der IX. Symphonie vollendet
Februar 24
Die philosophische Fakultät der Universität Wien stimmt einer Anregung
des Rektors G. Tschermak zu, Bruckner statt der Lektorats-Remuneration
eine jährliche Ehrengabe von 1.200 Gulden zu gewähren
März 18
Aufführung der III. Symphonie in Paris, Dirigent: Charles Lamoureux
Karwoche und Ostern
Das letzte Mal in St. Florian das Osterhochamt gespielt (Ostersonntag,
25. März)
April 9
Uraufführung der V. Symphonie in Graz durch Franz Schalk
Juli 11
Ehrenbürger von Linz
September 4
Feier des 70. Geburtstages in Steyr
September 23
Kodizill zum Testament
November 28
Der Unterrichtsminister bewilligt für 1895 einen Ehrensold von
600 Gulden und für 1894 eine Subvention von 150 Gulden
November 30: Das Adagio der IX. Symphonie beendet
Dezember 8
Schwere Erkrankung; die Ärzte geben ihn auf, aber Bruckner kann,
überraschenderweise gebessert, zu Weihnachten nach Klosterneuburg
fahren
Dezember 26
Letztes Orgelspiel bei einem Hochamt in Klosterneuburg

1895 Juli 4
Übersiedlung ins Kustodenstöckl (Schloß Belvedere)
Dezember 18
Aufführung der V. Symphonie in Budapest durch Ferdinand Löwe
Arbeit am Finale der IX. Symphonie

1896 Jänner 5
Beim philharmonischen Konzert anwesend. Hans Richter dirigiert die
IV. Symphonie; weiters den Till Eulenspiegel von Richard Strauss
Jänner 12
Bruckner hört zum letzten Mal im großen Musikvereinssaal sein Tedeum.
Dirigent: Richard von Perger

1896 März 29
Letztes Erscheinen in der Öffentlichkeit in einem Konzert zu Gunsten des Pensions-Institutes der k. k. Hofoper. Im Programm u. a. das „Liebesmahl der Apostel" von R. Wagner

Arbeit am Finale der IX. Symphonie

Oktober 11
Bruckner stirbt um 15.30 Uhr nachmittags

Oktober 14
Leichenbegängnis in Wien (Karlskirche) und Überführung nach St. Florian

Oktober 15
Einsegnung und Beisetzung in der Krypta der Stiftskirche von St. Florian

Dem Beschauer dieses Bandes wird mit den Bildern das Leben des Meisters in Erinnerung gerufen. Die daraus gewonnenen Eindrücke erwecken zusammen mit Erkenntnissen aus der Zeitgeschichte bestimmte Vorstellungen, die in ihrer Gesamtheit die Person Bruckners und ihre Umgebung mit einer gewissen Deutlichkeit in die Sphäre des Bewußtseins heben. Der Mensch Bruckner und seine Umwelt sind Inhalt dieser Vorstellungen.

Diese Zeichnung ist aber unvollständig, es fehlt das Lebenswerk, seine Musik. Die folgenden Zeilen wollen sie beschreiben und so das Bild vervollständigen, obwohl „beschriebene" Musik nicht klingt und Musik zu ihrem vernehmbaren Dasein eben des Klanges, und nur des Klanges, bedarf. Der Mensch von heute hat es mit Schallplatte und Tonband ja leicht, sich diese Musik jederzeit hörbar zu machen. So können Beschreibungen von Musik gewagt werden, weil die Möglichkeit besteht, die gemachten Aussagen an der Musik selbst zu überprüfen.

Man tut gut, mit Bruckners eigenem Wort zu beginnen. In seinen Symphonien stehen so manche Anweisungen, die nicht rein dirigiertechnischer Natur sind, sondern kundtun, welchen Ausdruck er wünscht, was seine Musik „sagen" will. Diese Angaben enthüllen eine ganze Skala von Empfindungen. „Bewegt, feurig" oder „lebhaft" heißt es am Beginn der I. und II. Symphonie. „Schnell" geht es zu bei allen Scherzis. „Mit vollster Kraft" werden im 1. Satz der I. Symphonie am Ende der Exposition die Posaunen eingeführt. Am Schluß der Vierten sollen die Hörner „schmetternd" den Es-Dur-Dreiklang bringen. Im Finale der Fünften wird mit einem dreifachen Forte dem berühmten Choral Höhepunkt und Krönung anvertraut. Wo immer Bruckner ein kräftiges Hervortreten wünscht, da findet man das Wort „marcato". Aber nicht nur Kraft verlangt Bruckner, er kann auch „innig" sein wie beim Seitenthema im 1. Satz der IX. Symphonie. Im Abgesang des Adagios der Achten heißt es sogar: „recht innig, sanft"; „recht gesangvoll" verlangt er im Adagio der VII. Symphonie, Takt 199. „Mit Ausdruck und Wärme" sollen die 1. Geigen im Finale der VI. Symphonie, Takt 328, spielen. Das erwartet Bruckner auch, wenn er „breit" hinschreibt, wie etwa beim „Gebet des Michel" im Trio der Achten, Takt 57. Damit kommt man in die Nähe jener Bezeichnung, die für Bruckner so ausnehmend kennzeichnend ist, zum Wort: „feierlich", auch „sehr feierlich", wie beim Codabeginn im 1. Satz der VII. Symphonie. Für Bruckner ist Musik zumeist etwas „Heiliges" gewesen, das Wort ist hier in seiner ganz allgemeinen Bedeutung gemeint. So heißt es: „breit und feierlich" am Finalende der III. Symphonie oder „feierlich, etwas bewegt" im 2. Satz der II. Symphonie. Die höchste Stufe dieser Empfindung steht am Anfang der Neunten: „Feierlich, Misterioso". Es ist, als griffe Bruckner in überirdische, geheimnisvolle Gefilde hinüber. Schon diese kleine Auswahl läßt erkennen, wie Bruckner seine Musik aufgefaßt wissen wollte.

Aus einer Fülle von Stimmungen, die unzählige Zwischenstufen kennt, schafft Bruckner seine Instrumentalmusik. Die Gesangsmusik bezieht ihre Ausdruckskraft vornehmlich aus dem Text; man denke nur an den Anfang des Tedeums oder an das „Et incarnatus est" in der f-Moll-Messe. Sie beweist damit, daß in Bruckners Musik eine große nachzeichnende und damit vertiefende Stärke liegt. Dazu verhelfen dem Meister alle Komponenten des musikalischen Kunstwerks. Er beherrscht sie ganz und verwendet sie mit vollkommener Logik: Melodie, Harmonie, Stimmführung und Klangtechnik.

Die Musik Anton Bruckners

Form und Abmessung der einzelnen Teile in den Messen, Motetten wie Symphonien sind von höchstem Ebenmaß. In den Symphonien haben die Sätze ihre bestimmten Charaktere, vor allem Adagio und Scherzo. Bei letzteren soll der bekannte Hinweis auf die oberösterreichische Volksmusik nicht unterdrückt werden. Sie ist der eine Quell, die Kirchenmusik der andere, aus denen Bruckners musikalischer Strom quillt. Auch Richard Wagners Stil hat seine Spuren hinterlassen. In den Adagios, vor allem aber in den Ecksätzen, gibt es Steigerungen, die Bruckner im vollen Bewußtsein der ihm zur Verfügung stehenden Kräfte abrollen läßt. Sie sind charakteristisch für ihn, gleichwie die Satzanfänge mit Tremolo, pochenden Viertelnoten oder bewegten Achtelfiguren. Aus ihrem „Klangraum" erhebt sich erst eine Weile später das Hauptmotiv. Das berühmteste Beispiel dafür ist der Anfang der III. Symphonie. Gleich typisch für Bruckner sind die Blechbläsersätze. Sie wirken meist feierlich, besonders dann, wenn sie sich zu Chorälen formen, wie in der IV. und V. Symphonie. In den Scherzis sind sie Ausdruck kräftigster Lust und Freude.

Alle diese Merkmale gelten für die Werke seit der „Nullten" Symphonie, 1863/64. Was vorher geschaffen wurde, das entstammt jenen Kompositionsgrundsätzen, wie sie die Zeit von 1830 bis 1860 und Bruckners gelerntes Können ihm eingaben. Der Ursprung von Bruckners Musik liegt in der Kirche (Windhaager Messe). Danach steigt er auf über kleine weltliche Chöre und Kantaten zum Requiem und zur b-Moll-Messe. Diese Messe ist ein Werk im Stil der Wiener Klassiker, den Bruckner darin schon vollkommen beherrscht. Nichts deutet auf den späteren Symphoniker hin, aber alle Werke überraschen durch Ernst und weihevolle Haltung.

Das siebenstimmige Ave Maria von 1861 läßt zum ersten Mal den Genius hören, der sich jedoch in den Männer- und gemischten Chören der „Frohsinn"-Zeit und vor allem in den Liedern und Klavierstücken nach mendelssohnschem Muster wieder verbirgt. Ein doppelter Bruckner lebte damals in Linz: der Meister der drei großen Messen und der Verfertiger kleiner Musikstücke in romantischem Genre-Charakter.

Jetzt, wo wir, rückschauend, die Entwicklung Bruckners überblicken und ihr Endziel kennen, lassen natürlich einzelne darin vorkommende Akkordverbindungen und Motive aufhorchen. Eine Darstellung von Bruckners Musik hat jedoch diese beiden Teile, vom Anfang bis 1864 und danach, klar herauszustellen. Der Bruckner, der landläufige Kirchenmusik, Kantaten und Werke romantischer Stilrichtung schrieb, wie das Streichquartett, muß von den Werken, die seine höchst persönliche Aussage übermitteln, ebenso bestimmt wie genau getrennt werden.

Ein sehr wesentlicher Teil des Brucknerschen Lebenswerkes, der noch dazu von höchst persönlichem Charakter war, ist uns allerdings verlorengegangen: seine Orgelimprovisationen. Wie aus Beschreibungen hervorgeht, müssen sie starke seelische Eindrücke hervorgerufen haben.

Die Persönlichkeit Bruckners erweist sich in seiner Musik als zukunftsweisend, am stärksten im Quintett und in den vier letzten Symphonien. Besonders im unvollendeten Finale der Neunten tritt dies in Erscheinung. Die Motive und ihre Verarbeitung weisen im rhythmischen wie harmonischen Bereich auf die Musik kommender Jahrzehnte hin. Mit so manchen seiner kompositorischen Eigenheiten stand Bruckner wie ein ragender Fels allein in der Brandung des Gewöhnlichen seiner Zeit. Man erinnere sich an die e-Moll-Messe mit ihrer Vereinigung von Palestrinastil und moderner Instrumentation; man denke an die Generalpausen, an die kontrapunktische Meisterschaft in den Fugen der Fünften und im Tedeum, an die weitgespannten Formbogen seiner Symphoniesätze. Auch die rhythmischen und agogischen Kräfte, aus denen ganze Symphoniesätze erwachsen, wie etwa das Finale der Siebenten, müssen hier angeführt werden.

Das alles machte Bruckners Musik für seine Zeit schwer verständlich. Ganz besonders schwierig erwies (und erweist sich noch) seine Musik aber durch die unzweifelhaft in ihr vorhandene metaphysische Kraft, nicht nur in den Kirchenwerken, sondern auch in seinen Symphonien. Am Ende seines Lebens hat Bruckner diese seine Haltung für ihn selbst wie für seine Musik durch die Widmung der IX. Symphonie „An den lieben Gott" deutlich zum Ausdruck gebracht. Dieses Wort offenbart seine innerste Einstellung zu Welt und Kunst, zu allem musikalischen Geschehen, das er der Nachwelt geschenkt hat. Es erklärt auch die Einheitlichkeit seines Lebenswerkes: Symphonie und Kirchenmusik. Bei beiden stehen als Paten Erhabenheit und menschliche Güte.

An-merkungen und Ergänzungen zu Bildern und Text

Bild 1

Neben der Kirche steht der Pfarrhof mit den Laubengängen. Vom Geburtshaus Bruckners, das hinter der Kirche liegt, sind nur die beiden Dachenden sichtbar. Die Straße zur oberen rechten Bildecke führt nach St. Florian.

Seite 9

Zum Charakter der Bewohner vgl. noch *Benedikt Pillwein*, Kurzer Wegweiser durch den Traunkreis ... Linz 1838, S. 5.

Seite 10

Über den Kirchturm vgl. B. Pillwein, a.a.O.

Bild 3

Rechts das Geburtshaus Bruckners mit der Gedenktafel. Das ebenerdige rückwärtige Fenster gehört zum Geburtsraum. Die Stiege führt auf den Kirchenhügel. (Zustand vor der Restaurierung von 1971). An der linken Mauer befindet sich das Grab von Bruckners Vater. Die Tafel wurde 1895 vom „Frohsinn" errichtet und hat den Wortlaut:

Ihrem Ehrenmitgliede / dem berühmten Tondichter / Dr. Anton Bruckner / Ritter des Franz Joseph Ordens / k. k. Hoforganist, Lector an der / k. k. Universität in Wien / Ehrenbürger der Landeshauptstadt / Linz / geb. in diesem Hause, am 4. Sept. 1824 / widmet diese Gedenktafel / die Liedertafel Frohsinn Linz / Mai 1895

Zu diesem Anlaß erschien die erste Biographie Bruckners von Franz Brunner: Dr. Anton Bruckner. Ein Lebensbild, Linz 1895.

Bild 5

Die Eintragung im Taufprotokoll (2. von oben) lautet:

1824 (Ortschaft)	Haus-Numer	Nahmen des Taufenden	Getauften	Religion Katholisch.	Protestantisch.	Geschlecht Knab.	Mädchen.	Ehelich.	Unehelich.	Aeltern Vater.	Mutter.	Pathen Nahmen.	Stand.
7ber. 4ten 4¼ U: früh geboren, getauft 5 Uhr Abends.	do. 29	Karl Guttenthaller mp Coop.	Joseph Anton	/		/		/		Anton, Schullehrer, eh: Sohn des Joseph Bruckner, gewes: Schullehrers, alhier, und der Franziska dess: Ehegattin, gebor: Kletzerinn	Theresia, eh: Tochter des Ferdinand Helm gewes: Amtsverwalter in Neuzeug Pf: Sierning, und der A: Maria dess: Ehegattin geb. Mayrhofer.	Rosalia Mayrhofer	Wirtschafterinn im Pfarrhofe zu Wolfern.

Seite 13

Rosalia Mayrhofer: vgl. den Zettel mit der Angabe ihres Todes, Bild 84. — Josef Grabmer war Chorherr von St. Florian, gebürtig aus Mauthausen, und kam 1814 als Pfarrer nach Ansfelden, wo er am 17. September 1829 im Alter von 77 Jahren starb. *Wolfgang Dannebauer*, Hundertjähriger General-Schematismus ... der Diözese Linz ... Bd. 2, Linz 1889, S. 81.

DER AHNENSTAMM DER BRUCKNER

Stöffl (Stephan) an der Prugg
geb. um 1500

Mert (Martin) Pruggner an der Prugk
geb. ca. 1530

Michael Pruckhner an der Pruckhen (ca. 1575—?)
heiratet um 1615 eine Magdalena, bis 1625 an der Pruckhen, danach in Pyhra; dort noch 1634 nachweisbar

Georg Pruckhner an der Pruckhen (1608—1684)
heiratet 1646 Anna Pruckner aus Pyhra, Bauer in Pyhra

Martin Pruckner (1656—1737)
heiratet in 2. Ehe 1702 Magdalena Heimberger, Bauer in Pyhra

Josef Pruckner (ca. 1716—1775)
heiratet 1745 Maria Therese Perger, zieht vom Pyhragut nach Oed Nr. 8, wird Binder, Gastwirt und Bürger

Josef Bruckner (1749—1831)
heiratet 1777 in Ansfelden Franziska, die Tochter des Schulmeisters Sebastian Kletzer († 1776), zuerst Binder, wird 1765 Lehrer, ab 1777 in Ansfelden

Anton Bruckner (1791—1837)
heiratet 1823 Therese Helm, Lehrer in Ansfelden. Von den elf Kindern bleiben fünf am Leben: 1. Anton (1824—1896), 5. Rosalie (1829—1898), verehelichte Hueber, 6. Josefa (1830—1874), verehelichte Wagenbrenner, 9. Ignaz (1833—1913), 11. Maria Anna (1836—1870)

Anton Bruckner (1824—1896)
Dr. phil. h. c. der Universität Wien, Ritter des Franz-Joseph-Ordens, Professor für Harmonielehre, Kontrapunkt und Orgelspiel, k. k. Hoforganist, Komponist

Zur Bruckner-Genealogie vgl. *Ernst Schwanzara*, Anton Bruckner, Stamm und Urheimat, in Aug. Göllerich und Max Auer, Anton Bruckner, Ein Lebens- und Schaffensbild, Band 4/4, Regensburg 1937, S. 135—222. Ergänzungen dazu lieferten *Othmar Wessely*, Beiträge zur Familiengeschichte Anton Bruckners, in: Jb. d. OÖ. Musealvereines, Band 100, Linz 1955, S. 143—151, und *Heinz Schöny*, Neues zu Anton Bruckners Vorfahren, in: Jb. d. OÖ. Musealvereines, Band 108, Linz 1963, S. 251—255.

Abkürzungen

ABr. Ges. Br. NF Nr. 19 = Anton Bruckner, Gesammelte Briefe, Neue Folge. Gesammelt und herausgegeben von Max Auer. Regensburg 1924 (Deutsche Musikbücherei Bd. 55)

BRGA = Anton Bruckner, Sämtliche Werke. Kritische Gesamtausgabe, herausgegeben von der Generaldirektion der Österreichischen Nationalbibliothek und der Internationalen Bruckner-Gesellschaft, Wien 1951 ff.

G.-A. 3/1, S. 162 = Göllerich August, Anton Bruckner, ein Lebens- und Schaffens-Bild von ——. Nach dessen Tod ergänzt und herausgegeben von Max Auer, Regensburg 1922—1937 (Deutsche Musikbücherei Bd. 36—39, 9 Bände)

IBG = Internationale Bruckner-Gesellschaft

Jb. = Jahrbuch

MGG = Die Musik in Geschichte und Gegenwart, Kassel 1949 ff.

Schöny = Heinz Schöny, Anton Bruckner im zeitgenössischen Bildnis. Kunstjahrbuch der Stadt Linz 1968, S. 45—82. Auch als Sonderdruck der IBG und des Brucknerbundes für Oberösterreich erschienen unter dem Titel: Bruckner-Ikonographie

Bild 7

Das Bild zeigt die rechte Seite des Musik-chores. Das Geländer scheidet den Raum mit der Orgel von dem der Kirchenbesucher.

Bild 8

Aus: *Franz Xaver Glöggl*, Erklärendes Hand-buch des musikalischen Gottesdienstes, für Kapellmeister, Regenschori, Sänger und Ton-künstler, Wien 1828, S. IV und V der „Vor-erinnerung".

Bild 9

Spieltisch der von Josef Breinbauer aus Ottensheim 1862 erbauten Orgel. Bei seinen Besuchen in Ansfelden 1864 und 1869 hat Bruckner diese Orgel gespielt.

Bild 10

J. B. Weiß, Domine ad adjuvandum. Die Partitur ist nur ein Entwurf. Die Sing-stimmen sind mit Bleistift geschrieben, eine Andeutung der 1. Geigenstimme mit Tinte, rechts unten auch die zwei letzten Takte des Generalbasses und seiner Bezifferung. Dar-über am rechten Rand, mit Bleistift, die Länge der Komposition: 74 Takte.

Seite 19

Ein Bruder des J. B. Weiß, Anton, war Organist im Stift Wilhering und wird als ein phänomenaler Meister seines Instrumen-tes bezeichnet. G.-A. 1, 87. Der Wiener klassische Stil eroberte sich infolge seiner allgemein verständlichen „Tonsprache" den gesamten süddeutschen, böhmisch-österreichi-schen Raum. Er bot auch dem jungen Bruckner die ersten Grundlagen.

Bild 11

Das Schulhaus ist das Haus unmittelbar vor der Kirche.

Bild 12

Text auf der Vorderseite: Gebeth vor der heil. Firmung.
In der heil. Taufe schon gabst du mir o mein Gott! den heil. Geist mit der Tilgung der Sünde. Jetzt sendest du Ihn mir, wie einst zu Jerusalem den Gläubigen, auf daß ich wie jene dem Kreuze Jesu Christi und seinem Glauben, das ist, der Lehre der heil. apostol. und kathol. Kirche, stets Zeugenschaft lei-ste, dasselbe vertheidigend fördere in Wort, That und Gebeth. Komm also heiliger Geist! schenk' mir die Gaben der Weisheit und des Verstandes, des Rathes und der Stärke, der Wissenschaft und Frömmigkeit, erfülle mein Herz mit glühender Gottesfurcht, da-mit ich mit Chrisam gesalbt und bezeichnet mit Christi Kreuz ein Tempel deiner Herr-lichkeit werde, und ein thätiger und eifriger Zeuge des Christenthums. Durch Jesum unsern Heiland. Amen.
Darüber ein Holzschnitt, die Taube mit sieben Flammenzungen, Sinnbild des Hl. Gei-stes.
Originalgröße: 11,3 × 8 cm

Seite 20

Die kleinen Orgelstücke, die eigentlich keine Präludien, sondern eher Kadenzen sind, kön-nen sehr wohl vom jungen Bruckner ge-schrieben worden sein. Da die in Hörsching vorhanden gewesene Handschrift (Auto-graph?) aber verloren gegangen ist, kann man nicht mit Sicherheit sagen, ob sie wirk-lich von Bruckner stammen. Neuausgabe von Hans Haselböck in: Diletto musicale No 364, Wien, Doblinger 1970.

Bild 14

Das Dekret lautet:

EX
offo

An
den Anton Bruckner, Schulgehilfen zu Ans-felden.
Auf das von dessen Vater, Herrn Joseph Bruckner, Schullehrer zu Ansfelden gemachte Ansuchen; nach beigebrachten empfehlenden Zeugnissen, und den bei den bisherigen Schuluntersuchungen bewiesenen Kenntnis-sen und entsprechender Verwendung wird derselbe bei der Trivialschule zu Ansfelden im T. V. wo er in Hinsicht auf das 65jährige gebrechliche Alter des Schullehrers um so unentbehrlicher ist, als Schulgehilfe für beide Klassen hiermit ämtlich angestellet. Man ver-sieht sich zu demselben, daß er, wie bisher fortfahren werde, seiner wichtigen Berufs-pflicht mit Fleiße obzuliegen, und durch eine gute Aufführung so wie durch willigen Gehorsam gegen seine Vorgesetzten sich der Zufriedenheit derselben stäts würdig zu ma-chen.

Dek. Enns im T. V. 19ten April 1814.
Gürtler mp
Dech. u. Dr. S. A.

Links neben der Unterschrift das Papier-siegel.
Originalgröße: 34,9 × 21,6 cm
T. V.: Traun-Viertel
Dech. u. Dr. S. A.: Dechant und Distrikts-Schulen-Aufseher.

Seite 22

Das „Pange lingua" in C siehe G.-A. 2/1, 228, und die verbesserte Fassung im Faksimile ibd., S. 230.

Bild 15

Der obere Stein trägt die Inschrift:
Herr Anton Bruckner / Schullehrer / gestor-ben den 7. Juni 1837 / im 46. Lebensjahre. / R. I. P.
Die untere Tafel gehört einer Eva Maria Pürstinger, gestorben 22. 9. 1850. Sie war die Mutter eines Kaplans von Ansfelden. Man kann daraus schließen, daß dieses Grab, in dem Bruckners Vater beerdigt wurde, ein Gegenstück zum Priestergrab am Turm bildete und die unmittelbar dem Pfarr-hof nahestehenden Laien aufnehmen sollte. Frdl. Mitteilung von Hw. Pfarrer Geiss (Zustand des Grabes vor der Renovierung 1971).

Bild 16

Am unteren Rand bezeichnet: Runk del. Ziegler sc.

Seite 25

Im abendländischen Raum haben die Klöster und Stifte seit dem 8. Jahrhundert wichtige kulturelle Aufgaben erfüllt und sind in verschiedenen Epochen Mittelpunkte geistigen und künstlerischen Lebens gewesen. Eine eindrucksvolle Darstellung solcher klösterlich-stiftlicher Musikgeschichte bietet *Altmann Kellner*, Musikgeschichte des Stiftes Kremsmünster, Kassel 1956.

Seite 29

G.-A. 1/114 berichtet Göllerich von einer Sopranstimme Bruckners, G.-A. 4/3, 505, Meißner dagegen aus Erzählungen des alternden Meisters von einer Alt-Stimme.

Seite 30

Im „Buch der Ehre und des Fleißes" der Marktschule von St. Florian ist Bruckner 1838 als Zweitbester eingetragen. — Anton Kattinger war der Sohn eines Wundarztes in Vorderweißenbach (Mühlviertel), wurde 1816 Stiftsorganist und als solcher 1837 der Orgellehrer Bruckners. Nach dem Tode seiner Frau, 1849, ging er nach Kremsmünster und starb dort 1852. In St. Florian war er seit 1819 nebenbei auch Gerichtsschreiber. Kattinger mag mit dieser Doppelstellung ein Vorbild für Bruckner gewesen sein, der 1854, im Entstehungsjahr der b-Moll-Messe, ebenfalls eine Stelle bei Gericht suchte, aber abgewiesen wurde. Bruckner hatte seit 1851 schon aushilfsweise Schreibarbeiten im k. k. Bezirksgericht St. Florian geleistet. Siehe G.-A. 2/1, 143 und 149, und *Franz Linninger*, Orgeln und Organisten im Stift St. Florian, in: OÖ. Heimatblätter 9 (1955), S. 182 f.

Seite 33

Über die große Orgel und ihre Geschichte siehe: *Leopold Hager*, Die Brucknerorgel im Stift St. Florian, St. Florian 1951. Abbildungen von Prospekt und Grundriß, wie sie nach der Renovierung von 1875 (durch Matthäus Mauracher, Salzburg) ausgesehen haben, in G.-A. 2/1, nach S. 256. Über die Einweihung am 19. Oktober 1875, bei der Bruckner und Seiberl spielten, ibd., S. 258 f. — Die musikalischen Erlebnisse des Sängerknaben Bruckner müßten einmal eingehend archivalisch erforscht werden. — Für die Kompositionen des Florianer Chorherrn Franz Aumann zeigte Bruckner Interesse: Ostern 1879 setzte er zu dessen „Ecce quomodo moritur" (Matutin des Karsamstags, 6. Responsorium) 3 Posaunen. Siehe G.-A. 1/275.

Bild 26

N: I.

Liebe Mutter!

Durch Ihre Güte erhielt ich schon gestern die Leinwand, um welche ich Sie in meinem letzten Briefe gebethen habe. Wie undankbar wäre ich, wenn ich Ihnen nicht so gleich innigst dafür danken würde. Ich weiß, wie schwer es Ihnen fällt, mich immer mit allem Nöthigen zu versorgen; allein ich verspreche Ihnen, mit den neuen Hemden recht schonend umzugehen, um Ihnen nicht wieder mit ähnlichen Auslagen beschwerlich zu fallen. Indem ich Ihnen nochmal dafür danke, bin ich

Ihr

dankbarer Sohn
Anton Bruckner.

St: Florian am
1. Dezember 1837

Diese aus einem Schulheft, „Deutsche Aufsätze", stammende Aufgabe Bruckners wird in der Literatur meist fälschlich als wirklicher Brief ausgegeben. Es ist aber eine Schulaufgabe, wie sie damals im Deutschunterricht üblich war und ganz praktischen Zwecken diente. Die Kinder sollten lernen, sich schriftlich mitzuteilen. Vgl. dazu Bruckners eigenes Diktatheft aus Windhaag und Kronstorf, Bild 48.

Seite 35

Die Anzahl von nur drei Sängerknaben läßt auf die Stärke der Besetzung auf dem Kirchenchor von St. Florian schließen und auch auf die Lautstärke der Musik im allgemeinen, die sehr wahrscheinlich etwas weniger aufdringlich war als heute. Die große Orgel ragte dadurch um so mächtiger heraus. Der späte Bruckner war allerdings dann anderer Meinung, der wünsche seine Fortissimo entsprechend stark. Vgl. G.-A. 4/3, S. 48 f. Anmerkung. — Über Bruckner als Volksschüler vgl. G.-A. 1, 124, 129 ff. — Georg Steinmeyer, 1813 in St. Florian geboren, wird im Verzeichnis des Personalstandes der deutschen Schulen in der Diözese Linz, Linz 1838, S. 63, als 1. Gehilfe genannt. Danach wäre die Namensschreibung bei G.-A. 1, 140, zu berichtigen.

Bild 27

Am unteren Rand bezeichnet: Runk del. Ziegler sc.

Bild 28

Bürgermeister Dr. Nusko bei der Enthüllung der Gedenktafel für Bruckner am Hause Pfarrgasse 11 im Jahr 1934. Das Haus wurde im Zweiten Weltkrieg zerstört und besteht nicht mehr, die Inschrift lautete:

Anton / Bruckner / wohnte in diesem Hause als / Besucher der Präparandie / 1840—1841 / Innung der Meistersinger / Linz 1934

Bild 29

In dem hohen Gebäude rechts fand der Unterricht für die Lehramtskandidaten („Präparandisten") statt.

Bild 30

Originalgröße: 21 × 13 cm

Seite 40

Joh. Aug. Dürrnberger, geb. 1800 in Pernstein, gest. 1880 in Steyr, war seit 1820 in der Buchhaltung des Landes Oberösterreich bis 1865 tätig. Er war ein pflichtbewußter Beamter, der in seinem zweiten Beruf, der Musik, ebenso tüchtig war. Nach seiner mit vorzüglichen Erfolgen abgelegten Prüfung bei der Gesellschaft der Musikfreunde in Wien erhielt er den Titel „Professor". Darauf berief sich Bruckner, als er 1861 auch eine gleiche Prüfung ablegte, den Titel aber nicht bekam. Vgl. *Franz Gräflinger*, Johann August Dürrnberger, in: Unterhaltungsbeilage der Linzer Tagespost Nr. 37 vom 15. September 1912.

Nahmen	Classification			Verwendung.	Anmerkung.
	im theoretischen Theile.	im practischen Theile.	im Choral-Gesange.		
Bonn Ferdinand. Rep.	g.sg. s.g.	m schw. m	sg. sg	sehr fleißig.	sg.
Bruckner Anton.	sg. s.g.	g. g.	sg. s.g.	sehr fleißig.	sg.
Denner Karl. Rep.	g. g.—	m. m	g. g.	sehr fleißig.	sg
Duscher Anton.	g. g —	zg. zg.	g.sg. g.	fleißig.	g.

Rep. = Repetent	zg. = ziemlich gut
sg. = sehr gut	m. = mittel
g. = gut	schw. = schwach

Auf der ersten Seite der Titel: „Classifi-cations-Abschluß / über den Fortgang der Hörer / der / Harmonie- und Generalbaß-lehre / an der k. k. Normal-Hauptschule in Linz / im Schuljahre / 1841." Aus diesem Katalog, geschrieben von J. A. Dürrnberger, ersieht man die Namen der Mitschüler Bruckners in der Präparandie:

fol. 1'
Bonn Ferdinand
Bruckner Anton
Denner Carl
Duscher Anton
Erhard Carl
Fettinger acc. Rep.
Fürst Wenzel Rep.
Gastinger Georg
Hakl Georg Rep.
Kerschbaum Joseph
Mauritz Johann Rep.
Müller Jakob Rep.
Neißl Johann
Panholzer Leopold Rep.
Planinger Anton

fol. 2
Reinzl Johann
Sandberger Franz
Schmalzer Franz Rep.
Schweiger Mathias
Seiberl Heinrich
Volk Carl
Weymayr Peter

fol. 2' leer

Originalgröße: 35,6 × 23,7 cm

Seite 42
Zum Linzer Musikleben um 1840 siehe: *Othmar Wessely*, Das Linzer Musikleben in der ersten Hälfte des 19. Jahrhunderts, in: Jb. der Stadt Linz 1953, S. 283—442.

Bild 34
Enthalten in: Politische Verfassung / an / deutschen Schulen / in den k. und auch k. k. deutschen Erbstaaten, Wien 1806. Nach S. 192 folgen „Instructionen", als erste die für die „Schulgehülfen". Sie umfaßt insgesamt acht Seiten und kommt auch als Einzeldruck vor.

Bild 36
„Grund und Situations-Plan des der mahl bestehenden Schullhauses zu Marckt Windhag im Mühlkreise." Rechts oben die „An-merkung. Unter den (!) Wohnzimmer des Schullehrers befindet sich ein kleiner Kraut-keller, und ober denselben (!) eine gezim-merte Wohnstube samt Küche welches den 1ten Stock bildet." — Rechts unten: „Frey-stadt den 5ten Dezb: 1829. Jos: Schmitz-berger mpia bürgl: Maurermeister." — Die Bleistifteinzeichnungen im Lehrzimmer kön-nen nichts anderes bedeuten, als die beiden Bankreihen und den Platz des Lehrers zwi-schen den beiden Fenstern auf der Straßen-seite. Die Öfen waren, wie man sieht, von außen zu heizen. Links neben dem Oval, dem Klosett, ist mit Bleistift die Senkgrube eingezeichnet. Der Plan ist leicht gefärbt: das Wasser lichtblau, die Böschungen lichtgrün, Wege, Sand, Steine im Bach leicht grau, die beiden Öfen dunkelgrün, die Stiege im Vor-haus gelblich grau.
Linz, OÖ. Landesarchiv, Herrschaftsarchiv Freistadt, Schuber 249. Größe: 34,1 × 47,4 cm, mehrmals gefaltet. Die Kenntnis des Planes verdanke ich Herrn Schuldirektor Hubert Roiß in Windhaag und OSTR Dr. Max Neweklowsky in Linz.

Seite 46
Zur Pferdeeisenbahn Linz—Budweis siehe: *Hanns Kreczi*, Linz, Stadt an der Donau, Linz 1951, S. 180 f. — Bruckners Wohnhaus in Windhaag siehe die Abb. bei G.-A. 1, vor 169. — Über die Schulverhältnisse unter-richtet in umfassender Weise die Studie von *Adalbert Schwarz*, Der Schüler und Lehrer Anton Bruckner. Die Schulhäuser seiner und unserer Zeit, in: Erziehung und Unterricht Bd. 116 (1966), S. 438—449.

Bild 37
An der Straßenseite zwischen den Fenstern ist die Gedenktafel für Bruckner sichtbar.

Bild 38 und 39

Gebundenes Klavichord, 53 Tasten mit dem Tonumfang C bis e³. Die Untertasten sind mit Buchenholz, die Obertasten mit Elfenbein belegt. Das Untergestell ist sicher nicht original, man konnte das Instrument auch auf einen Tisch stellen. Es stammt aus der Familie Sücka, einer mündlichen Überlieferung zufolge soll es Bruckner selbst auf dem Rücken nach Zettwing getragen haben, zu einem Verwandten Sückas, von wo es aber wieder zurückkam und sich zuerst im Heimathaus Freistadt befand, dessen Kustos Adolf Bodingbauer diese Mitteilungen zu verdanken sind. Seit 1971 steht es in der Bruckner-Gedenkstätte zu Ansfelden.

Seite 47

Den zu allerhand Schabernack aufgelegten jungen Bruckner lernt man aus einem von G.-A. 1, 197 berichteten nächtlichen Vorfall kennen. Er hatte kleine Wachsstockkerzen auf den Rücken von Krebsen befestigt und die Tiere im Friedhof ausgesetzt. Da wandelten sie zwischen den Gräbern einher bis ein Knecht des Pfarrers diesem schreckensbleich berichtete, im Friedhof seien Geister zu sehen.

Seite 48

Die Bezeichnung „für unmusikalische Sänger" findet sich z. B. bei *Max Keller*, Deutsche Messe, „Herr! Deiner Kirche Glieder", für 1 Singstimme und Orgel (2. Singstimme und 2 Hörner ad libitum). Gute Kennzeichnungen der Kirchenmusik der bayerisch-österreichischen Lande bieten *Otto Ursprung*, Die katholische Kirchenmusik, Potsdam 1931 (Handbuch der Musikwissenschaft, hrsg. von Ernst Bücken), und *Ernst Tittel*, Österreichische Kirchenmusik: Werden, Wachsen, Wirken, Wien 1961, S. 226 ff., vor allem S. 252 ff.

Seite 49

Über Bruckners „Notenschreiben" siehe: G.-A. 1, 195. — Zum „Orgel-Zusammenschlagen" siehe: G.-A. 1, 167. — Mit der „Windhaager Messe" wird die Solistin des Windhaager Kirchenchores, Maria Jobst, in Zusammenhang gebracht, die eine schöne Altstimme besaß; siehe: G.-A. 1, 170.

Bild 41

Am rechten Rand sind die beiden Geiger zu sehen, die auf der „Landlerbank" sitzen. Der eine hebt deutlich den linken Fuß, zum Markieren des Taktes.

Bild 42

Beginn der 1. und 2. Geigenstimme von Landlern aus Steinbach an der Steyr 1833. Sechs daraus wurden, für Klavier umgearbeitet, von Eduard Binder veröffentlicht. Wien, Universal Edition No 2474.

Bild 43

Z e u g n i ß.

Unterzeichneter ertheilet hiemit dem Herrn Anton Bruckner das Zeugniß, daß selber durch 1 Jahr und 4 Monathe in hiesiger Trivialschule als Lehrgehülf gedienet, und sich während dieser Zeit durch sein sittliches Betragen, und durch unermüdeten Fleiß und Geschicklichkeit im Lehrfache sich stets ausgezeichnet habe. Uiberdieß hat er den mit dem Lehrfache verbundenen Meßnerdienst mit vieler Genauigkeit verrichtet, daß ich ihn mit Recht besonders als einen Gehülfen empfehlen kann.

Windhaag den 19te Jänner 1843.

Franz Fuchs mp
Schullehrer

Seite 53

Die „strafweise" Versetzung Bruckners (vgl. G.-A. 1, 206) hatte schon 1895 *Franz Brunner*, Dr. Anton Bruckner, Ein Lebensbild, Linz 1895, S. 9, angezweifelt. Kurz darauf kam in der Linzer Montagpost Nr. 30 v. 29. Juli 1895 die erwünschte Richtigstellung. Deren Verfasser Elimar (= Theodor Altwirth) besuchte Bruckner am 26. Juli im Belvedere und berichtet:

Im Verlaufe meines Besuches bei Bruckner kam die strittige Frage seiner angeblich strafweisen Versetzung als Schulgehilfe von Windhaag nach Kronstorf im Jahre 1843 zur Sprache. Bruckner erklärte auf das bestimmteste, daß er n i c h t strafweise versetzt wurde, sondern daß er sich, da es ihm in Windhaag nicht behagte, an den damaligen Prälaten von St. Florian mit der Bitte wandte, ihn nach einem besseren Schulorte zu übersetzen, und infolge dieses seines eigenen Ansuchens kam Bruckner nach Kronstorf. Durch diese Mitteilung wird der Wunsch des Verfassers der vom oberösterreichischen Volksbildungsverein herausgegebenen, sehr verdienstlichen Bruckner-Biographie, des Herrn Übungsschullehrers Franz Brunner (Seite 9), wegen Klarstellung dieser Angelegenheit erfüllt.

gez.: Elimar (= Theodor Altwirth)

Mit dieser Berichtigung wird das gute Zeugnis des Franz Fuchs eher verständlich, und auch das G.-A., 1, 207 f., angeführte Zeugnis des Pfarrers Franz von Schwinghaimb erhält einen anderen „Hintergrund". Es darf nicht verschwiegen werden, daß darin auch von einer Beschäftigung Bruckners mit der lateinischen Sprache die Rede ist.

Seite 55

Hans Schläger (1820—1885) war Schüler von Gottfried Preyer in Wien, zur Zeit Bruckners in Kronstorf war er Lehrer in St. Florian. Er konnte sich aber ganz der Musik widmen, bekam 1854 die Chormeisterstelle beim Wiener Männergesangverein und 1861 die eines Domkapellmeisters und Mozarteumdirektors in Salzburg. Für diese Stelle trat auch Bruckner als Mitbewerber auf und fuhr am 19. September 1861 nach Salzburg zu einem Probedirigieren (u. a. sein siebenstimmiges Ave Maria). Was sich dabei abspielte, verrät der Brief vom 3. Oktober an Rudolf Weinwurm (siehe ABr. Ges. Br. NF Nr. 19).

Bild 47

Sehr groß ist der Nutzen, den uns die Pflanzen und Bäume verschaffen. Sie geben uns Speise und Trank, Kleidung, Wärme und Wohnung, mancherley Geräthe und Arzeneyen, und verschaffen uns manche

Vergnügungen. Der größte Theil der Thiere lebt von den Pflanzen.

Schule Kronstorf den 12. July 1843

Leopold Gamper.

Die Schreibung zeigt drei verschiedene Schriftarten: in der 1. Zeile die sogenannte Kanzleischrift, in der 2. die Latein- und danach die Kurrentschrift. Die Zeilen sind rot.

Seite 56

„An dem Feste", Erstdruck, siehe G.-A. 1, 231—233. — Lehofers Zeugnis für Bruckner siehe G.-A. 1, 277. — Über die Schulverhältnisse in Kronstorf vgl. *Adalbert Schwarz* a.a.O., S. 445 f.

Bild 48

den

23. Febr. 1843

Liebe Schwester!

Weil Du am Dienstage in den Linzermarckt gehst, so ersuche ich Dich, mir ein paar Schuhe nach beyfolgenden Muster zu kaufen. Ich werde dieselben selbst bey Dir abhohlen und zahlen. Die Mutter läßt Dich grüßen, und Dir sagen, Du möchtest uns Alle bald heimsuchen.

Beste Mutter!

Ich sende Ihnen zur Probe meines Strickens hier ein Paar Strümpfe, die ich ganz allein verfertigt habe. Möchten sie doch Ihren Beyfall haben, o wie glücklich würde ich seyn.! Denn dieß wäre ja der beste Dank, den ich Ihnen dafür abstatten könnte, daß Sie mir Gelegenheit verschaffen, so viel Gutes zu lernen.

Liebe Freundinn!

Werde nicht ungehalten, wenn ich Dich hiermit um die Zurückgabe des Buches mahne. Ich soll es meiner Firmpathin leihen. Sobald ich wieder ein nützliches und angenehmes Buch bekomme, so sollst Du es gewiß bey erster Gelegenheit erhalten. Liebe noch ferner

Deine

treue Freundinn.

Blatt 9 eines von Bruckner geschriebenen Heftes, „Schriftliche Aufsätze". Begonnen hat es am 5. Jänner 1843, da war er noch in Windhaag. Am 23. Februar 1843, siehe das Datum links oben, war er schon in Kronstorf. Es sind ähnliche Diktatübungen, wie er sie selbst als Schüler in St. Florian am 1. Dezember 1837 begonnen hat (siehe Bild 26).

Bild 49

Das Autograph der Kantate „Vergißmeinnicht" trägt folgende Widmung: „Diesen kleinen Versuch / meinem Gönner und Herrn / dem Hochgelehrten Herrn Friedrich Mayer / regulirten Chorherrn und KanzleiDirector des Stiftes St. Florian / ehrfurchtsvollst gewidmet." Die Kantate besteht aus acht Teilen, der achtstimmige Schlußchor ist a cappella.

Seite 58

Von der Kantate „Vergißmeinnicht" gibt es drei Fassungen. An dieser Komposition zeigt sich zum ersten Mal jene Eigentümlichkeit

Bruckners, die ihn zwingt, an einem Werk wieder und wieder zu verbessern. Ob aus eigenem Antrieb, wie hier, oder aus seiner Umgebung, wie dies teilweise für die Symphonien zutrifft, ist gleichgültig. Wesentlich bleibt, daß Bruckner das Beste will und daher nicht ruht, bis er es erreicht hat. — Nach G.-A. 1, 280, sollen am Ende der Kronstorfer Jahre Skizzen zum Kyrie und Gloria der b-Moll-Messe entstanden sein.

Bild 50

Das mittlere Haus mit der Gedenktafel ist das Wohnhaus Zenettis. Auf der Tafel steht: In diesem Hause / erhielt der damalige / Schulgehilfe in / Kronstorf / Anton / Bruckner / von 1843 bis 1845 / Unterricht im Generalbaß bei / Regenschori / Leopold Edler von Zenetti. / Rotary Club Enns.

Bild 51

Am unteren Rand bezeichnet: Runk del. J. Ziegler sc.

Seite 60

Zu Bruckner und Steyr vgl. *Julia Bayer*, Bruckner in Steyr, Steyr 1956, und *Julius Bayer*, Anton Bruckner, Franz Bayer und Steyr, in: Gesellschaft der Musikfreunde in Steyr 1838—1963, Festschrift, Steyr 1963, S. 63—73. Zur Geschichte der Orgel siehe: *Julius Bayer*, Die neue Orgel, in: Die Orgel der Stadtpfarrkirche Steyr. Orgelweihe 16. Dezember 1962.

Bild 54

Das letzte Fenster mit der Tafel darunter bezeichnet die Wohnstätte Bruckners in St. Florian. Text der Gedenktafel:

Professor Doctor Anton Bruckner's Wohnzimmer / als Schulgehilfe 1845—1855 / gewidmet von der Liedertafel St. Florian 1900.

Bild 55

Die Seitenorgeln der Stiftskirche dienten Bruckner abwechselnd mit der großen Orgel zu Übungszwecken.

Seite 64

Über Bruckner und seine Anstellung als Organist unterrichtet genau *Franz Linninger*, Orgeln und Organisten im Stift St. Florian (siehe Anm. zu S. 30).

Bild 56

Die große Orgel, von der letzten Empore rückwärts gesehen.

Bild 57

Die erste Seite der c-Moll-Fuge. Von Bruckner nur als Entwurf gedacht, wie die oben rechts stehende Bemerkung zeigt: „NB. Versuchen versch(iedene) Contr(apunkte)." Das dazugehörige Vorspiel steht auf der 2. Seite, nach dem Präludium. Datum: „St. Florian 15. Jänner 1847."

Seite 67

Für Bruckner war die Orgel das Instrument seiner freien Eingebung, der Improvisation, daher hat er keine „ausgearbeiteten" Kompositionen für sie geschrieben, hat auch nicht gern Kompositionen anderer Meister einstudiert. Vgl. dazu auch *Max Auer*, A. Bruckner, der Meister der Orgel, in: Die Musik 16 (1924, Sept.), S. 869—884.

Bild 59

Zeugniß.

Zur beliebigen Gebrauchnahme bezeuge ich dem Herrn Anton Bruckner, derzeit Lehrergehülfen an der hiesigen Pfarrschule dann Gesangslehrer der Stiftssängerknaben, gewissenhaft und zufolge meiner Sachkenntniß, daß Herr Anton Bruckner nicht nur allein mit dem Spiele bezifferten Basses vollkommen vertraut, und hierwegen den Forderungen jeder Generalbaßlehre, mit welchen er sich durch fleißiges Studium theoretisch und praktisch durchgebildet hat, entspricht, sondern er auch im Präludiren, Ausführung kontrapunktischer Sätze, immerhin jedem, und besonders den Sachkenner zu befriedigen im Stande ist, daher er an Orten, wo man das Bestreben hat, durch gute Kirchenmusik überhaupt, Gott den Herrn zu verherrlichen, und die Gemeinde zur Andacht zu wecken, und sie in selber zu erhalten, als Organist unbedenklich bestens empfohlen werden kann. Herr Bruckner wird übrigens, dasjenige, was in diesem Zeugnisse von mir bezeugt wird, dadurch erproben, wenn er Gelegenheit findet, sich auf einem angemessenen Orgelwerke vor Kennern zu produciren, kurz sich einer Probe zu unterziehen, die er in keinem Falle zu scheuen braucht, und hierbey gewiß mein Zeugniß rechtfertigen wird.
St. Florian 2ten März 1848.

Kattinger mp
Stiftsorganist.

Über Kattinger vgl. Anmerkung zu S. 30.

Bild 60 und 61

Aus der „Naturlehre / für die / Jugend. / Zur Beförderung des Beobachtungs- und For- / schungsgeistes in den Geschäften des bürgerlichen Lebens." / ... / Wien 1840. — Bruckners Ergänzungen auf S. 73 lauten: ... alle „festen" Körper nur „[bei] flüssigen [im] Kessel Raum lassen." — Am Ende dieses Abschnittes: „ums Rad Bänder fassen." — Unten: „je mehr Cohäsionskraft, desto weniger ausgedehnt, zerspringen." — Tafel 6: am Rande links Studien zu Figur 53.

Seite 71

Bruckners Klagen über das mangelnde Musikinteresse im Stift St. Florian erfährt man aus seinem Brief an Ignaz Aßmayr, 30. Juli 1852 (ABr. Ges. Br. NF Nr. 2; Faksimile des Briefes in Magnum (1957), Heft 15, S. 47—50, mit Beginn der Partitur des 114. Psalmes). — Ganz ähnlich erging es ihm später in Klosterneuburg, wie *Josef Kluger*, Schlichte Erinnerungen an A. Bruckner, in: Jb. d. Stiftes Klosterneuburg, 3 (1910), S. 111 ff., erzählt. Bruckner wurde von Aßmayer freundlich aufgenommen und zu weiterer Arbeit ermuntert. Das bedeutete für den unerfahrenen Meister sehr viel, denn Aßmayer war eine sehr angesehene Persönlichkeit in Wien; seit 1823 Mitglied der Hofkapelle, 1846 Hofkapellmeister, Ehrenmitglied der Gesellschaft der Musikfreunde in Wien und des Mozarteums in Salzburg. So war er für Bruckner „Autorität". Dieser mußte aber enttäuscht sein, als die von ihm erhoffte Förderung durch Aßmayer ausblieb.

Bild 62

Die Unterschriften lauten: J. Vogl mp Diöcesan-Schulen Bezirksaufseher, Mathias Leucht mp Director, Georg Schauer mpia. Katechet.

Bild 63

Die Tillysburg wurde 1633—1645 von Graf Werner Tserklaes von Tilly, einem Neffen des berühmten Feldherrn, erbaut. Das Bild zeigt die Nordseite mit dem einzigen ausgebauten Turm, der quadratischen Anlage. 1841 kaufte Schloß und Herrschaft Graf Karl O'Hegerty vom Stift St. Florian. Vgl. *Norbert Grabherr*, Burgen und Schlösser in Oberösterreich, Linz 1970, S. 284 f.

Bild 64

Zu beachten ist die alte Art der Partituranordnung: oben die Streicher, dann die drei Posaunen und alle übrigen Stimmen.

Seite 74

Zu dem „Jahrzehnt in St. Florian" vgl. *Walter Schulten*, Über die Bedeutung der St. Florianer Jahre Anton Bruckners (1845—1855), Aachen 1960 (Beiträge zur Anton-Bruckner-Forschung der Sektion Aachen der IBG, Heft 1).

Bild 65

Wie die Firmenbezeichnung „J. Bösendorfer Wien Kaiserl: königl: Hof Piano Verfertiger" beweist, stammt das Instrument vom Gründer der weltbekannten Firma Ignaz Bösendorfer. Franz Sailer hatte das Instrument 1847 in Linz gekauft. Nach seinem Tode, 15. September 1848, erbte es Bruckner.

Bild 67

Der beigesetzten Jahreszahl zufolge entstand das Bild anläßlich der Erwählung zum Propst im Jahr der b-Moll-Messe von Bruckner.

Seite 77

Pranghofer starb am 9. November 1855. Den Hergang von Bruckners Bestellung zum Linzer Domorganisten siehe bei *Othmar Wessely*, Anton Bruckner und Linz, in: Jb. d. Stadt Linz 1954, S. 210—220.

Bild 71

Das Photo zeigt den Hauptplatz gegen den Alten Dom, als die Schmidtorgasse noch nicht (1861) erweitert worden war.

Seite 82

Über die Orgel im Alten Dom vgl. die beiden Studien: *Rupert Gottfried Frieberger*, Die Bruckner-Orgel im Alten Dom von Linz, in: In Ehrfurcht vor dem Namen eines Großen. Zum 75. Todestag Anton Bruckners, Linz 1971, S. 41—52, und *Hans Winterberger*, Die Hauptorgeln der Ignatiuskirche („Alter Dom") in Linz, in: Hist. Jb. d. Stadt Linz 1971, S. 115—150.

Bild 72

Das „Musikantenstöckl", auch „Mesnerhäusl" genannt, wurde 1872 abgebrochen. Die Fenster im 2. Stock in der linken Ecke gehörten zu Bruckners Wohnung.

Die Prüfung durch Sechter fand am 12. Juli 1858 in der Wiener Piaristenkirche (Bild 85) statt. Sechter hatte dazu einige Persönlichkeiten der Wiener Musikwelt eingeladen, darunter auch Ludwig Speidel, einen angesehenen Musikkritiker. Dieser berichtete im Abendblatt der Wiener Zeitung vom 24. Juli mit lobenden Worten über Bruckners Spiel. Bruckners Freude darüber ersieht man aus einem am 1. August an Rudolf Weinwurm geschriebenen Brief (ABr. Ges. Br. NF Nr. 7).

Bild 73

Karl Zappe sen. (1812—1871), in Prag geboren, kam 1832 nach Linz, war 1834—1867 Orchesterdirektor des Landestheaters und von 1840 an Dom- und Stadtpfarrkapellmeister.

Seite 84

Über Karl Zappe sen. sowie die Musik im Linzer Dom sehe man neben den genannten Studien von *Othmar Wessely* die umfassende Darstellung von *Johannes Unfried*, Musik im Linzer Dom, in: Singende Kirche 15 (1967/68), H. 4, S. 151—157. — Das Wirken Bruckners im „Frohsinn" und das Verhältnis des Meisters zu dieser Linzer Liedertafel beschreibt *Walter König*, Anton Bruckner als Chormeister. Gedenkblätter des Sängerbundes „Frohsinn", Linz 1936, und *Othmar Wessely*, Anton Bruckner und Linz, in: Jb. d. Stadt Linz 1954, S. 240—270. Ibd. S. 242 über Bruckners Hineinhorchen in den Chorklang, auch G.-A. 3/1, S. 22.

Bild 74

Die mit Bleistift eingetragenen Vortragsbezeichnungen und Fingersätze stammen von Bruckner.

Bild 75

Lithographie von Joseph Kriehuber, 1840. Simon Sechter, 1788 in Friedberg (Böhmen) geboren, kam jung nach Wien, wurde 1811 Musiklehrer am Blindeninstitut, 1824 Hoforganist und 1851 Lehrer für Musiktheorie am Konservatorium der Gesellschaft der Musikfreunde. Er starb 1867 in Wien. Von seinen zahlreichen Kompositionen, Kirchenmusik, Orgel- und Klaviermusik, Fugen, Kammermusik, eine Oper, ist nur weniges gedruckt erschienen. Sein theoretisches Hauptwerk sind „Die Grundsätze der musikalischen Komposition", Leipzig 1853—54, 3 Bände.

Seite 87

Die Empfehlung an Bruckner, bei Sechter zu studieren, berichtet G.-A. 2/1, 184 und 186, mit Worten Bruckners: Zuerst war es Prälat Mayr, dann Robert Führer (1807—1861), der bekannte Komponist von Landmessen, ein unruhiger Charakter, der nach dem Verlust seiner Stellung in Prag von Kirchenchor zu Kirchenchor umherzog. Auf dieser Wanderung kam er im April 1855 auch nach St. Florian und stellte Bruckner ein Zeugnis aus (G.-A. 2/1, 185). — Über Sechter siehe *Ernst Tittel* in: MGG, Bd. 12, Spalte 447—451.

Bild 76

Die Seite bietet ein gutes Beispiel, mit welcher Intensität Bruckner seine Studien betrieb. — Vgl. dazu: *Leopold Nowak*, Ein Doppelautograph Sechter - Bruckner, in: Symbolae Historiae Musicae. Hellmut Federhofer zum 60. Geburtstag, Mainz 1971, S. 252—259.

Bild 78

Lieber Freund Bruckner!

Ihre 17 Hefte mit Arbeiten über den doppelten Contrapunct, habe ich durchgesehen, und mich mit Recht über Ihren Fleiß gewundert, sowie über die Fortschritte die Sie darin gemacht haben. Einzelne Bemerkungen werde ich Ihnen mündlich machen. Damit Sie aber in Gesundheit nach Wien kommen können, ersuche ich Sie, sich mehr zu schonen und sich die nöthige Ruhe zu gönnen. Ich bin ja ohnehin von Ihrem Fleiße und Ihrem Eifer überzeugt, und möchte daher nicht haben, daß Ihre Gesundheit durch zu große geistige Anstrengungen zu leiden hätte. Ich fühle mich gedrungen Ihnen zu sagen daß ich noch gar keinen fleißigeren Schüler hatte, als Sie. Zu fernerem Troste kann ich Ihnen sagen, daß das jetzt folgende Studium Ihnen viel mehr zusagen wird, als das jetzige was viel Trockenheit in sich enthält, und es dennoch überwunden haben. Vor allem wünsche ich, daß Sie gesund bleiben, und muß Sie nochmal ermahnen sich etwas mehr Ruhe zu gönnen.

Von meiner Frau folgt ein freundlicher Gruß und von mir auch einer. Leben Sie wohl und bedenken Sie, daß ich vollkommen mit Ihnen zufrieden bin.

Ihr

ergebener Freund
Simon Sechter mpia

Wien den 13ten Jänner 1860.

Auf blauem Briefpapier

Bild 79

Zeugniß.

Daß Herr Anton Bruckner Dom- und Stadtpfarr-Organist in Linz bei mir die Prüfung über den doppelten, drei- und vierfachen Contrapunct sowohl mündlich als schriftlich und zwar allseitig zu meiner vollsten Zufriedenheit abgelegt hat, und ich ihn daher als einen Meister in diesem Fache anerkenne, so daß jedermann vollkommenes Vertrauen zu ihm haben kann, welches Zeugniß ich ihm daher mit wahrem Vergnügen ertheile. Wien den 3ten April 1860.

Simon Sechter mpia
k: k: erster Hoforganist
und Professor der
Harmonie und des
Contrapunctes.

Seite 91

Otto Kitzler, geb. 1834 in Dresden, gest. 1915 in Graz, kam nach Aufenthalten in Prag, Straßburg, Troyes, Paris, Lyon im Herbst 1858 nach Linz. Nach einer Zwischenzeit in Königsberg, 1860, kehrte er 1861 nach Linz zurück, wurde erster Kapellmeister, verließ aber die Stadt schon wieder 1863 und ging nach Temesvar. 1865 kam Kitzler nach Brünn und wirkte dort bis 1898. Seine in verschiedenen Ländern gesammelten Erfahrungen machten aus ihm einen in allen Stilen und auch für die zeitgenössische Musik aufgeschlossenen Dirigenten. So bildete er in Bruckners Werdegang das notwendige Gegengewicht zum Unterricht Sechters und verschaffte ihm den Zugang zu der Musik Wagners. Diese erzieherische Tat Kitzlers an Bruckner kann nicht hoch genug eingeschätzt werden. Kitzler schildert in seinen musikalischen Erinnerungen, Brünn 1904, S. 28—34, die Erlebnisse mit Bruckner.

Bild 81 und 82
Originalgröße: 10,3×7,1 cm. Am Titel sind die Worte „Kalender", „Linz" und die Jahreszahl rot gedruckt.

Bild 84
1847 den 25ten Jenner ist meine Jungfer Mahm Rosallia Meyrhoffer um 7 Uhr Abens Sellich im Herrn Entschlaffend Ihrers Alters 76 Jahr
Gott gebe Ihr die Ewige Ruh
Originalgröße: 8,3×10,8 cm. Nach Auer die Handschrift von Bruckners Mutter.

Seite 94
Die Meinungsverschiedenheiten über die Erfolge erwähnt *Othmar Wessely*, Anton Bruckner und Linz, Seite 255 (vgl. Anmerkung zu Seite 84). — Über Bruckner als Chorerzieher vgl. die bei S. 84 angegebene Literatur.

Bild 86
Die Orgel wurde von 1857 bis 1858 von Karl Friedrich Ferdinand Buckow aus Hirschberg in Preußisch-Schlesien mit 34 klingenden Stimmen (2.040 Pfeifen) erbaut. Vgl. *Hans Smejkal*, Die Orgel in der Basilika zu Maria Treu, in: Das Josefstädter Heimatmuseum Nr. 19, Juni 1961.

Seite 96
Den Hergang der Prüfung vom 19. November 1861 siehe: G.-A. 3/1, S. 113—117.

Bild 88
Zeugnis.

Herr Anton Bruckner, Domorganist in Linz hat sich am Konservatorium einer Prüfung über seine musikalische Befähigung unterzogen, und es wird ihm von Seite der gefertigten Prüfungskommission bezeugt, daß er sowohl in der Theorie der Musik als im Orgelspiel Beweise einer vorzüglichen Ausbildung abgelegt habe. Aus den von ihm vorgelegten Arbeiten ergeben sich die umfassendsten Studien im Kontrapunkt und eine gründliche Kenntnis des strengen Stiles in seinen verschiedenen Formen. Die Leichtigkeit und Sicherheit, womit Herr Bruckner die schwierigsten Aufgaben in dieser Richtung löset, beurkunden eine gediegene Kenntnis der Musiklehre, und einen von Talent und Neigung für die Tonkunst geleiteten Eifer für seine Fortbildung.
Als Orgelspieler beweist Herr Bruckner eine sehr bedeutende Fertigkeit mit genauer Kenntnis des Instrumentes und zeigte sich gleich geübt im Vortrage fremder Kompositionen wie in der improvisierten Durchführung eigener und aufgegebener Themen. Mit Rücksicht auf die hier angeführten Leistungen verdient Herr Anton Bruckner nicht nur als ausübender Musiker von vorzüglicher Fachkenntnis sondern insbesondere als Lehrer der Musik an Konservatorien und zur Unterweisung von Lehramtszöglingen allerorten bestens empfohlen zu werden. Wien am 22. November 1861.

Vom Konservatorium der
Gesellschaft der Musikfreunde.
MA Becker
Referent des Konservatoriums

J. Hellmesberger	J. Herbeck
Art. Director am	art. Director
Conservatorium u. kk.	d. Gesellschaft d. M.
Concertmeister	Chormeister
	d. Männergs u. S. V.
F. Otto Dessoff	
Capellmeister am k. k.	Simon Sechter mpa
Hofoperntheater u.	k: k: Hoforganist
Professor am	und Professor des
Conservatorium.	Contrapuncts.

Bild 89
Vgl. dazu Schöny Nr. F 2 und die dort angegebene Literatur. Auf der Rückseite: „Photographie / von / J. Löwy / Wien / Stadt Renngasse / 140 / ehemals k. k. Zeughaus." Die Bleistiftdatierung: „1854, 30.jährig" ist falsch, denn Löwy begann sein Unternehmen erst 1857.
Größe: 89×58 mm

Bild 90
Kopf eines Briefpapiers, das beim Nürnberger Sängerfest Verwendung fand.

Bild 91
Die Schrift um das Nürnberger Wappen lautet: „Deutsches Sängerfest Nürnberg im Juli 1861."

Bild 92
Die vier Quartettmitglieder sind, von links nach rechts: K. Zappe (1. Violine), J. Schnierer (2. Violine), F. Gamon (Bratsche) und O. Kitzler (Cello).

Bild 93
Rudolf Weinwurm, geb. 1835 in Scheideldorf (NÖ.) begann seine musikalische Laufbahn als Hofsängerknabe, gründete 1858 den Akademischen Gesangverein an der Universität, war Dirigent der Singakademie und 1866—69 des Wiener Männergesangvereines. Er war eine Autorität auf dem Gebiet des Musikunterrichts wie des Chorwesens und hat zahlreiche Chorkompositionen hinterlassen. Beim Linzer Sängerfest, 4.—6. Juni 1865, erhielt sein Chor „Germania" den 1., Bruckners „Germanenzug" den 2. Preis. Das trübte auf kurze Zeit die Freundschaft zwischen beiden.

Seite 101
Über Ignaz Dorn siehe G.-A. 3/1, 248—249. Seine Begeisterung für Liszt und Berlioz regten Bruckner zur Kenntnis der Musik dieser Meister an. Mit der Kunst Wagners

waren damit die drei bedeutendsten Meister der neuen Musik des 19. Jh. Bruckner bekannt. Am 16. Dezember 1866 hörte Bruckner in Wien „Fausts Verdammung", von Berlioz selbst dirigiert. Dorn hat im späteren Leben Bruckners eine eigenartige Rolle gespielt. Wie Bruckner erzählt, hätte dieser ihm im Traum das Hauptthema zum Finale der IV. und ebenso der VII. Symphonie vorgespielt (G.-A. 4/1, S. 345 f., und 4/2, S. 99). Dorn verstarb nach 1872. — Die verärgerte Stimmung, die Bruckner damals erfüllte, spricht deutlich aus dem Brief vom 18. Oktober 1864 an Rudolf Weinwurm. Er enthält die bezeichnenden Worte: „Gehen wir nach Rußland und wo immer hin, wenn man uns im Vaterland nicht kennen will" (ABr. Ges. Br. NF Nr. 33).

Bild 94

Der „Jäger am Kürnberg" war ein beliebtes Ausflugsziel der Linzer Bevölkerung im 19. Jahrhundert.

Seite 102

Über das erste oberösterreichische Sängerfest, das Preisausschreiben und die Preisverteilung siehe G.-A. 3/1, 209—212 und 317—320.

Seite 103

Näheres über den „Germanenzug" und seinen Druck siehe bei *Max Bauböck*, Der Musikalienverlag Josef Kränzl in Ried, 91. Jahresbericht des Bundes-Gymnasiums ... Ried im Innkreis ... 1962/63, S. 3—14. — Die Entstehung der „Nullten" enthält das von *Leopold Nowak* für Bd. 11 der BRGA verfaßte Vorwort zu dieser Symphonie.

Bild 96

August Silberstein (1827—1900) stammte aus Budapest, war 1848 Mitglied der Wiener Akademischen Legion, wurde landesverwiesen, kehrte aber unerlaubt 1854 nach Österreich zurück. Vom Militärgericht zu Kerker verurteilt, 1855 begnadigt, entfaltete er in den folgenden Jahren eine umfangreiche Tätigkeit als Journalist, schrieb Essays, Erzählungen und Gedichte.

Bild 97

Germanenzug.
von
August Silberstein.

Germanen durchschreiten des Urwaldes Nacht,
Sie ziehen zum Kampfe, zu heiliger Schlacht.
Es stehen die Eichen im düsteren Kreis
Und sie rauschen so bang und flüstern so leis',
Als sollte der Krieger gewaltigen Schwarm
Durchdringen die Ahnung, erfassen der Harm!

Es folgen noch fünf Strophen, deren zweite („In Odins Hallen") und dritte in Bruckners Komposition den Mittelteil, das Solo Quartett, bilden (siehe Bild 98). Mit diesem Chorsatz nahm der Akademische Gesangverein am 14. Oktober 1896 von Bruckner Abschied, als der Sarg aus dem Haus getragen wurde und sich der Leichenzug zur Karlskirche in Bewegung setzte (siehe S. 284).

Bild 99

Das im dritten Takt dieser Seite erklingende „Miserere" hat Bruckner in der III. Symphonie, 1. Satz, Takt 231 ff. (Fassung von 1889), und im Adagio der Neunten, gegen Schluß, Takt 219 ff., beziehungsreich zitiert. Die Singstimmen muß man in alten Schlüsseln (Sopran-, Alt-, Tenorschlüssel) lesen. Unter der Partitur bemerkt man die metrischen Ziffern Bruckners.

Seite 106

Zur d-Moll-Messe vgl. das Vorwort von *Leopold Nowak* zu Band 16 der BRGA. — Nach G.-A. 3/1, 296 ist Moritz v. Mayfeld der Dichter der drei Strophen. — Zu den Unstimmigkeiten beim Universitätsjubiläum vgl. den offiziellen Festbericht von *Carl D. Schroff*, Bericht über die fünfhundertjährige Jubelfeier der Wiener Universität im Jahre 1865, Wien 1866, Vorwort S. VI. und VII.

Bild 100

Unter Glas und Rahmen, auf weißem Untergrund. Weiße Atlasbänder mit Golddruck und ebensolchen Fransen.

Seite 108

Das Verhältnis zwischen Mayfeld und Bruckner schildert G.-A. 3/1, S. 165 ff. Über das „Symphonische" ibd. S. 170.

Bild 103

1. Band: Von der Gottheit einstens ausgegangen
Muß die Kunst zur Gottheit wieder führen.
(am 2. Band) Linz 20. Nov. 1864

Von der Gottheit einstens ausgegangen
Sanft getragen von der Töne Schwingen
Schwebte die Musik zur Erde nieder.
Was sie an der Gottheit Thron empfangen
Soll sie laut der ganzen Menschheit singen
Daß es halle in der Seele wieder!

Und begeist'rungsvoll den Gott erkennend,
Der es ruft zu seinen Engelschören
Betet fesselfrei das Herz in Tönen;
In dem Licht der Harmonie entbrennend
Weiß es Gottes Kunde stets zu hören
Wo Er spricht im Guten und im Schönen.

Nur dem Glaubensfrohen glänzt vor Allen
Jener Himmelsstrahl aus Gottes Herzen,
Der nicht duldet weltliches Bemühen;
Und ist auch der Geist dem Wahn verfallen
Muthig auf! Durch Thränen und durch
    Schmerzen
„Muß die Kunst zur Gottheit wieder führen!"

H. Anton Bruckner in freudiger
Anerkennung gewidmet
Linz, den 20. November 1864

Bild 104

Originalgröße 104 × 63 mm. Angabe des Photographen fehlt.

Bild 106

Etwas verschieden von dem bei Schöny G 17 K reproduzierten Scherenschnitt. Anonym, sehr wahrscheinlich auch von Otto Böhler.

Bild 107

Sehr verehrtes, liebenswürdiges Fräulein!

Nicht als ob ich mich mit einer Ihnen befremdenden Angelegenheit an Sie, verehrtes Fräulein wenden würde; nein in der Überzeugung, daß Ihnen längst mein zwar stilles, aber beständiges Harren auf Sie bekannt ist, ergreife ich die Feder um Sie zu belästigen. Meine größte und innigste Bitte, die ich hiemit an Sie, Frl. Josefine zu richten wage, ist, Fräulein Josefine (2. Seite) wollen mir gütigst offen und aufrichtig Ihre letzte und endgiltige, aber auch ganz entscheidende Antwort schriftlich zu meiner künftigen Beruhigung mittheilen und zwar über die Frage: Darf ich auf Sie hoffen und bei Ihren lieben Ältern um Ihre Hand werben? oder ist es Ihnen nicht möglich aus Mangel an persönlicher Zuneigung mit mir den ehelichen Schritt zu thun? Fräulein sehen, daß die Frage ganz entscheidend ist. Das eine oder andere Bitte ich inständigst mir so bald als möglich eben (3. Seite) so entschieden, aber *gewiß, eben so entschieden* zu schreiben. Bitte, sagen Fräulein Josefine dieß Ihren lieben Ältern aber sonst Niemandem (bitte das streng'ste Geheimniß bewahren zu wollen) und wählen Sie einen aus den vorgelegten zwei Punkten der Frage im Einverständnisse mit Ihren lieben Ältern. Mein treuer Freund, Ihr Herr Bruder hat bereits mich auf Alles vorbereitet und wird auch Sie schon seinem Versprechen gemäß verständigt haben. Nochmal meine Bitte: wollen Fräulein ganz offen und aufrichtig (4. Seite) und ganz entschieden schreiben, entweder: *ich darf um Sie werben, oder gänzliche ewige Absage;* (kein Mittelding etwa vertrösten oder umschreiben, da bei mir die höchste Zeit bereits vorhanden ist (zudem wird sich Ihr Gefühl nicht leicht verändern, weil Fräulein sehr vernünftig sind.)

Fräulein dürfen die reine Wahrheit mir unbesorgt sagen, weil selbe *in jedem Fall* mir Beruhigung gewähren wird. Mit Handkuß einer möglichst baldigen *entschiedenen* Antwort entgegen harrend

Anton Bruckner

Linz den 16. August 1866
Briefumschlag:

P T
Ihrer Wohlgeboren
Fräulein Josefine Lang
bei P T H. Lang in der
Lederergasse
hier.

Seite 117

Der Ausspruch Brückners zu Kitzler, er habe keine Zeit zu heiraten, weil er die Vierte schreiben muß, siehe bei G.-A. 4/1, 320.

Bild 109

Franz Josef Rudigier, geb. 7. April 1811 in Parthenen (Vorarlberg), gest. 29. November 1884 in Linz; seit 1852 Bischof von Linz. Eine der bedeutendsten und stärksten Persönlichkeiten der katholischen Kirche im Streit gegen Liberalismus und im „Kulturkampf" der 2. Hälfte des 19. Jahrhunderts. Vgl. *Harry Slapnicka*, Bischof Rudigier, Linz 1961, und die darin S. 123—125 angegebene Literatur.

Bild 111 und 112

Z 282.
D.B.
An
den Wohlgeborenen Herrn Anton Bruckner, k. k. Professor und Hoforganist, d. Z.
in
Linz.

Euer Wohlgeboren hatten die große Güte, die Besorgung des Einstudirens der von Ihnen für die Einweihung der Votiv-Kapelle des Mariä Empfängniß-Domes componirten Messe selbst zu übernehmen.
Der von hier aus eingeladene Sängerbund hat seine volle Mitwirkung hiezu freundlichst ausgesprochen. Eben so hat auch die löbliche Liedertafel „Frohsinn" zwar nicht als Verein zugesagt, aber die Mitwirkung einzelner Mitglieder bereitwilligst in Aussicht gestellt, und auch überdieß das Lokal und das Dienstpersonale angeboten.
Das gefertigte Ordinariat spricht Ihnen selbst für Ihre große Thätigkeit zur Verherrlichung des 29. September den wärmsten Dank aus und ersucht Euer Wohlgeboren obigen Vereinen und auch den hochverehrlichen Damen, welche bei den Proben so bereitwillig mitzuwirken die Güte haben, den verbindlichsten Dank im hierortigen Namen gefälligst eröffnen zu wollen.

Vom bischöflichen Ordinariate
Linz den 9. August 1869.
Franz Joseph
Bischof.

Seite 121

Man kann die Brucknersche Kompositionstätigkeit von 1863 an, als der Unterricht bei Kitzler zu Ende war, und die „Kompositionszeit eintrat", in drei Perioden teilen: I: 1864—1868, Linz, von der Nullten zur f-Moll-Messe; II. 1872—1876, der 1. Wiener Schaffensbogen von der II. bis zur V. Symphonie; III: 1878—1887 der 2. Wiener Schaffensbogen vom Streichquintett zur VIII. Symphonie. Von 1891 beginnt der Ausklang mit der IX. Symphonie, dem 150. Psalm und „Helgoland."

Bild 113

Die Systeme von oben nach unten gelesen enthalten: Oboen, Klarinetten, Fagotte, zwei Systeme Hörner. Die beiden mit Pausen besetzten Systeme sind für die Trompeten und Posaunen bestimmt, danach folgt der Chor, der hier in modernen Schlüsseln zu lesen ist. Unter der Partitur sieht man Brückners metrische Ziffern. Diese Partitur und die Stimmen (siehe Bild 114) hat Brückners Linzer Kopist Franz Schimatschek geschrieben.

Seite 123

Das Schweigen des Chores berichtet G.-A. 3/1, 548. Zu Brückners Proben-Technik siehe die S. 84 genannten Veröffentlichungen von *Walter König* und *Othmar Wessely.*

Seite 124

Über Brückners Freude an Essen und Trinken berichtet G.-A. an verschiedenen Stellen, so z. B. 3/1, 28 f. und 542 f. Die Gegenüberstellung der beiden Seins-Ebenen von geistigem und körperlichem Leben, Komponieren und Tageserfordernissen ergibt gerade bei Bruckner Gegensätze, die manchmal als überhaupt unvereinbar angesehen werden müssen. — Der Brief von M. M. Dürrnberger über Bruckner als Tänzer steht G.-A. 3/1, 29. Vgl. dazu Bruckners Ballnotizen aus der Wiener Zeit, Bild 148. — Den Fasching-Jux von 1861 beschreibt *Othmar Wessely*, Anton Bruckner und Linz. S. 251 f. nach der Chronik des „Frohsinn".

Bild 115

Bezeichnet: Fr. Pracher. Lith. u. gedr. bei Jos. Hafner in Linz.

Bild 116

Bezeichnet: Lith. u. gedr. bey Jos. Hafner in Linz.

Bild 117

Nach einer Ansichtskarte um 1900.

Bild 118

Der ganze Brief lautet:

Kreuzen 19. Juni 1867.

Lieber Freund!

Seit meiner Abreise von Wien weiß Du Nichts von mir. Auch Du ließest mir nie etwas wissen. Da ich voraussetze, daß es Dir doch recht ist, etwas von mir zu wissen, und da mich andere Gründe dazu verpflichten, bin ich so frei Dir zu schreiben und vor Allem mich zu entschuldigen, daß ich *noch nicht* Deinem Wunsche nachkommen konnte! Magst Du Dir denken oder gedacht haben — oder gehört haben was immer! — Es war nicht Faulheit! — es war noch viel mehr ! ! ! — ; es war gänzliche Verkommenheit und Verlassenheit — gänzliche Entnervung und Überreiztheit!!! Ich befand mich in dem schrecklichsten Zustande; Dir, nur Dir gestehe ichs — schweige doch hierüber. Noch eine kleine Spanne Zeit und ich bin ein Opfer — bin verloren. Dr. Födinger in Linz kündigte mir den Irrsinn als mögliche Folge schon an. Gott sei's gedankt; er hat mich noch errettet. Ich bin seit 8. Mai *im Bade Kreuzen bei Grein.* Seit einigen Wochen gehts mir etwas besser. Darf noch gar nichts spielen, studieren oder arbeiten. Denke Dir welch' ein Schicksal! Ich bin ein armer Kerl! Herbeck sandte mir die Partituren meiner Vocal Messe und Symphonie ohne ein Wort zu schreiben. Ist denn Alles gar so schlecht? Erkundige Dich doch einmal. Liebster Freund, schreib mir doch einmal in meinem Exile mir Armen, Verlassenen.
Wärest Du zu Ostern nach Linz gekommen, da hättest Du gestaunt über meinen Zustand. Näheres mündlich. Indem ich Dich tausendmal küsse und grüße, verbleibe ich in Jammer und Kummer

Dein alter Freund und Bruder
Anton Bruckner.

NB. Schreib doch einmal! Es wird mir doch ein Trost sein.

Bild 120

Wortlaut der Titelseite: „In / S. Angelum Custodem / Hymnus / quem cantu ornavit / Antonius Bruckner. / (Vignette: Schutzengel, ein Kind an der Hand führend) / cum adprobatione episcopi Linciensis. / Lincii MDCCCLXVIII. / Sumptibus monast. Hilar. — Typis Hered. J. Feichtinger." Alles in Versalien. Auf Seite 3 folgen die 2. bis 8. Strophe. Die Bezeichnung „Tenori" und „Bassi" zu Beginn ist ein Irrtum. Es muß für das obere System heißen: „Soprani", „Alti", für das untere dann „Tenori" und „Bassi", die Komposition ist für gemischten Chor.

Bild 121

No 93
868

Hochlöbliche Direction!

Der Gefertigte, welcher bereits Hl. Hofkapellmeister Herbeck im Namen des Gefertigten zu handeln gebeten hat, erklärt sich zu Allem bereit und ist mit Allem einverstanden.
Gefertigter wird mit Dank diese Ehrenstelle annehmen, nur bittet er, als *fest bleibend, sicher* angestellt zu werden.

Anton Bruckner mp

Linz den
28. Juni 1868.

Seite 130

Bruckners Unentschlossenheit spricht aus seinen beiden Briefen vom 20. Juni 1868 an Rudolf Weinwurm und Hans v. Bülow (ABr, Ges. Briefe, NF Nr. 65 und 66). Aufschlußreich sind auch zwei Briefe von Herbeck an Bruckner, 10. u. 20. Juni 1868 (ibd. S. 304—308).

Bild 122

Signiert: Eduard Kaiser 1858.

Johann Herbeck, eine der markantesten Persönlichkeiten im Wien des 19. Jahrhunderts, einflußreicher Förderer Bruckners, 1831 in Wien geboren, 1852/53 Chordirektor an der Piaristenkirche (vgl. Bild 85), Chormeister des Wiener Männergesangvereines, 1858 Professor am Konservatorium, 1866 Hofkapellmeister, 1872 Direktor der Hofoper, gestorben 1877. Zu seiner praktischen und kompositorischen Tätigkeit hatte er auch ein nicht unbeträchtliches Oeuvre an Kompositionen hinterlassen. Er hat sich um die Werke Franz Schuberts angenommen und dessen „Unvollendete" Symphonie entdeckt.

Bild 123

Telegramm.

Bruckner, Domorganist, Linz.
Mit Seiner Majestät allerhöchster Entschließung vom 4. Sept. Ihre Hoforganisten-Expectanz genehmigt.

Decret folgt, herzlich gratulierend

Herbeck.

Bild 125

Zu Bruckners Wohnung gehörten das 4. bis 7. Fenster links im 3. Stock. Am Haus befindet sich seit 1961 eine Gedenktafel.

Bild 126

Linz am 24t. Oktober 1868
Rechnung für Herrn A. Prukner k. k.
Hof Organist in Wien für ein ganz gutte
Piano Forte Küste (!) samt Sch[r]aufen
Nägl und Strick den Pagern (!) fir das
Einpaken bezahlt   5 f
                                                             2
                                    zusammen   7.
es grüßt dich vilmals dein Freund
                                    Stefan Just mp

In der rechten Ecke unten, von Bruckner
geschrieben:
gezalt am 7. Dezember in Wien im Beisein
v[on] H.[errn] Heizmann.

Bild 127

Währing den 30ten April [1]872.

Herr Professor Bruckner!
Den mir überschickten ¼jährigen Zins sammt
allen per 54 f 50 x: für die Zeit vom 1ten
May bis 1ten August [1]872 habe ich erhalten.
                              Joh. Höhne mp
                              Hauseigenth[ümer]

f = florin = Gulden, altösterreichische Wäh-
rung, desgleichen das x nach der Zahl 50 =
Kreuzer.

Seite 137

Zu dem Vorfall bei St. Anna lese man Bruck-
ners Briefe an Waldeck, Schiedermayr und
Mayfeld (ABr, Ges. Briefe NF Nr. 85—87).
Im Brief an Mayfeld heißt es: „ich soll eine
‚Urschl' im Zorne genannt haben." G.-A.
IV/1, 179 überliefert „lieber Schatz".

Bild 130

Montag 5—7 Universität
Dienstag 9—2 u. 5—7 Conserv.[atorium]
Mittwoch 11—1 Pichler
    „   5—6 Roubitschek
    „   6—7 Schönbach
    „   ½8—½10 Vockner
Donnerstag 9—2 u. 5—7 Conservat.[orium]
Freitag 10 bis 1 Uhr
    o.[der] 11   1 Kiss
            4—5 Kreuzinger [gestrichen]
Samstag [gestrichen]
Samstag 9—10 Ritter 10 bis 12 Baron
            5—7 Conservat.[orium]
8 a 3   2 a 2
= 28
das heißt: 8 Stunden zu 3 Gulden, 2 zu 2 =
28 Gulden.

Bild 131

Das Gebäude der Gesellschaft der Musikfreunde ist das dritte Haus von links, mit
dem Balkon, den vier Säulen und dem Bogen
darüber.

Seite 139

Leopold Alexander Zellner (1823—1844) lernte
Cello, Orgel und Oboe. War bis 1849
Beamter, dann Musiklehrer in Wien, 1868
zum Nachfolger Sechters bestimmt und Generalsekretär der Gesellschaft der Musikfreunde.
Im Konservatorium lehrte der Musiktheorie,
schrieb Vorträge über Musik und über Orgelbau. Bekannt waren 1859—66 seine „Histo-
rischen Konzerte" und die von ihm geleiteten

„Blätter für Theater, Musik und bildende
Kunst". Er schrieb Kompositionen für Klavier,
Cello und Chor.

Seite 140

Wilhelm Schenner (1839—1913), 1864—1907
Professor am Konservatorium, Konzertpianist,
Organist an der evangel. Kirche HB.

Franz Krenn (1816—1897), Lehrer, Organist,
1862 Kapellmeister an der Michaelerkirche in
Wien, 1869—93 Professor für Harmonielehre,
Kontrapunkt und Komposition.

Robert Fuchs (1847—1927), 1875—1912 Professor für Harmonielehre am Konservatorium.
Zahlreiche Kompositionen aller Musikgattun-
gen lassen ihn als einen Hauptvertreter der
Nachromantik in Wien erkennen.

Seite 141

Felix Mottl (1856—1911) Hofsängerknabe,
1881 Nachfolger Dessoffs in Karlsruhe,
Dirigent in Bayreuth und München, 1907
Direktor der Münchner Oper.

Wladimir von Pachmann (1848—1933), in
Odessa geboren, aber österreichischer Ab-
stammung. Trat 1869 in das Wiener Konservatorium ein. Bedeutender Klaviervirtuose,
Chopin-Spieler. Er unternahm ausgedehnte
Reisen und pflegte beim Konzertieren Selbst-
gespräche zu führen.

Franz Marschner (1855—1932), Schüler am
Konservatorium und der Organistenschule in
Prag, gleichzeitig an der Universität. 1883 bis
1885 in Wien Schüler Bruckners, dann
Klavier- und Orgellehrer. Neben zahlreichen
Kompositionen von ihm auch Werke zu
Musiktheorie und Musikästhetik.

Friedrich Klose (1862—1942), Schüler von
Vincenz Lachner in Karlsruhe, Rudhardt in
Genf und Bruckner in Wien. Lehrer am
Konservatorium in Basel, in München, seit
1929 freischaffend in der Schweiz. Zahlreiche
Kompositionen, von ihm: Meine Lehrjahre
bei Bruckner, Regensburg 1927.

Max v. Oberleithner (1868—1935) stammt
aus einer sudetendeutschen Fabrikanten-
familie, studierte an der Wiener Universität
Jus, wurde aber dann Theaterkapellmeister in
Teplitz und Düsseldorf. Seit 1897 in Wien
lebend, wandte er sich ganz der Opern-
komposition zu. Ghitana (1901), Aphrodite
(1912), Der eiserne Heiland (1916) u. a.

Ernst Decsey (1870—1941), seit 1899 als
Musikreferent verschiedener Tageszeitungen
und als Musikschriftsteller tätig. Schrieb
Biographien von Hugo Wolf (1903—1906),
Bruckner (1920), Johann Strauß (1923) und
Lehár (1924). Sein Volksstück „Der Musikant
Gottes" (1924) wäre besser nicht geschrieben
worden.

Bild 137

Die Stiege im Hintergrund führt zur Burgkapelle; die Doppelstiege davor ist die Bot-
schafterstiege.

Bild 139

Die Musiker haben ihren Platz auf der
3. Empore, in den beiden darunterliegenden
befinden sich Sitze wie auch in den rechts-
seitigen Oratorien.

Bild 140

Ansicht des alten Spieltisches, die Deckwand zwischen Pedal und Klaviatur ist entfernt, man sieht die Pedalmechanik. Dieses Bild vermittelte dankenswerter Weise Herr Professor Alois Forer, Wien.

Seite 145

Rudolf Bibl (1832—1902), zuerst Schüler seines Vaters Andreas, dann in Komposition bei Sechter. Organist an St. Peter und an der Stephanskirche in Wien, 1863 Hoforganist, 1897 Hofkapellmeister.

Pius Richter (1818—1893), in Prag ausgebildet, 1867 als Nachfolger Sechters Hoforganist, 1893 Vizehofkapellmeister. — Die Entfernung Bruckners von den Hochämtern kommt in einem Brief an Pius Richter vom 22. Juli 1890 zum Ausdruck mit den Worten: „... habe also Segenmesse und Segen zu spielen, da ich über das Hochamt, als Verbannter, kein Recht besitze, sind Hochderselbe mein Dictator."

Bild 141 und 142

Aus: *Leopold C. Welleba*, Erinnerungen aus meiner Hofsängerknabenzeit 1888—92. 17 Aquarelle. Nr. 2 „Das große Solo. Hofkapellmeister Hans Richter" (12,4×17,7 cm), Nr. 8 „Sängerknabe vor Dienstantritt" (15,8×15,3 cm), auf demselben Blatt links ein Edelknabe. L. C. Welleba war Komponist, Schüler von Bruckner und Mandyczewski, Maler und Bildhauer und hat in diesen Erinnerungen Personen und Augenblicksbilder aus der Tätigkeit der Hofsängerknaben festgehalten.

Seite 146

Über die Hofsängerknaben vgl. *Franz Josef Grobauer*, Die Nachtigallen aus der Wiener Burgkapelle. Chronik der k. u. k. Hofsängerknaben, Horn 1954, auch *Karl Kobald*, Bruckneriana, in: In memoriam Anton Bruckner, Wien 1924, 133—142, weiß eindrucksvoll von den Hofsängerknaben und dem Meister aus dessen letzten Lebensjahren zu berichten. — Den Wortlaut des Enthebungsdekretes siehe: G.-A. 4/3, 273.

Bild 143

Typisch für viele Wiener Gasthäuser dieser Jahre ist der „Schanigarten", Efeu in kleinen Truhen, an einem kleinen Holzgitter sich emporrankend, und Oleanderbäume, in großen viereckigen oder runden Holzgefäßen gezogen.

Seite 149

Das Zusammentreffen mit Brahms schildert: G.-A. 4/2, 683 ff., auch Klose weiß von solchen Begegnungen zu berichten.

Bild 147

Die Sätze sind der Beginn des auf S. 386 beginnenden Kapitels „Die Reise im Eismeer". Es behandelt die Rückkehr der Expedition aus der Arktis.

Seite 151

Das Werk über die Nordpolexpedition trägt den Titel: *Julius Payer*, Die österreichisch-ungarische Nordpolexpedition in den Jahren 1872—1874 nebst einer Skizze der zweiten deutschen Nordpol-Expedition 1869—1870 und der Polar-Expedition von 1871, Wien 1876.

Bild 148

Die ersten sechs Zeilen beziehen sich auf Orgelstunden und häusliche Ausgaben:

Orgel: Mittwoch 5—6.
       Freitag 4—5.
       Fr[au] Kathi 7 fl Febr.[uar]
       Häusl.[iches] 13 fl
       Frl Markl 10 fl 7. Febr.[uar]

B. 15. Febr.[uar] Kostume-
    Kränzchen mitgemacht.
    Zum Schluße getanzt
    mit Baroneße Scala.

C. 18. Febr.[uar] Industrie-
    Ball gewesen (Kaiser u[nd]
    Kaiserin etc). Zum Schluße ge-
    tanzt mit Frl. Waldheim
    (Apotheker Himmelspfortgasse.)

Das fehlende *A.* findet sich 4 Seiten vorher und enthält:

    16. Nov.[ember] I. Künstlerabend
    angewohnt; getanzt zum
    Schluß mit Frl. Rothler
    (Reichsrathsabgeordneter Vor-
    mund Ankergebäude.)

Zu den Tanznotizen vgl. die Anm. zu S. 124. — Beim Vormund von Frl. Rothe war Bruckner das „Anker-Gebäude" ein Begriff, weil er selbst dort versichert war. Die Allgemeine Versicherungs AG „Der Anker" besteht heute noch.

Bild 149

Am unteren Rand die Angaben: «Grand orgue de la nouvelle église de St. EPVRE à Nancy construit dans les ateliers de la Société anonyme pour la const.on de grandes orgues (Etab.ts Merklin-Schütze) à Paris & à Bruxelles. Le Buffet a été fait d'après les plans de Mr. Morey architecte de la ville de Nancy.»

Seite 154

Kaiser Franz Joseph I. hatte die Kirche St. Epvre am 22. Oktober 1867 besucht und zu dem Bau Glasfenster und die vier Evangelistenstatuen auf der Terrasse vor der Kirche gespendet. — Einzelheiten über Bruckners Aufenthalt in Frankreich siehe bei G.-A., 4/1, 81 ff. — Die große, fünfmanualige Orgel von Notre-Dame in Paris war von 1863—1868 von Cavaillé-Coll vollständig renoviert worden. Als Bruckner sie 1869 spielte, war sie ein vollkommen neues Werk. Die Disposition ihrer 86 klingenden Stimmen s. bei *Emile Rupp*, Die Entwicklungsgeschichte der Orgelbaukunst, Einsiedeln 1929, S. 277—280.

Seite 155

Der Bericht Bruckners über sein Spiel in Notre-Dame steht G.-A. 4/1, 95 ff. Das in der Anmerkung angeführte Thema entspricht genau dem, das Bruckner in das Stammbuch der Johanna Zimmerauer schrieb (Bild 152). — G.-A. 4/1, 99 ff., zählt die Blätter auf: die Linzer Zeitung, die Neue freie Presse, das Wiener Fremdenblatt, die Signale für die musikalische Welt und die Zeitschrift für katholische Kirchenmusik von J. Ev. Habert.

Bild 152

Aus dem Stammbuch der Johanna Zimmerauer, in Freistadt begonnen am 24. Dezember 1868, fol. 118'.

Bild 154
Die Seite zeigt die Takte 216—220, den Beginn der Reprise.

Seite 157
G.-A. 3/1, 228, berichtet diese das Schicksal der Partitur entscheidende Frage. Bruckner hat zum Glück bei seinem Umzug von der Heßgasse ins Belvedere die Handschrift nicht vernichtet, sondern sie nur mit einer großen Null bezeichnet. Er wollte sie nicht in die geltenden Reihe I—VIII eingereiht wissen, sondern vor ihr stehend.

Bild 155
Unter dem mittleren Bogen der im Hintergrund sichtbaren Orgel befindet sich der Spieltisch.

Seite 158 ff.
Die verschiedenen, teilweise erheiternden Episoden aus Bruckners Londoner Aufenthalt lese man bei G.-A. 4/1, 137—178.

Seite 160
Den Ausspruch Bruckners an Pembaur über das freie Improvisieren überliefert G.-A. 4/1, S. 148, Anm.

Bild 160
Die Notizen des oberen Randes:

v[on] rechts 2 Manual 6 5 8   Pedal v[on] links das 2.te
         3. Manual 7 v[on] rechts 2 Manual   7 8

1 Manual 2
4 Manual 1

in der rechten unteren Ecke:

Kryst[allpalast] oben 4. M.[anual] 2 Reg[ister] rechts
            unten 1. M[anual] unten 3 rechts
            Ped [3 Buchstaben?] 16

Seite 163
„Bruckner-Reklame vulgo Schwindel" s. G.-A. 4/1, 192 f.

Bild 161
Das Bild zeigt die alte Orgel, die nach dem Zweiten Weltkrieg abgetragen wurde.

Bild 162
Ansicht aus der Zeit vor dem Zweiten Weltkrieg. Die Rampe wurde durch Bomben zerstört, ebenso das Gebäude rechts, der Philipp-Hof.

Seite 166
Bei der Uraufführung der f-Moll-Messe erwies sich der damalige Regenschori der Augustinerkirche, Leopold Eder, als ein hilfreicher Freund Bruckners (G.-A., 4/1, 201). Unter denen, die der Messe Anerkennung zollten, befanden sich auch Hanslick und Liszt. Eder war von 1856 bis 1902 Chordirektor an dieser Kirche.

Seite 167
Bruckners Bericht über die Probe der II. Symphonie bei den Wiener Philharmonikern siehe G.-A. 4/1, 224 f.

Bild 164
Bezeichnet: Lith. u. Eigenth. v. Joh. Stark in Marienbad. Druck v. J. Haller in Wien.

Bild 166
Die Schlußdatierungen lauten:
Wien 17. Juli [1]876. Letzte Verbesse
rung beendet. [beide Zeilen durchgestrichen]
Wien 28. April 1877.
Ganz neue Umarbeitung fertig.
Vollständig fertig 31. Dez.[ember] 1873
                  Nachts.
Streichmusik 20. Nov[ember] [1]873. Wien.
Instrumentation 29. Dez. [ember] Abends.
Wien [1]873.
Marienbad den 31. August
1873.
Anton Bruckner mp.

Die letzten drei Zeilen sind mit rötlicher Tinte geschrieben. Die weißen Flecken zwischen den Noten bezeichnen Stellen, an denen Bruckner radiert hat.

Bild 167
Symfonie in Dmoll, wo die Trompete das Thema beginnt.
                    A Bruckner mp.
Ja! Ja! Herzlichen Gruss!
                    Richard Wagner

Von diesem Blatt gibt es ein auf das gleiche blaue Papier gedrucktes Faksimile.

Seite 171
Die Begegnung mit Wagner siehe G.-A., 4/1, 231—240.

Seite 173
Über Brahms als Gegner Bruckners siehe: G.-A., 4/2, 233—245; die Änderung der Gesinnung bei Brahms s. G.-A., 4/3, 315. — Zu Hanslick vgl. *Friedrich Blume* in MGG, 5, Spalte 1482—1493.

Bild 174
Der Schluß der Rede lautet:

... getreulich auszunützen, und meiner / wohlwollend zu gedenken. / Habe ich mir es große Mühen ko- / sten lassen, für diese Gegenstän- / de an der Universität eine / Pflanzstätte zu schaffen, so bin ich / doch verpflichtet hier öffentlich / für die mir dabei zu Theil ge- / wordene Unterstützung von Seite / des hochlöbl.[ichen] Professoren-Collegiums / der philos.[ophischen] Facultät, so wie der / eines hohen Ministeriums für / Cultus u[nd] Unterricht dankend zu / gedenken, wodurch die schon lange / von mir gehegte Idee *endlich* ist / zur That geworden. Zum Schluße erlaube ich mir, eine / Bitte an Ihre werthe Adresse, / meine Herren, zu richten: / Tragen Sie mit Ihrem jungen und / frischen Geiste Ihr mächtiges Schärf- / lein *dazu* bei, daß diese Gegen- / stände *hier an der Alma Mater* / in Hinkunft die *gerechte Würdigung* / finden mögen, d[a]ß diese musikalische / Wissenschaft an der universellen / Pflanzstätte: *wachse, blühe,* / und *gedeihe.* Dixit.
Wien den 25. November
1875.
                Anton Bruckner mp.

Die Verständigung von der Zulassung als unbesoldeter Lektor trägt das Datum 18. November 1875. Eine Woche später schrieb

Bruckner diese 9 Blätter umfassende Rede nieder. Er konnte mit den Vorlesungen aber erst im darauffolgenden Sommersemester 1876 beginnen. Den vollständigen Text siehe in: Anton Bruckner, Vorlesungen über Harmonielehre und Kontrapunkt an der Universität Wien, hrsg. von *Ernst Schwanzara*, Wien 1950, S. 53—55.

Seite 175

Robert Lach, Die Bruckner-Akten des Wiener Universitätsarchivs, Wien, 1925. — Bruckners Tätigkeit an der Universität hat eine umfassende Darstellung (nach stenographischen Mitschriften) erfahren durch *Ernst Schwanzara*. Siehe Anmerkung zu Bild 174.

Bild 175

Am linken Bildrand ist eine Ecke der Aula der alten Universität, jetzt Österreichische Akademie der Wissenschaften, anschließend ein Stück von der Fassade der Jesuitenkirche zu sehen.

Seite 176

Karl Edler v. Stremayr (1823—1904) war dreimal Unterrichtsminister: 1870, 1870/71 und 1871—1879, als hervorragender Rechtsgelehrter 1879/80 auch Justizminister, 1891 1. Präsident des Obersten Gerichtshofes.

Bild 177

Ganz unten, in der Mitte zwischen zweitem und drittem Bogen signiert: „J. M. Kaiser. Linz 1878".

Seite 177

Die Bestellungen Bruckners für die kalligraphischen Widmungsblätter ersieht man aus seinem Briefwechsel mit Kaiser, veröffentlicht von *Otto Brechler*, Unbekannte Briefe Anton Bruckners, in: Phaidros, Folge 1, Wien 1947, S. 32—38. — Die „Promemoria" an Schwartz-Senborn s. G.-A. 4/1, 315 f.; der Verlust der Lehrstelle bei St. Anna ibd. 4/1, 318 f. — Vogel „Zizibe", so umschreibt man sprachlich den Ruf der Waldmeise. — Die Briefe an Mayfeld sind vom 12. Jänner und 13. Februar 1875 (ABr, Ges. Briefe, NF Nr. 98 und 99.)

Bild 178

Der Partiturausschnitt zeigt die Takte 583—586 des Finales, die Stelle, an der der Choral in den Blechbläsern einsetzt.

Seite 178

Den Formgrundriß des Finales der V. Symphonie siehe bei *Leopold Nowak*, Anton Bruckner, Musik und Leben, Wien 1964, S. 57 f.

Bild 179

Der nach den Plänen Theophil von Hansens 1861—1863 erbaute Heinrichshof, so genannt nach dem Vornamen des Industriellen Heinrich Drasche, wurde 1945 schwer beschädigt und abgerissen. Jetzt steht ein Neubau an seiner Stelle.

Seite 179

Einzelheiten über den Aufenthalt in Bayreuth, Sommer 1876, siehe G.-A. 4/1, 415 f.

Seite 181

Die Beziehungen Bruckners zu Stift Kremsmünster haben erschöpfende Darstellung gefunden bei *Altmann Kellner*, Musikgeschichte des Stiftes Kremsmünster, Kassel 1956, im Kapitel „Oddo Loidol", S. 746—764. Die Improvisation vom 18. August 1877 ibd., S. 729.

Seite 182

Für die Aufenthalte Bruckners im Stift Klosterneuburg siehe: *Josef Kluger*, Schlichte Erinnerungen an Anton Bruckner, in: Jb. d. Stiftes Klosterneuburg, Bd. 3 (1910), S. 107—137.

Seite 183

Die Begebenheit mit Dr. Oelzelt-Nevin in Klosterneuburg siehe: G.-A. 4/1, 458—463. Daselbst auch eine Charakteristik Dr. Oelzelts; ihm und seiner Frau widmete Bruckner die VI. Symphonie.

Bild 186

Das Bild zeigt den Großen Musikvereinssaal nach seiner Vollendung 1870. An dem Saal hat sich seit dieser Aufnahme einiges geändert. 1872 wurde die Orgel von Ladegast eingebaut, 1911 hat man die rückwärtigen Fenster vermauert, die Kandelaber von den Galerien weggenommen und die Karyatiden nach rückwärts versetzt. Die Orgel und ihr Spieltisch haben sich seither zweimal geändert, ebenso hat die Beleuchtung des Saales Umgestaltungen erfahren.

Bild 188

Ebenfalls eine frühe Ansicht des Musikvereinsgebäudes. Die rechts und links vom Haupteingang liegenden Seitenmauern haben jetzt Eingänge.

Seite 187

Die Generalprobe zur Uraufführung der f-Moll-Messe nach einem Bericht Bruckners bei G.-A. 4/1, 200.

Seite 188

Die Schilderung der Uraufführung der Dritten siehe: G.-A. 4/1, 475—481.

Bild 190

Hamburg 16. April [18]92

Hochverehrter Meister und Freund!

Endlich bin ich so glücklich, Ihnen schreiben / zu können: Ich habe ein Werk von Ihnen / aufgeführt. Gestern (Charfreitag) diri- / gierte ich Ihr herrliches und gewaltiges „Te Deum". / Sowohl die Mitwirkenden, als auch das / ganze Publikum waren aufs Tiefste / ergriffen von dem mächtigen Bau und / den wahrhaft erhabenen Gedanken, und / ich erlebte zum Schluß der Aufführung, was / ich für [den] größten Triumph eines Werkes halte: / das Publikum blieb lautlos sitzen, ohne / sich zu bewegen, und erst nachdem der Dirigent / und die mitwirkenden Künstler ihre Plätze / verlassen [hatten], brach der Beifallssturm los.

Die Fortsetzung auf der 2. Seite lautet:

An der Aufführung hätten Sie Ihre Freu- / de gehabt. Ich habe selten ein Perso- / nal in solcher Begeisterung wirken gesehen, wie gestern.

Die Kritiken erscheinen infolge der Feier- / tage erst in einigen Tagen; ich werde / nicht verfehlen, Ihnen dieselben zuzu- / senden. — „Bruckner" hat nun / seinen siegreichen Einzug in Hamburg / gehalten.

Ich drücke Ihnen herzlichst die Hand, hochver- / ehrter Freund, und bin, im wahren Sinne / des Wortes der

Ihrige
Gustav Mahler
Bundesstrasse 10 III.

Seite 189

Über die Stellung Mahlers zu Bruckner vgl. seinen aufschlußreichen Brief an August Göllerich bei G.-A. 4/1, 448 f., Anm., dem die unter Anführungszeichen stehenden Worte entnommen sind. Zu den Beziehungen zwischen beiden Meistern siehe auch: *Hans F. Redlich*, Bruckner und Mahler, London 1955, S. 117. — Die Begeisterung Mahlers für Bruckner nahm in späteren Jahren ab. Das mag aber mit Mahlers eigener kompositorischer Entwicklung zusammenhängen.

Seite 190

Rudolf Krzyzanowski (1862—1911) gehörte dem Freundeskreis Mahlers an. Er studierte am Wiener Konservatorium und war Kapellmeister in Halle/S., Elberfeld, Prag, München, Hamburg und Weimar. Vom vierhändigen Klavierauszug der Dritten hat er das Finale bearbeitet.

Seite 190 und 191

Theodor Rättig (1841—1912) war eine ideal gesinnte Persönlichkeit, zu großen Opfern fähig. Er stammte aus Gumbinnen (Ostpreußen), mußte zuerst Beamter werden, studierte aber daneben Musik und kam 1870 nach Wien. Eine erste Beschäftigung fand er in der Anglobank. Nach einiger Zeit erwarb er die Bösendorfersche Musikalienhandlung und veröffentlichte als einer der ersten Verlagswerke die III. Symphonie von Bruckner. Was er damit erlebte, dazu siehe *Robert Haas*, Ein Zeugnis zu der Textfrage um Bruckner, in: Der Auftakt, Jg. 16 (1936), S. 149—150, und *Helene Rättig*, Ein Wegbereiter Anton Bruckners, in: Gedanke und Tat. Zeitschrift der Freischaffenden, Nr. 1 (1956). S. 1—7.

Bilder 193—195

Die handschriftlichen Eintragungen: Herrn Anton Bruckner / wirkliches Mitglied der / k. k. Hof-Musik Kapelle / etc. etc. / Wien.

Seite 2: 1820 und vier / mittelgroß, stark. / oval, voll. / grau / proportioniert / länglich / an der linken / Seite des Halses eine Narbe /

Anton Bruckner.
Seite 3: ... den deutschen / Staaten, und nach / der Schweiz. — Zwei Monate / Wien, am 9. August 1880 / 1800 und achtzig / Für den k. k. Statthalter / der k. k. Hofrath / Weiß.

Seite 194

Um den Großglockner zu sehen, stieg Bruckner auf der Rückreise von Bayreuth im August 1886 um 4 Uhr früh in Zell am See aus dem Nachtschnellzug. Stradal hatte ihm irrtümlich angegeben, man könne von dort den Großglockner sehen, es ist aber das Kitzsteinhorn. Ausführlich erzählt diese Begebenheit G.-A. 4/2, 497 f.

Bild 196

Holzschnitt von Adolf Gloß nach Höfer, aus: Aus deutschen Bergen ... 1873, S. 24. Signiert: J. Geigenmüller sc.

Bild 197

Holzschnitt, unbez. aus: Leipziger Illustrierte Zeitung, 57. Band (Juli-Dez. 1871), S. 121.

Seite 197

Die unter Anführungszeichen gesetzten Angaben der Schweizerreise stehen in einem Hochschulkalender von 1880. G.-A. 4/1, S. 621—626, geben die darin enthaltenen Aufzeichnungen wieder und von 606 bis 610 auch die von der Reise. Der Kalender ist derzeit verschollen. Die Zitate müssen also nach G.-A. gegeben werden. — Über die Orgeln siehe *Emile Rupp*, Die Entwicklungsgeschichte der Orgelbaukunst, Einsiedeln, 1929.

Bild 202

La chaine du Mont-Blanc vue de la Flégère. Bezeichnet: Photographie par Mariens. Eug. Cicéri lith. Unten am Rande: Berlin, Verlag von Coupil & Co. Publié par Coupil et Co. le 1r Avril 1863. Paris. London. La Haye. Imp. Lemercier r. de Seine 57 Paris.

Seite 200 und 201

Die Höhenangaben des Montblanc-Panoramas nach *Karl Baedecker*, Die Schweiz nebst den angrenzenden Theilen von Oberitalien, Savoyen und Tirol, Leipzig 1893, vor S. 258.

Seite 202

Das eigenartige Schicksal der Orgel in der Kathedrale von Lausanne schildert *Jean-Jacques Gramm*, Esquisse historique des anciennes orgues de la Cathédrale, in: Les nouvelles Orgues de la Cathédrale de Lausanne, Lausanne 1955 (mit Literaturangaben).

Bild 205

Bezeichnet: Nach e. Photographie v. Adlich i. Berlin. Lith. v. F. Hecht i. Berlin. Druck v. W. Korn i. Berlin.

Bild 209

Links im Bild die zweitürmige Hofkirche St. Leodegar, in der Mitte der Brücke der Wasserturm, im Hintergrund die höchste Spitze, der Rigi.

Seite 208

Die Orgel der Hofkirche in Luzern besaß gleich der großen Orgel in Notre-Dame zu Paris einen Registerzug „Effets d'orage", wovon *J. B. Hilber*, Die Musikpflege in der Stadt Luzern von den Anfängen bis zur Gegenwart, Luzern 1958, S. 17, leicht lächelnd berichtet: „Die in den damaligen Hoforgelkonzerten im Zuge der Fremdensaison in Luzern und anderswo aufkommende Pièce de résistance, das berühmte ‚Orgelgewitter', vermochte mindestens in jener ‚surrogatfrohen'

Originalgröße: 14,6×10 cm

Zeit den immer etwas zweifelhaften meteorologischen Ruf Luzerns geradezu ein wenig aufzuhellen." Es ist sehr wahrscheinlich, daß sich Bruckner bei seinen Improvisationen auf diesen Orgeln ihrer nicht bediente.

Bild 210

Aus: *William Beattle*, Switzerland. Illustrated in a series of views... by W. H. Bartlett, London 1839. Bezeichnet: W. H. Bartlett, R. Wallis. Tell's Chapel (Lake of Uri).

Bild 213

Die beiden Seiten, Ausschnitte aus dem Autograph, fol. 43' und 44 enthalten die Takte 188 bis 195 des Adagios. Starke Rasurflecke in der linken Hälfte zeigen, daß diese Stelle zuerst in den Trompeten und Posaunen stand. Takt 190—193 wollte Bruckner von vier Hörnern gespielt haben (Brief an J. L. Nicodé, 3. März 1887). Die Zahl 7634 bezieht sich auf den Stich der Partitur.

Bild 214

Aus: Über Land und Meer, 47. Bd., 24. Jg. (Oktober 1881—1882), Nr. 14, S. 281. Bezeichnet: Originalzeichnung von V. Katzler.

Bild 215

Bruckner notiert sich: 9. Stufen mit dem / kl. oben Tritt / rechts v. 1. Stock. / Ringth. — auf *beiden* / Seiten schon Male / v. Leichen. / zwischen 2. u[nd] 3. Stock / die *meisten*.

Seite 214

Zur Teilnahme Bruckners an dem Schicksal Kaiser Maximilians von Mexiko vgl. seinen Brief an Rudolf Weinwurm, 16. Jänner 1868 (ABr. Ges. Br. NF Nr. 59). — Die Exhumierung der Gebeine Beethovens ging am 23. Juni, die Schuberts am 12. September 1888 vor sich. Beide wurden vom Währinger Friedhof auf den Zentralfriedhof übertragen. Darüber G.-A. 4/2, 595 f., und 2/1, 66 f., Anm.

Bild 216

Aus: Leipziger Illustrierte Zeitung, 80. Bd., Nr. 2069, 24. Februar 1883, S. 105. „Zur Erinnerung an Richard Wagner."

Bild 217

Die Aufschrift auf dem Kuvert lautet: 1884. / Drei Blätter / aus Bayreuth / v.[on] des † Meisters / Grab.

Seite 216

Der Brief an Wolzogen in: ABr. Ges. Br. NF Nr. 137.

Bild 218

Aus: Bayreuther Festblätter in Wort und Bild... München 1884, S. 9. Bezeichnet: Nach einer Originalzeichnung von Tony Gruhofer.

Seite 217

Über Liszts Tod und Bruckners Orgelspiel zur Seelenmesse siehe: G.-A. 4/2, 493 f.

Bild 219

In der Bildmitte Stift Emaus mit der zweitürmigen Kirche, links die Palacky-Brücke über die Moldau.

Seite 218

Der Aufenthalt Bruckners zu Ostern 1884 in Prag wird geschildert von *Dr. Robert Marsch-ner*, Anton Bruckners Aufenthalt in Prag, in: Bruckner-Blätter 1935, Nr. 1/2, S. 11—13. Dadurch werden die Mitteilungen seines Bruders Dr. Franz Marschner in G.-A. 4/2, 163—166, in willkommener Weise ergänzt.

Bild 220

Die Liszt-Wohnung lag im 2. Stock.

Seite 219

Bruckners äußere Erscheinung war alles andere als elegant im Sinne der Mode von 1880. Die Weite seiner Kleidung brauchte er für die Bewegungsfreiheit beim Orgelspiel. Es lag in seiner Natur begründet, daß er auch hierin das Provinzielle nicht abstreifen konnte: Er änderte sich seit seinen Linzer Jahren nicht. In auffallendem Gegensatz dazu bemerkte man seinen Kopf, der dem eines römischen Caesaren glich. Dr. Franz Marschner schildert Bruckners Erscheinung: „Sein Auftreten erschien mir damals (1884) imponierend, hohes Selbstbewußtsein und ein Zug von Größe lag darin" (G.-A. 4/2, 130).

Seite 221

Den Dankbrief Liszts für die II. Symphonie siehe: ABr. Ges. Br. NF S. 329. Die Bibliothek der Gesellschaft der Musikfreunde, Wien, besitzt einen Brief Liszts an Ludwig Bösendorfer aus Weimar, Ende August 1880, in dem die III. Symphonie Bruckners empfohlen wird. Liszt stand zu Bruckner also nicht ablehnend. Es war nur die devote Art Bruckners, die nicht nur Liszt, sondern auch andere Personen, wie Hellmesberger, abgestoßen hat. In diesem Benehmen Bruckners liegt ebenfalls ein Erziehungsfehler, der schwer zu erklären ist.

Seite 222

Die Uraufführung der VII. Symphonie in Leipzig wird in G.-A. 4/2, 213, als ein großer Erfolg bezeichnet, der auch von Zeitungsnachrichten bestätigt wird. Franz Schalk berichtet dagegen an Richard Spur, Dresden, 19. Jänner 1885: „es war als ob die Symphonie den bloßen Mauern vorgespielt worden wäre..." In: *Franz Schalk*, Briefe und Betrachtungen..., Wien 1935, S. 45; vgl. hiezu auch die vorhergehenden Briefe Josefs an seinen Bruder. Franz hat aber selbst in der „Deutschen Kunst- und Musik-Zeitung" (Wien) von „lang anhaltenden Rufen" und „zwei Lorbeerkränzen" berichtet; siehe G.-A. 4/2, 220—224. — Hermann Levi (1839—1900), bedeutender Dirigent, dessen Laufbahn von Saarbrücken über Rotterdam, Karlsruhe zum Hofkapellmeister nach München und nach Bayreuth führte. — Zur Finaleform in der Siebenten vgl. *Leopold Nowak*, Das Finale von Bruckners VII. Symphonie, in: Festschrift Wilhelm Fischer, Innsbruck 1956, S. 143—148 (Innsbrucker Beiträge zur Kulturwissenschaft, Sonderheft 3).

Bild 224

Hochgeehrter Herr!

Ich habe Ihre mir durch Herrn von Ostini überbrachte Sinfonie mit grosser Aufmerksamkeit durchgelesen. Das Werk hat mich anfänglich befremdet, dann gefesselt, und schliesslich habe ich einen gewaltigen Respekt vor dem Manne bekommen, der etwas so Eigenartiges und Bedeutendes schaffen konnte. Aber trotz dieser meiner aufrichtigen Bewunderung trage ich — als verantwortlicher Leiter unserer Conzerte hier — einiges Bedenken, das Werk unserem Publikum vorzuführen. Wenn ich selbst Mühe hatte, mich in dasselbe hineinzufinden — (mit dem letzten Satze ist mir dies bis heute noch nicht gelungen —) wie befremdet wird erst unser, ohnedies gegen Novitäten nichts weniger als freundlich gesinntes Publikum sein! Deshalb möchte ich Sie um die Erlaubniß bitten, zunächst nur das *Adagio* in einem unserer nächsten (Fasten-)Conzerte bringen zu dürfen. Dieser Satz ist der einfachste und eindringlichste: ich zweifle nicht, daß er grossen Erfolg haben wird, auf welchen fußend, ich dann später die ganze Sinfonie bringen könnte. Bitte sagen Sie mir offen, was Sie von diesem Vorschlage denken! Einstweilen arbeite ich tüchtig vor: jedem Musiker, der zu mir kommt, spiele ich das Adagio, und — soweit dies auf dem Klaviere möglich ist, den ersten Satz — vor, und erlebe bei Allen dieselbe Steigerung von Erstaunen bis zur Bewunderung, welche ich an mir selbst erfahren habe. Bis der Tag des Conzertes herankommt, wird die halbe Stadt bereits wissen, wer und was Herr Bruckner ist, während bisher — zu unserer Schande sei es gesagt, — kein Mensch dies wußte, den ergebenst Unterzeichneten nicht ausgenommen. —

In aufrichtiger Verehrung
Ihr ganz ergebener
Hermann Levi.

München. 30. 11. 84.

Seite 223
Die Abweisung der Achten durch Levi sehe man aus dem Briefwechsel zwischen ihm und Josef Schalk in: ABr. Ges. Br. NF S. 395 f.; die Antwort Schalks im Vorlagenbericht von *Robert Haas* zur IV. Symphonie, 2. Fassung, Wien 1936, S. II. 30 Briefe Bruckners an Levi stehen in *Franz Gräflinger*, Anton Bruckner, Leben und Schaffen, Berlin 1927, S. 319—355.

Seite 225
Den Pfui-Ruf berichtet G.-A. 4/2, 280 f.; die weiteren Ereignisse in München, ibd. 274—286.

Bild 227
Die mit einer Linie abgegrenzten Notizen beziehen sich auf Zugsverbindungen zwischen einem nicht genannten Ort, vermutlich München, und Enns. „Mittags 1h50'—8 Uhr Enns 8.30 M[ünchen?] Abds [abends] Enns 2—40." Originalgröße 12,5 × 6,7 cm

Bild 230
Zwischen den Fenstern die Gedenktafel für Anton Bruckner:
Hier schuf / Dr. Anton Bruckner / in den Ferienmonaten / der Jahre 1886—1894 / seine letzten großen / Werke. / Seinem Ehrenmitgliede / der MGV Kränzchen

Bild 231
Aus: *Stuart Preston*, Farewell to the Old House . . ., New York 1966, S. 19

Seite 231
Der Bericht über die New Yorker Erstaufführung der Dritten in deutscher Übersetzung: G.-A. 4/2, 368 f.

Seite 233
Friedrich Eckstein hat zwei lesenswerte Erinnerungsbücher geschrieben: Alte unnennbare Tage, Wien 1936, und Erinnerungen an Anton Bruckner, Wien 1923. — Wertvolle Ergänzungen dazu bieten *Friedrich Klose*, Meine Lehrjahre bei Bruckner. Erinnerungen und Betrachtungen, Regensburg 1927 (Deutsche Musikbücherei, Bd. 66), und *Max von Oberleithner*, Meine Erinnerungen an Anton Bruckner, Regensburg 1933 (Von deutscher Musik, Bd. 38).

Bild 234
Ich ermächtige hiemit meinen lieben Freund Director Friedrich Eckstein hinsichtl. des Verlages meines Te Deum's sämmtl. hiezu erforderlichen Schritte nach Gutdünken zu unternehmen.

A Bruckner mp.

Wien 20. Mai 1885.

Seite 234
Theodor Hämmerle (1854—1930), Großindustrieller der Textilbranche aus Dornbirn. Neben seiner kaufmännischen Begabung war er ein großer Musikfreund, spielte selbst Cello. In seinem Wiener Heim, das eine selten schöne und reichhaltige Sammlung von Streichinstrumenten beherbergte, fanden über 700 Quartettabende statt. Er war an der Gründung des Wiener Konzertvereines und des Konzerthauses beteiligt und gewährte Künstlern ideelle und materielle Förderung, darunter auch Anton Bruckner, dessen d-Moll-Messe auf seine Kosten gedruckt wurde. Max v. Oberleithner besorgte die Korrekturen. — Die Ansprache Hans Richters nach dem Konzert vom 21. März 1886 siehe bei G.-A. 4/2, 434.

Seite 235
Über die Uraufführung des Te Deums siehe G.-A. 4/2, 308 f.; Dirigent war Bruckner. — Löwe hat auch in Wien 1910/11 die erste zyklische Aufführung der neun Symphonien gewagt und sie ein Jahr später in München wiederholt. — Die Klavierbearbeitungen von Löwe und Jos. Schalk siehe in den von *Hans Jancik* verfaßten Biographien in MGG, Bd. 8, Sp. 1106, bzw. Bd. 11, Sp. 1547.

Bild 240
Euer Wohlgeborn,
hochschätzbarster Herr Professor!

Wir unterzeichnete Vertreter der Gemeinde Ihres Geburtsortes Ansfelden rechnen es uns schon lange zur größten Freude und Ehre an, daß wir Sie, Herr Professor, als einen unserer Gemeinde Entsprossenen, als ein Kind Ansfelden's, als unseren lieben Landsmann, betrachten und schätzen können.
Nachdem Sie nun durch Ihr edles talentvolles und eifriges Wirken und Schaffen auf dem Gebiete der Tonkunst einen europäischen Ruf sich errungen, fällt notwendig ein Wiederschein Ihres Glanzes und Ruhmes auch auf jenen Ort, wo Ihr geschätzter Herr Vater unermüdlich und eifrig als Lehrer

gewirkt, wo Ihre Wiege gestanden, wo Sie die frohen Tage Ihrer Jugend verlebt haben. Unserer Freude darüber, unserer Liebe, Bewunderung und Verehrung für Sie, Herr Professor, glauben wir einen freilich nur schwachen Ausdruck dadurch geben zu können, daß wir Ihnen die Rechte eines Ehrenbürgers von Ansfelden verleihen und Ihnen hiemit die darüber ausgestellte Urkunde oder das Ehrenbürger-Diplom übersenden. Mögen dadurch die Bande, die Sie an Ihren Geburtsort fesseln, noch inniger und fester geknüpft werden! Noch schwebt bei allen Ansfeldnern in froher Erinnerung Ihr vorjähriger Besuch. Wir können nicht umhin, Ihnen unseren Wunsch und unsere Bitte auszusprechen, daß derselbe, so bald es Ihnen möglich ist, sich wiederholen möge.

Genehmigen, Herr Professor, gütigst diesen kleinen Beweis unserer Liebe, Verehrung und Bewunderung.

Ansfelden, am Feste der hl. Caecilia, 1870.

Leopold Mayr, Ausschuß   Johann Plaß, Ausschuß   Franz Grillmair, Ausschuß — Franz Plaß, Bürgermeister   Johann Moosbauer, Gemeinde Rath   Frantz Huber, Gemeinde Rath   Mathias Sandmayr, Rath — Andreas Wolfsjäger, Ausschuß   Joseph Platzl, Ausschuß   Johann Mair, Ausschuß   Leopold Herber, Ausschuß   Franz Grabmer, Ausschuß und Antragsteller.

Bild 241
An dem Pult links beim zweiten Fenster empfing der Monarch stehend die Audienzwerber.

Bild 243
Die Unterschrift steht auf dem Bruckner ausgehändigten Dekret des Franz-Joseph-Ordens.

Seite 240
Hermann Levis Eintreten für Bruckner und die Auszeichnung siehe: G.-A. 4/2, 486—492.

Bild 244

9. Juli 1886.

Lieber Freund!

Empfange hiemit meine herzlichsten Glückwünsche zu der kaiserlichen Auszeichnung, die Dir, wie ich soeben erfahre, heute zu Theil geworden ist und die Du als bedeutendster heimischer Meister unserer Kunst längst verdient hattest.

Möge sie Dir einige Freude machen und möge sie der *Vorläufer* sein für die Anerkennung Deiner künstlerischen Verdienste und Deiner künstlerischen Bedeutung auch in allerhöchsten Kreisen.

Herzlichen Gruß und Gratulation
von
Deinem alten
Weinwurm

Bild 246
Eingeladen meiner Ansicht über die Bedeutung Anton Bruckner's als Tonsetzer Ausdruck zu geben, gereicht es mir zum wahren Vergnügen, meine künstlerische Überzeugung dahin aussprechen zu können, daß ich Bruckner für einen der bedeutendsten, wenn nicht für den bedeutendsten unter den Symphonikern der Gegenwart halte, dessen dießbezüglichen Werke gleich jenen, die er im Fache der Kirchen- und Kammermusik geschaffen, den Stempel der Ursprünglichkeit wie der technischen Meisterschaft aufweisen.

Wien, am 18. Juni 1891.

J. Hellmesberger
K. u. K. Erster Hofkapellmeister

Josef Hellmesberger sen. (1828—1893), berühmter Wiener Geigenvirtuose, mit 17 Jahren Solist der Hofoper. Gründer und langjähriger Leiter eines Streichquartetts, Direktor des Konservatoriums, das unter ihm infolge seiner pädagogischen Begabung Weltruf erlangte; einflußreicher Dirigent der Gesellschaftskonzerte, 1877 Hofkapellmeister. Er schätzte Bruckner, sein humoristisch-satirisches Wesen verleitete ihn aber oft zu kurzangebundenen und Bruckner schockierenden Worten.

Seite 242
Die Verleihung des philos. Ehrendoktorates siehe: G.-A., 4/3, 174—189. Der Name des Dekans heißt richtig: Hann; desgleichen die letzten Worte: „...sigillo sanciendas curavimus".

Seite 243
Die Widmungsträger der Symphonien Bruckners sind:

I. Universität Wien
II. —
III. Richard Wagner
IV. Konstantin Prinz Hohenlohe-Schillingsfürst
V. Karl Edler v. Stremayr
VI. Herr u. Frau Dr. Anton v. Oelzelt-Newin
VII. König Ludwig II. v. Bayern
VIII. Kaiser Franz Joseph I.
IX. „Dem lieben Gott".

Bilder 249 und 250
Die übrigen Eintragungen lauten: 2. Mai Fr[au] Kathi 7 fl [Gulden] für Juni / [1]891 gezalt. / Siegfried Ochs / Dirigent / Berlin W Potsdamerstraße / 122 a / Sitzung 6 Uhr. I. — *Diese letzte Eintragung bezieht sich auf die Fakultätssitzung, in der der Antrag auf Verleihung des Ehrendoktorates gestellt wurde.*
Seite vom November: 3. Nov.[ember] 7 fl Fr[au] Kathi pro/Nov.[ember] / Valerie Ev. Pistor / IV. Favoritenstraße / Nr. 64 [wohl die Hand der Schreiberin]. *Die letzten beiden Zeilen, wieder von Bruckner:* dort: Frl. Diebl, †, Oberstleute-/nants Witwe.
Die Buchstaben R, Bl und Br am linken Rand der Kalenderseite bedeuten: Richter, Bibl und Bruckner und beziehen sich auf die beiden anderen Hoforganisten Pius Richter und Rudolf Bibl, mit denen Bruckner abwechselnd Dienst hatte.

Seite 246
Gegen das Jahr 1890 fanden sich eine Anzahl von Persönlichkeiten zusammen, die Bruckner durch jährliche Zuwendungen eine gesicherte von ihm schon lange angestrebte Existenzgrundlage schufen, die es ihm erlaubte, sich mehr seinem Schaffen zu widmen. Es bildeten

sich drei Kreise, die der Meister „Consortien" nannte. Einer bestand aus Oberösterreichern, der andere aus Aristokraten, ein dritter aus Wiener Freunden. Damit war Bruckner ein großer Dienst erwiesen. Einzelheiten darüber siehe. G.-A., 4/3, 54—58 und 125. — Über die Brucknerbüste Tilgners gibt es einen kleinen Privatdruck von *Carl Almeroth*, Wie die Bruckner-Büste entstand, Wien 1899.

Bilder 254 und 255
Originalgrößen: 4,7×7,7 cm.

Seite 248
Über diesen betrügerischen Mr. Vincent, der Englischlehrer bei Landgraf Vinzenz Fürstenberg war, vgl. G.-A. 4/2, 126 f., sowie 296—300 und die temperamentvolle Schilderung bei *Friedrich Klose*, Meine Lehrjahre bei Anton Bruckner, S. 108—115. — Man konnte Doktordiplome käuflich erwerben, wie eine Anzeige im Fremdenblatt (Wien) Nr. 249 vom 8. September 1875 beweist: „Doktor-Diplome der Philosophie, Theologie, Medizin, Rechte und Zahnheilkunde werden von ausländischen Universitäten mit Diskretion vermittelt. Adresse: Medicus 40, Königstraße Jersey, England." Ähnliche Anpreisungen gibt es auch für „Freunde ritterlicher Ehren" und „Ordensangelegenheiten" bei Rudolf Mosse in Frankfurt am Main. Es ist also durchaus begreiflich, daß Bruckner diesem Schwindler glaubte.

Bild 256
Der Text lautet: Huldigung [durchgestrichen] / Tiefste Verehrung zur Wissenschaft / = = zu den Trägern. / Innige Anziehung zur Jugend d[er] Wissenschaft / Sehnsuchtsvoll nachgeblickt. / *[Folgt ein Strich]. Mich-Kunst*; und aus Liebe zur / Wissenschaft wählte ich mir die / musikal.[ische] Wissenschaft. / *Die* wollte ich dann den Jüngl.[ingen] der / Wissenschaft mittheilen. Lector / diese Mittheilungen und anderseits / die prakt.[ischen] mus.[ikalischen] Dichtungen auf / symphonischem Gebiethe waren der / Grundstein zu meiner höchsten academ.[ischen] / Auszeichnung, welche die größte Freude / meines Lebens ist. [Bruckner wollte zuerst sagen: „bildet", daher „bild" und durchgestrichen.] Mit tiefster Rührung gedencke ich / hier wieder meiner hohen Gönner, / die hochgelehrten Herren Professoren / der kk Universität, namentlich: der [?, gestrichen] Sr [Seiner] Magnificens des H[errn] Prorectors Hofr.[at] von [gestrichen] Freiherr / von Hartl — des H.[errn] Prodec[ans] Prof[essor] Reinisch / der H[erren] Hofr.[äte] u[nd] Prof.[essoren] Stefan und Schenkl, / Sr. [Seiner] Magnificens H[errn] Rektors Exner, H[errn] / Hofr.[at] Prof[essor] Haan. [Richtig: Hann. Folgen zwei gestrichene Zeichen für „und" und „dr" und „Sie leben"] Allen danke ich aus ganzer Seele, sie leben hoch!

Seite 249
Bei G.-A. 4/3, 196—202 wird der „Bruckner-Kommers" ausführlich geschildert. Der Entwurf für Bruckners Dankrede (Bild 256) findet sich in G.-A. 4/1 nach S. 376 faksimiliert, aber irrig als Entwurf für seine

Antrittsrede bezeichnet. Vgl. dazu auch *Anton Bruckner*, Vorlesungen . . . herausgegeben von Ernst Schwanzera Wien 1950, S. 76—79 mit der stenographisch festgehaltenen Dankrede Bruckners, aus der ihre Übereinstimmung mit dem Entwurf hervorgeht.

Bild 258
Die Fassade weist noch nicht die Gedenktafel auf, die 1960 links von der Eingangstür zur Erinnerung an Bruckners Spiel bei der Hochzeit vom 31. Juli 1890 angebracht wurde.

Seite 251
G.-A. 4/3, bei S. 352, teilt noch einen anderen Improvisationsentwurf mit, der für die Hochzeit Max v. Oberleithners bestimmt war.

Bilder 259 und 260
Die weißen Flecken in den Notenzeilen bezeichnen Stellen, an denen Bruckner radiert hat.

Bild 261
Das Haus Heßgasse 7, gesehen über die Baulücke Maria-Theresien-Straße 8—10. Auf diesem Platz wurde inzwischen das neue Gebäude der Wiener Polizeidirektion errichtet. Diese Aufnahme ist jetzt nicht mehr möglich.

Seite 257
Zu Bruckner und Hugo Wolf vgl. *Friedrich Eckstein*, Alte unnennbare Tage, Wien 1936, S. 173—192.

Seite 258
Eckstein hat a.a.O. S. 231 ff. auch Erinnerungen an Franz Schalk mitgeteilt. Über Franz Schalk siehe auch die von Lili Schalk veröffentlichten Briefe und Betrachtungen, Wien 1935.

Bild 266
Graz. 10. IV [18]94

Verehrtester Meister!

Sie werden gewiß schon mündlichen Bericht haben über die ungeheure Wirkung, die Ihre große herrlich „V" hier hervorrief.

Ich kann hier nur beifügen, dass der Abend für die Zeit meines Lebens zu den herrlichsten Erinnerungen zählen wird, deren ich je theilhaftig werden konnte. Tief ergriffen, beglückt in den Gefilden ewiger Größe wandelnd fühlte ich mich. Von der niederschmetternden Gewalt des Finales kann niemand sich eine Vorstellung machen, der es nicht gehört.

Lege ich Ihnen, mein innig verehrter Meister also die größte Summe aller meiner Bewunderung in innigster Begeisterung zu Füßen und bringe ein Heil dem, der solches schuf.

Ihr tief dankbarer ewig getreuer

Francisce.

Seite 264
Über Bruckners Wohnung in der Heßgasse siehe die Schilderungen bei *Friedrich Klose*, Meine Lehrjahre . . ., S. 10, und *Friedrich Eckstein*, Erinnerungen . . ., S. 7—10.

Bild 270
Die Seite enthält die Takte 63—68 des 1. Satzes der IX. Symphonie. Die Schrift zeigt

zum Unterschied zu den Finale-Skizzen noch die feinen, aber kräftigen Noten der Jahre 1891—1893, in denen Bruckner diese Partitur schrieb.

Seite 269

Zum letzten Orgelspiel Bruckners in Klosterneuburg siehe *Josef Kluger*, Schlichte Erinnerungen . . ., S. 128.

Bild 275

Rechts vom Schloß im Hintergrund der niedere „Schloßhauptmann-Trakt" (im Plan von 1861), später „Kustodenstöckl" genannt. Am linken Ende Bruckners Wohnung, vier Fenster links, zwei Fenster rechts von der Türe. Vgl. dazu *Gertrude Aurenhammer*, Geschichte des Belvederes seit dem Tode des Prinzen Eugen, in: Mitteilungen der österr. Galerie, Jg. 13 (1969) Nr. 57, S. 92 und 111. S. 138 wird darin das Gesuch Bruckners an Erzherzogin Marie Valerie, Wien, 19. Februar 1895, mitgeteilt.

Bild 276

Anstelle des mittleren Fensters befindet sich jetzt die Gedenktafel für Bruckner. Die Eingangstüre ist ohne den auf Bild 281 sichtbaren Vorbau.

Bild 277

Die Skizze hat Bruckner als „Particell" niedergeschrieben, auf vier Linien, je zwei im Violin- und Baßschlüssel. Diese Form erlaubt, die Instrumentierung anzudeuten. In der untersten Zeile der ersten vier Systeme wird punktmäßig der Paukenwirbel angedeutet. Dabei ist zu beachten: Bruckner setzt den Punkt in den ersten Zwischenraum, laut Baßschlüssel also ein A, in Wirklichkeit ist aber G gemeint. Darüber stehen in der 2. u. 3. Zeile die Harmonien (in den Partiturskizzen Hörner, 2 Geigen und geteilte Bratschen) und in der ersten Zeile die 1. Geigen. Gelegentlich schreibt Bruckner zu einzelnen Akkorden Tonbuchstaben, z. B. zwischen 14. u. 15. Zeile Ed (E-Dur) Bd (B-Dur), usw. Aus den Bleistiftnotizen sind Instrumentationsangaben festzustellen: „Violen", „Celli", „Baß". Unter der letzten Linie jedes Particell-Systems stehen Bruckners metrische Ziffern.

Bild 279

Über dem Altar eine „Auferstehung Christi" von Francesco Solimena, 1723.

Seite 275

Die Gebetsaufzeichnungen Bruckners wurden erstmals zusammenhängend untersucht von *Franz Kosch*, „Der Beter Anton Bruckner". Nach seinen persönlichen Aufzeichnungen, in: Bruckner-Studien. Leopold Nowak zum 60. Geburtstag. Hsg. v. Franz Grasberger, Wien 1964, S. 67—73.

Bild 281

Es gibt noch eine andere Fassung dieses Bildes. Auf ihr ist hinter Frau Kathi Dr. Heller sichtbar, dessen Figur aber herausretuschiert wurde. Vgl. Schöny Nr. F 20 a, b und G.-A. IV/3, S. 563, Anm.

Seite 276

„Consortien", siehe dazu Anm. S. 246. — „Er konnte auf einmal nicht gehen..." Frau Kathis Bericht über die beginnende Wassersucht. G.-A. 4/3, 304, Anm. — „Helgoland", dem Wiener Männergesangverein zu seinem 50jährigen Jubiläum gewidmet. Die Uraufführung war in der Winterreitschule.

Seite 277

Die überraschende Besserung im Dezember 1893 schrieb Bruckner der Fürbitte des verstorbenen Bischofs Rudigier zu, den er im Gebet sehr verehrte.

Bild 282

Nachdem Herr Professor Dr. Anton Bruckner sich bis in sein hohes Alter um die Kunst stets hoch verdient gemacht hat, so soll er immer seine volle Freiheit (sobald er gesund ist) haben und überhaupt sein ganzes Leben voll und voll genießen.

D. Heller.

Wien 20 Juli 1896

Von diesem „Gesundheits-Zeugnis" gibt es zwei von Dr. Heller geschriebene Exemplare.

Seite 279

Der Bericht Schrötters in G.-A. 4/3, 562 f. Vorher und nachher der Bericht Dr. Hellers, wie die Aufnahmen zustandekamen. — Faksimile des letzten Briefes in G.-A. 2/1, bei S. 328.

Bild 285, 1 und 2

Hochgeehrter Herr College!

Schon drei Briefe schrieb ich an Ignaz *ohne* eine Antwort zu bekommen.

Nun wende ich mich an Sie, und bitte herzlichst und inständig, Sie wollen meine Bitte erfüllen und mir sagen, *„ist Ignaz krank oder böse auf mich"*, wozu ich gar nicht genug Grund hätte mir seinen Zorn zuzuziehen. Ein paar Worte reichen ja doch nicht hin, mir seine Feindschaft zuzuziehen. Und wahrscheinlich habe ich ihn falsch verstanden. Das kränkt mich sehr.

Bitte um baldigste Antwort, für die ich im Voraus danke. Sicher darauf hoffend

Ihr

College

Ant. Bruckner.

Wien, 11. Aug. 1896.

Bild 290

Hinter dem Sarkophag sieht man die mittlere der drei Nischen, in denen die Knochen von etwa 6.000 Menschen aufgeschichtet sind.

Seite 286

Tod, Leichenfeier in Wien und Bestattung in St. Florian beschrieb: G.-A. 4/3, 575—593, und 2/1, 329—332.

Bild 292

Die einzige bis jetzt gefundene Unterschrift Bruckners mit lateinisch geschriebenem Vornamen. Sie steht auf dem Vorsatzblatt der „Naturlehre für die Jugend" Wien 1840 (siehe Bild 60 und 61).

Bildregister

Die Ziffern bedeuten
Bildnummern

Textregister

Die Ziffern bedeuten
Seitenzahlen